筑摩選書

中尾茂夫
Nakao Shigeo

# 情報敗戦

日本近現代史を問いなおす

なき妻、中尾澄子に捧ぐ

# 情報敗戦　日本近現代史を問いなおす　目次

# 情報敗戦

日本近現代史を問いなおす

# はじめに――「情報のカラクリ」

情報の有無や判断を読み違えれば、国家や民族は滅亡に晒《さら》される。現在（2020年代）、筆者は、本当にこの国が潰れ、民族が「難民化」する可能性を危惧する。ところが、政治家、官僚、大手メディア、そして識者にも、そうした危機感はさっぱり見受けられない。それは本当の情報を知らないか、もしくは、由々しき可能性を口にする不安からだろう。識者は史観を失い、政治家は政局に明け暮れ、ネットという情報空間を覗《のぞ》けば、差別心剝き出しのヘイトスピーチが躍る。そして、かつての世相が浮かぶ。

1941年12月、日本中の人々が、老若男女を問わず、ハワイ真珠湾攻撃の「成功」に酔った。上から下まで、まさに「ヤッター！」という喝采は全国を包み、インテリは長年の積もりに積もった溜飲を下げ、庶民は万歳三唱で提灯行列。憎きアメリカに一撃を食らわした東條英機はヒーローになった。この真珠湾攻撃こそ、現在話題になっている敵基地攻撃の先例。わずか4年後に惨めな敗戦と亡国の残骸が待っているとは知る由もなかった。

「予想以上だったねえ。いよいよルーズベルトは失脚だな」「戦況はさっそくお上に申しあげる」「ヒトラーとムッソリーニにも知らせておけ」と。これが祝勝の宴を開いていた東條の言葉だった（半藤一利『「真珠湾」の日』文藝春秋、2001年、392頁）。

ところが、序章で述べるように、真珠湾攻撃の一報を聞いた中国国民党を率いる蔣介石は、即座に「日本敗戦」を確信した。そうした情報の解釈を可能にしたのは、「ドラゴン・レディ」と称された細君の宋美齢《そうびれい》の長年にわたる米中対話のせいで、国際法違反の日本を、世界は断罪すべしという論調に傾くアメリカを知り尽くした故だった。

情報をどう読むか。それは情報をキャッチするアンテナの感度にかかる。日本の識者は、「大本営発表」以外の情報は無視。否、もし知っていたとしても、それを口外すれば、逮捕監禁、あるいは惨殺される可能性すらあった歴史を考えれば、「日光の三猿《さんざる》」が庶民の生きる知恵だったのも分かる気がする。

しかも、本書で見るように、1936年2月、2・26事件というクーデターを仕組んだ陸軍皇道派も、1941年12月、ハワイ真珠湾に奇襲作戦を仕掛けた帝国海軍も、次の一手を持っていなかった。「大和魂」という精神主義に依拠し、相手の怯《ひる》みを待つ一撃だった。

これでは、どんなに勇猛な奇襲だったとしても、その後は、ズルズルと深みに嵌《はま》って、相手の反撃すら予想できず、身動きできなくなったのは当然（2020年代に議論されている敵基地攻撃論も、その後の敵の激しい反撃を予想しない）。若い兵隊には特攻という自殺を強い、国民には特高が口を塞ぎ、兵隊には「生きて虜囚《りよしゆう》の辱《はずかしめ》を受けず」という戦陣訓を説いた東條本人は、戦後、自決に失敗して自らが禁じた虜囚《りよしゆう》となり、巣鴨の露と消えた。まさに、「喜劇の東條」（政治史家・岡義武の評）と化して終わった。

何の合理的計算もできず、したがって有意な情報も知らず、ただただ根性や大和魂といった無謀な精神主義に頼った哀れな末路だった。そして、「勝ち馬」好きの日本人は、戦後は、「負け犬」の東條をすぐに忘れ、新たな「勝ち馬」アメリカにすがった。

日本社会とはいったい何だろうか。本書で取り上げる、軍歴を有するチャルマーズ・ジョンソンは、軍隊の理不尽さに気づき、その非人間性、腐敗への憤りを露わにし、国際政治学者として米軍の帝国性（＝海外に広がる米軍基地）批判に後半生を捧げた。そして、異常に密集する沖縄米軍基地を批判し、米本国への撤退を主張した。一方、思想家のハンナ・アレントはナチズムの危険性を逃れ、アメリカに亡命したユダヤ人だが、ナチズムを支えた凡庸な人々の犯罪性を、生涯にわたって追及した。旧態依然の日本的村社会には、そうしたジョンソンやアレントのような個人の良心の差し込む余地はなかったのだろうか。

アメリカの歴史家ジョン・ダワーが「贈り物」と称した戦後民主主義は、21世紀に入っても遠い。アメリカの「押し付け」ではない戦後の民主的改革は何もなかったと豪語した松本清張の直言も貴重だ。憲法だけでなく、財閥解体から内務省や特高廃止に至るまで、すべてＧＨＱが日本人に「押し付け」た「贈り物」だった。関東軍の傀儡《かいらい》だった溥儀《ふぎ》が「天皇と同格」と錯覚し、それを関東軍が一蹴するという構図ほど、満洲の真相を露わに晒すものはない。その残骸が満洲引揚や中国残留孤児だが、その理由について、「帝国の失政」というよりも、戦争の生んだ悲劇として語られがちだった。

「帝国の犯罪」を不問に付す便利な用語が「一億総懺悔」だった。識者も庶民も、これに対峙する言葉を知らなかった。結章で記したアンディ・ブラウンのように、「民営化」の真相は「私物化」だと、本質を抉《えぐ》る日本人識者はいなかった。同じく結章で論じる、血流不全に疾病（重症の膠原病）の原因を求め、「入院では治癒不能」だと患者自身が判断して病院を脱してホテルに引っ越すというジャーナリストのノーマン・カズンズの決断を支持するような医師も日本では想像できない。筆者の経験でも、手術の成否は術後の患者の状態如何ではなく、ＭＲＩの画像だというのだから、呆れるばかりだった。

換言すれば、こうした深い思索を展開するような思想家や歴史家よりも、テレビやネットやYouTubeやＳＮＳ等々、身近な情報媒体で繰り返される軽い発言は、あまりにも面白おかしい情報が席巻し、タレントや芸人が経済や政治や文化を茶化して語る。しかも、その矛先は横暴な権力ではなく、「お上《かみ》」に批判的な言論を茶化し、罵倒し、そして「勝ち組」を気取る傲慢な姿勢が目立つ。ネット空間を席巻する論調は、匿名での罵詈《ばり》雑言《ぞうごん》が飛び交い、権力の仲間を競う「大本営発表」ばかり。まさに、「下からのファシズム」「草の根ファシズム」とは、「勝ち馬」の分け前を虎視《こし》眈々《たんたん》と狙う大衆の欲情だった。

真珠湾攻撃に万歳三唱を繰り返した識者も民衆も、皆、情報を知らないまま、亡国の憂き目に遭った。「真珠湾攻撃成功」に日本敗戦の予兆を見抜く卓越した知識人は、日本にはいなかった。ところが、戦後は「騙された」という被害者に豹変し、戦時に放った前言を痛痒もなく覆した。政策の内容は知らずとも、ひたすら権力という「勝ち馬」を担ぐだけ。まさに、「勝てば官軍」という江戸幕末のメンタリティは続き、選挙とは次の「勝ち馬」を探す行為に成り下がり、民意とはそうした大衆の気分を指す。

「東京裁判は茶番」とはよく聞く台詞《せりふ》である。しかしながら、その含意は、戦勝国が一方的に敗者を裁いた不当な裁判だったという解釈が一般的だろう。とはいえ、その本当の含意は、「事前の日米合意に基づくシナリオ通りの茶番」だったが、多くの日本人はそれを知らない（後述）。

21世紀初頭のごく短期で終わった民主党政権崩壊劇の背後には、アメリカの圧力があり、その意を忖度して、反小沢＆反鳩山の民主党内部の政治家や日本のキャリア官僚が動いたというのが今や「常識」（その典型がジュリアン・アサンジ創設のウィキリークスがすっぱ抜いた米外交公電）だろう。だが、テレビや新聞やネット空間は、民主党という「負け組」を茶化すことに熱心だった。

本書で何度も繰り返す、世間体好きの「大勢順応」とは、個人の思考停止にほかならない。ハンナ・アレントの言う、「『わたしたちみんなに罪がある』と叫ぶならば、それは実際には悪しきことをなした人々との連帯を宣言することになる」（『責任と判断』ちくま学芸文庫、2016年、275頁）という言葉は、「集団責任」「大勢順応」の無責任ぶりを暴く。

「大本営発表」を後追いするしか知らなかった日本の識者には、そこに潜む真相を読み解く力業《ちからわざ》は、そもそもできなかった。よく言う「陰謀論者」というレッテル貼りは、「大本営発表」のカラクリを怪しむ論者に向かうのであって、本当に陰謀を仕掛ける「主犯」には向かわない仕掛けにこそ、「陰謀論」論議の真相がある。その証拠に、満洲で数々の陰謀を仕掛けた面々が陰謀論者と称されることは、陰謀が明かされた戦後になっても、なかったのである。

単純なレッテル貼りは、日本人同士でしか通用しない幼稚な言葉遊びにすぎない。情報を知らない無知が横行し、民族的存亡のかかった歴史的危機（戦争の危機、「静かな有事」と称される人口急減、そして経済力の没落）に直面する現在、目の前を覆う「情報のカラクリ」を知らなければ、筆者は、本当にこの国は滅亡すると思う。

哀しいことに、時代の構図を解剖してくれるはずの思想家、歴史家、知識人と呼ぶに値する人物はいなくなった。大学教授のほとんどが体《てい》のいいサラリーマン。キャリア官僚という名のエリートも、アメリカの意向を神経質に忖度《そんたく》し、大手メディアに至っては、「大本営発表」を垂れ流す。人口では圧倒する、生活に追われる庶民も、政治を批判することはほぼしない。

要するに、日本の隅々にまで染みこんだ家父長制的風土にあって、そうした前近代の封建遺制という呪縛が依然として席巻し、誰もかれもが思考停止なのである。日本は、崩壊の淵に追い遣られた戦時も、バブル崩壊後の「失われた30年」も、直近では２０１１年３・11ですら、その総括も清算も自身ではできなかった。

３・11フクシマのメルトダウンという衝撃的映像を見て「脱原発」に方向転換したのは日本ではなく、メルケル首相率いるドイツだった。メルトダウンが起きた当の日本は、その後も老朽化による脆弱性を警戒するどころか、ますます原発再稼働に驀進。事故直後、日本政府が発令した「原子力緊急事態宣言」が未だ解除されていないことは忘れたのだろうか。頻発する地震による原発倒壊の可能性を口にすれば、風評被害を垂れ流す「非国民」だと言われそうな空気すら漂う。変わらぬ風土とは本当に恐ろしい。

真相に蓋をした「大本営発表」は、戦時と戦後の変わらぬ風土を呪縛する。「大本営発表」を権威付けする用心棒に堕落したかのようなアカデミズムは当てにできない。真相をつかむには、公開されながらも周知にはならなかった情報を読み直す作業が要る。だからこそ、筆者は、内外の知識人たちの遺した貴重な史論や思想を手掛かりに、「情報のカラクリ」がもたらす歴史観の虚実に挑む。

# 序章
# 問題の発見

## １　没落の止まらない日本

「未来に過去がやってくる」（『完全版１《イ》★９《ク》★３《ミ》★７《ナ》（下）』角川文庫、２０１６年、１８９頁）。歴史を振り返った作家の辺見《へんみ》庸《よう》は、なんとも不気味な警鐘を鳴らした。「人間の想像力の限界をこえる、酸鼻《さんび》をきわめる風景の祖型」だと辺見が評す１９３７年について再考する意義は、「げんざいのナゾをとくヒントは過去にこそある」からだ（『完全版１★９★３★７（上）』13頁）。「１★９★３★７の狂乱と有頂天」（同（下）、２２７頁）を考える旅である。

同時に、中国の作家巴金《パーチン》（１９０４〜２００５年）の日本人へ向けて１９３７年11月に発した、つまり南京大虐殺直前に発した言葉を、辺見は過去から未来への遺言として引く。

「あなたたちは忠義に厚く、それゆえ容易に騙されます。あなたたちは、上で統治する権力を崇拝します。……あなたたちの頭には、誤った観念とウソのニュースが詰まっているのです。そのためあなたたちは世界が分からなくなり、この世界で自分たちのいる場所および自分たちの責任を理解できなくなっています」（同（上）、14頁）。

陸軍皇道派クーデター2・26事件の翌1937年、ファシズムの猛威は極まった。7月には北京郊外の「マルコポーロ橋」という別名をもつ盧溝橋《ろこうきょう》で戦闘が勃発し、8月の第二次上海事変勃発を機に、中国では国共合作が成立し、日中は全面戦争に。11月には、ヨーロッパで破竹の勢いだったドイツやイタリアと、日独伊防共協定を結び、12月には南京大虐殺に発展した南京事件が起こった。この皇軍の暴挙を反省するどころか、逆に勢いに拍車がかかり、翌1938年1月には「国民政府を対手《あいて》とせず」という「近衛声明」が発せられた。1930年代の皇軍はまさに連戦連勝。当初は満洲占領だけ（1932年3月に満洲国建国宣言）が狙いだったが、攻略に成功した皇軍は、無謀にも、北京や上海、そして首都南京へと駒を進めた。

当初は停戦交渉を期待されて1937年6月に登場した近衛文麿首相も、ブレーキを失った皇軍の暴走を止めることはできなかった。同年7月に日中戦争に発展し、翌1938年4月の国家総動員法公布にまで、国家をあげての総力戦になり、ファシズム化の勢いを加速させた。戦略も戦術もないまま、自身の貧弱な経済力も知らず、さらに、戦う相手国の情報も摑めないまま、「イケイケドンドン」の勢いが席巻したのだった。

1930年代の事件を時系列的に並べると、軍事ファシズムという暗黒の時代（15年戦争）だったように見えるが、軍需景気に沸いた大勢の人々の生活感覚は「意外」なほどそうでもなく、南京入城、日中戦争（否、相手を見下して日華事変と呼んでいた）で「勝った！　勝った！」の大騒ぎ、その度に、識者も庶民も提灯行列で大喜び。南京攻略「成功」で凱旋帰国近し、という空気が国中を覆った。皇軍とは絶頂の「勝ち馬」だったのである。

まさか、国民党軍が重慶に拠点を移して反撃してくるとは、ついぞ想像できず、水面下では蔣介石の細君・宋美齢の全米での巧みな宣伝活動が功を奏し、米中連携の動きが進みつつあったことも知らず。否、多少は知っていたとしても、根拠のない希望的観測と精神主義ばかりで国際政治力学の情報戦に疎《うと》い日本の体質が滲み出ていた。相手を見くびった「暴支膺懲《ぼうしようちよう》」や「中国一撃論」という流行の言葉に、状況の推移を読めない甘い体質が覗く。

ところが、1941年の真珠湾攻撃成功で日本中が提灯行列に浮かれるなか、同攻撃の一報を聞いた蔣介石は秘かに喜んだと言われている。「これで勝った」と。この間、中国はパンダ外交と称される米中融和外交に勤《いそ》しみ、中立主義のアメリカを連合国側に巻き込めば、日中戦争に勝てると踏んだのだ。この戦略の最前線が、蔣介石の細君・宋美齢の巧みな英語での話術やキリスト教徒というアイデンティティを駆使した対米外交だった。情報分析力の差が日中の勝敗を分けた。1945年7月の日本に対する降伏勧告のポツダム宣言が米英中三カ国首脳によって発せられた。ポツダム会談から同宣言への三首脳のメンバー交替（ソ連↓中国）を訝《いぶか》る日本人はいなかった。

したがって、この情報と戦略をめぐる日中米の攻防から言えるとすれば、日本はあまりにも客観的情報に疎く、独りよがりで、自分の身のほども相手の手の内も知らなかった。ここから学ぶべき歴史の教訓は、無知と傲慢ほど危険なものはなく、「大勢順応」という精神主義は、大勢が大揺れの歴史的激動の時代には機能不全となるということだ。

しかも、日本は、「ニチベイ」友好を謳いながら、「同盟」相手のアメリカの思惑も実はよく知らない。かつてニクソンが突然、米中協調外交に舵を切ったような（1972年2月のニクソン訪中）50年以上前の歴史の再現がないとは言えない。あのとき、突然に梯子《はしご》を外された日本は大慌てで、同年9月、田中角栄の訪中による毛沢東・周恩来との会談を実現させたことを思い出す。もっと以前に遡れば、戦時にあっても、同盟相手だったヒットラーの情報や史上最大の惨劇と評される独ソ戦でのドイツ敗退という情報すら摑んでいなかった。錯綜する情報戦のなか、無知蒙昧での精神力しか手がないという哀しい状況は、どれほど変わったのだろうか。精神主義とは情報無視の言い換えにすぎない。

梯子を外され、気がつけば、日本だけが対中対立を煽っていたという惨めな孤立を余儀なくされる可能性は十分にある。そもそも、核保有国同士が開戦に踏み切る可能性を避けるためにあらゆる手を打つのが外交だが、情報を知らず、言葉で煽ることしか知らない日本の政治家に、手練手管を操って外交を進めることを期待するのは所詮無理だろう。

戦場の兵士に、玉砕という名の自殺強要を繰り返す無能で非情な指揮官がいったいどこにいるだろうか。ほとんどが、歩兵による近接での戦闘を意味する白兵戦《はくへいせん》しか知らなかった皇軍は、科学技術で装備された近代戦を知らなかった。ところが、特攻隊という言葉の響きには、無能で非情な指揮官を批判するニュアンスは微塵もなく、死にゆく兵士への甘美な哀悼なのである。

この幼稚な情報観や未熟な戦略観は、21世紀の今も続く。今日の情報空間を眺めれば、「親日」「反日」「非国民」という単純な応酬、「右」「左」といった感情的レッテル貼りばかり。その多くが匿名のヘイトスピーチ。テーブルを挟んで丁々発止と協議を交わす外交の醍醐味を日本の政治家に期待すること自体が空しい。国会審議も首相の記者会見も、事前に提出された質問に、事前に官僚が回答を準備するという、まるで猿芝居そのもの。世界史的な大転換が津波のごとく押し寄せているときに、その情報も、相手の手の内も、したがって自らの立ち位置さえ分からず、ただただステレオタイプの「ニチベイ」頼みを繰り返すようでは、かつて滅亡の淵まで追い詰められた歴史を繰り返す危惧が消えない。

ＢＲＩＣＳやグローバルサウスが急速に存在感を高める世界史的大転換への知見もなく、「台湾有事は日本有事」と言いながら、日中首脳間の交渉すらなかなか開かない（そこが米中とは異なる）。世界中から「アメリカの代弁者」だと見られるだけで、政権中枢には、協議や交渉というよりも、アメリカから指示される「ニチベイ」以外には何の情報もないだろう。

日本国内では血気盛んに闊歩するいわゆる右派の論客も、対中融和外交を探るようなアメリカに向かっては、さすがに「媚中！」とは批判できない。そもそも、一国の命運を左右する安全保障問題が、日本の国会では審議すらされない。戦争の危機が迫っても、最優先すべき外交自身が審議の対象ですらなく、この国に独立の気概は見えない。残念ながら、野党はあってなきがごときである。

国民主権や平和主義といった憲法の理念はほとほと画餅で終わった。しかも、切迫する危機的政治状況について、国会議員どころか、エリートを気取るキャリア官僚も大手メディアも、そして識者という名のインテリも一般国民の誰もが、関心すらない。先の見通しが全くついていない日本人の「現在主義」を、評論家の加藤周一は、「明日は明日の風が吹く」哲学と評し、その一例として、真珠湾攻撃の東京市民の愉しそうだった表情を挙げ、そうした風土は、鎌倉美術から今日の外交まで健在だと言った（鷲巣力編『加藤周一セレクション5』平凡社ライブラリー、1999年、25〜28頁）。

一方、辺見は、「権力や権威に目がくらみ、多数者やつよいものにおりあいをつけ、おべんちゃらをいい、弱いものをおしのけ、……周りを忖度《そんたく》したりして、いま、ここで、ぜひにもなすべき行動と発言をひかえ、……わたし（たち）がずるずるとこんにちを『つくった』というべき」（辺見前掲『完全版1★9★3★7（下）』222頁）だと、権力の不条理に異議申し立てできない庶民の「罪」を嘆いた。

フランスの歴史人口学者・家族人類学者エマニュエル・トッドは、もしも台湾有事でアメリカが介入してきたとしても、「もし西側が負けそうだとなったら、おそらく日本と台湾を、アメリカは簡単に見放すだろう」と予想する（『問題はロシアより、むしろアメリカだ』朝日新書、2023年、129頁）。いったい、日本に、トッドのような辛辣なシナリオを読み解きながら、戦禍の覆う世界情勢を考えている為政者や学者や研究者や大手メディアの面々がいるだろうか。

日本有事となれば、実戦を戦うのは日本と韓国、あるいは台湾も入るだろう。とにかくアジアの戦争はアジア人の手でというのが、「第二のウクライナ」という意味合いである。こうしたシナリオの可能性（梯子を外されること）を微々だに予想せず、「戦う覚悟」を公開の席上で説教する政治家は「本当の情報」を知らない。しかも、これに何の異議も申し立てない大手メディアとは、ただの政府広報であって、あるいは戦時の「大本営発表」同様、もはやジャーナリズムの矜持を失ったように見える。冷静に考えれば勝つ見込みのまったくなかった戦に、無能で無謀の決断に踏み切ったかつての司令塔の遺伝子を引き継ぐ。

かつて、ガダルカナル島から撤退し、戦況の圧倒的不利が明らかになった1943年2月、朝日新聞編集部員と話した、当時は陸軍中将だった満洲事変の首謀者・石原莞爾《いしわらかんじ》の会話が残る。石原は、「この戦争はだね、このまま行ったら必ず負ける。止めるならまず今のうちだよ。どうだね。朝日新聞は（紙面）全面を埋めて戦争反対をやらんかね」と進言したという。この石原の助言に『朝日』が従うことはなかった。当時の重役は「口をつぐんだきり何も言わなかった」と（『朝日新聞』2023年8月22日付）。『朝日』の記事は、すべてを当時の軍部のせいにして、当時の大手メディアの責任には一切言及せず、まさに、傍観者的立場を固持した便法で振り返った。

本書は、辺見の著作に刺激を受けながらも、かつての悲劇が取返しのつかない規模で、襲ってくるのではないかという不安から、筆を始めた。紙面、テレビ、ネットといった情報空間から伝わってくる情報の圧倒的部分が、国内の話題で、戦争の話になるとウクライナ戦争にせよ台湾有事危機にせよ、勧善懲悪的「民主主義vs全体主義」の紋切り型で、変容する世界は見えない。一方の野党はといえば、国際問題はまるでダメ。聞こえてくるのは政局の話ばかり。賃金上昇の交渉ですら政権党に頼るとなれば、野党や労働組合の存在感は薄い。

ウクライナ戦争も、イスラエルのパレスチナ自治区ガザ攻撃に対して、アメリカでも批判が上がり、英国では労働党政権が誕生し、さらにフランスのマクロン大統領も選挙に敗北した。2024年の米大統領選ではトランプが大差で勝利。2025年にはトランプが返り咲く。政治の行方はどこもかしこも混迷の一色なのである。

## 2 グローバルサウスの台頭が揺るがす世界

未曾有の歴史的な大激動が世界を覆う。米中間では対立・戦争を避けるための政治家の米中協議が世界各地で頻繁に行われ、日中とは異なり、対立一辺倒ではない。つまり、対中デカップリング（対立）ならぬ対中デリスキング（リスク軽減）への動きである。

同年9月のG20サミットを主導したグローバルサウスのリーダーとして存在感を高めたインドのモディ首相は、2023年のG7議長国だった日本には何の相談もなく、G20首脳宣言を決め、それに続く同年9月の国連総会演説でも、日本の存在感はなかった。

さらに、同年11月にニューヨークで開催された核兵器の開発・保有・使用などを禁じる「核兵器禁止条約」（2021年に発効し、93の国と地域が署名）会議には、核保有国ともども、日本は欠席した。核廃絶を訴える世界の声に「唯一の被爆国」として、広島出身だったはずの岸田首相は、同年5月の核兵器抑止論の「広島ビジョン」同様、背を向け続けた。

しかも、武器こそ援助するものの、自国の正規軍は戦場では戦わないというオフショア戦略

（offshore strategy）は、ウクライナ戦争ですでに実行されている。欧米はどこもそうである。戦場で戦闘行為を行うのは、民間軍事企業（ＰＭＦ、privatized military firm）という傭兵。そうすれば、徴兵を敷く必要がなくなるからだ。ロシアもそう。その典型がプリゴジン率いるワグネルだった（プリゴジンは２０２３年８月、飛行機墜落で死亡が確認された。BBC, *News Japan*, ２０２３年８月28日）。

２０２３年８月末、拡大ＢＲＩＣＳの一角イランのライシ大統領（２０２４年５月、ヘリコプター墜落事故で死亡）は首都テヘランで記者会見し、アメリカの経済制裁によって日本で凍結されたイラン資産（約４４００億円）の凍結解除を要求し、自主性のない対米追随外交姿勢に苦言を投げた。「日本にある凍結資産への対応を問われ、『我々の日本政府へのアドバイスは、独立して（判断し）、アメリカに影響されないでほしい。イランの資金を凍結しないでほしいということだ』と発言。第２次世界大戦中の広島、長崎への原爆投下などを念頭に、『日本は（過去に）アメリカの暴力を経験している』とも述べた」（『朝日新聞』デジタル、２０２３年８月30日付）。

在米資産凍結とは敵対する諸国が保有する在米資産を凍結し、対外取引の決済をできなくする制裁措置だが、イエレン米財務長官は声明で「プーチン露大統領から戦争を続けるための装備や技術、サービスを奪うため、絶え間なく取り組む」（『読売新聞』オンライン、２０２３年９月15日付）と表明した。ロシア以外の諸国も、アメリカがロシアを利する行為だと判断すれば、資産凍結される恐れが広がる。ところが、かつて親米色の濃かったサウジアラビアでさえ、「サウジがＧ７に警告、ロシア凍結資産押収なら欧州債売却と脅し」（Bloomberg, ２０２４年７月10日）と報じられた。かつて親米だったサウジでさえ、もはや欧米の言いなりにはならず、国益に沿った主張をする。

ここには、ＢＲＩＣＳを背景に中東諸国の台頭ぶりが覗く。国際取引決済の米ドルから人民元への移行といった課題、および市場金価格の歴史的高騰もここからくる。在日イラン資産凍結に従順に協力する日本政府の判断に対する大手メディアの見解は聞こえてこない。対米摩擦が懸念されるイランは、すでに、上海協力機構（本部は北京）加盟国、そして２０２４年1月からはエジプトやＵＡＥやエチオピアとともにＢＲＩＣＳ加盟国となった。

パウエル米ＦＲＢ議長が、「ＢＲＩＣＳの脱米ドル戦略によって、米ドルは維持不能な道を歩みつつある」と、米ＣＢＳニュースの60分インタビューに答えたのは、２０２４年２月だった（**CBS news, Feb. 5, 2024**）。２０２４年の金価格暴騰の一因だろう。

とはいえ、日本は、ＢＲＩＣＳどころか、アメリカの戦略の「手の内」にも通じていない。そもそも、もしも台湾有事が日本有事に発展し、軍事的衝突でも起きようものなら、自動的にアメリカやＮＡＴＯ諸国が応援にかけつけ、一緒に参戦してくれるものと誤解する日本人は少なくない。しかし、ほぼそうはならないだろうと予想される。なぜならば、ウクライナ戦争も、所詮は、アメリカは武器を援助するだけで、実戦は拒否するからだ。

そもそもアメリカ自身に、中国相手に戦争をも辞さないという「戦う覚悟」は微塵もない。その証拠に、２０２３年9月、アメリカのサリバン大統領補佐官（国家安全保障問題担当）と中国外交担当トップの王毅《おうき》共産党政治局員兼外相が地中海の島国マルタで計12時間もの長時間会談を実現し、サリバンは「米中は競争関係にあるが、米国は衝突や対決は望んでいない」との立場を改めて説明。中国外務省は「中米関係の安定と改善について率直で実質的かつ建設的な意思疎通」が行われた、と報じた（『毎日新聞』２０２３年9月19日付）。

その直後、今度は、外相の王毅は北京で、アメリカきっての中国通実力者ヘンリー・ポールソン米元財務長官との会談を行った。サリバンもポールソンも、いずれも米中首脳会談実現への根回しだったが、要は、中国側ではなくアメリカ側が会談をやりたがっていた。つまり、アメリカの対中デリスキング戦略なのである。かつてニクソン政権下で歴史的な米中国交回復の根回しに動いたヘンリー・キッシンジャーは、２０２３年7月、米中対立の解消を目指し、北京での習近平国家主席との会談に動いた。さらに、キッシンジャーは同年11月、百歳で他界する直前まで、アメリカの対中外交を仕切る働きを遺した。ラテンアメリカでは米ＣＩＡとの共謀でチリ・アジェンデ政権転覆等、汚名を遺すも、中国に対しては、熱心な平和外交を主導したのである。

## 3 「blowback（報復・因果応報）」

本書は、歴史観を左右する「情報のカラクリ」について論を進める。作家の松本清張が説いた、社会的格差へのルサンチマンを抱く貧困層がファシズムの担い手に逆転するというパラドックスは2・26事件の主要旋律だった。いわゆる「下からのファシズム」「草の根ファシズム」という周縁層に漂う日本的風土とは何か。日本人の多くが、権威・権力を無条件に受け入れ（「お上に従順」）、お互いを牽制し、そして監視し、できれば「勝ち馬」に乗ろうと虎視眈々。その目線と呪縛は、戦前も戦後も変わらなかった。

では、社会の司令塔に座ってインナーサークルに陣取るエリートの面々は、情報や戦略に通じているかといえば、これがまったくそうではない。言うまでもなく、現在の日本の政権は、アメリカの「お使い」に徹し、自立の気概はない。首脳外交といえば、首相自らアメリカに飛んで、その意向を伺うこと。米中や欧中のように、何時間もテーブルを挟んで真剣な交渉や協議を、国益をかけて交わす光景はなく、ただただ向こうの要求や指示を仰いで帰る「御用聞き」である。いくらG7唯一のアジア所在国だとはいえ、アジアでの日本の存在感自体がほとんど消えた。

唯一の救いは、海外から聞こえてくる良識的な声、その声に影響を受けた日本人もいることだ。閉塞的空間にわずかの風穴が開く。結局、前例踏襲と権威・権力への過度な忖度に呪縛され、「大勢順応」を強いられたこの国は、結局、外圧でしか変われないのだろうか。「『アメリカが日本の仲間であり、日本を防衛してくれる』と考えるのは『頭がお花畑』と言わざるを得ない」と厳しく論難するフリージャーナリストの加治康男《かじやすお》の言（2024年7月23日、加治の公開ブログ）のように、日本の為政者は緊迫度が増す国際政治力学をまったく読めない。

「お花畑」という形容は、一般的に、保守派が憲法擁護派に対して投げる捨て台詞だが、実は、憲法改正を叫び、かつ「ニチベイ」の掛け声しか言えない人々こそ、歴史的激動の続く国際政治力学の現場をまったく知らない。かつて、保守派を代表する論客だった外務省出身の岡崎久彦《おかざきひさひこ》は、とにもかくにも、アメリカ第一主義の権化のような論客だったが、いまや同様な立場の論客はそこかしこにいっぱいいる。軍靴の足音が聞こえそうな時代でさえ、日本人識者は「ニチベイ！」を繰り返すだけ。アメリカの核戦略頼りというものの、米大統領の意向だけでは交戦権は遂行できず、米議会の承認が要ることには触れない。日米安保はＮＡＴＯとは違う。

「ニチベイ」を叫べば、それで終わり。アメリカのすべてに「Yes」と言うだけで思考停止だから、外交交渉すらできない。犬猿の仲だったサウジとイランの手打ちも、あるいはパレスチナ派閥相互の手打ちも、いずれも中国が北京で仲介したが、そのような驚くべき国際政治力学の変貌ぶり（中東におけるアメリカの政治力低下）は、日本の大手メディアはほんの小さな記事で報じるだけ。

一方、巷の庶民はと言えば、少子高齢化の予想を超える急ピッチでの進展に加え、低賃金、物価高騰、介護制度の度重なる改悪といった弱者切り捨て政策の追い打ちに、疲労困憊《こんぱい》である。かつて戦時の「貯蓄奨励」は、今や「投資奨励」「投資立国」に変わり、投資も相場もよく知らない人々がＮＩＳＡ（少額投資非課税制度）に夢中。しかも、その中心は、国内投資ではなく、米ドル建ての債券や株式が中心。この政策の意味するものは、公的年金破綻は避けられず、不足分は自己責任の投資で賄《まかな》ってくれ、ということである。投資対象の米ドル建て商品相場がたとえ上がっても、米ドル相場が下がれば（日本円相場が上がれば）、投資資産が下がるということも知らない素人投資家も少なくない。

ともあれ、長年働いてきた挙句に、唯一の願いが、「穏やかに死ぬこと」だと言う介護を受け

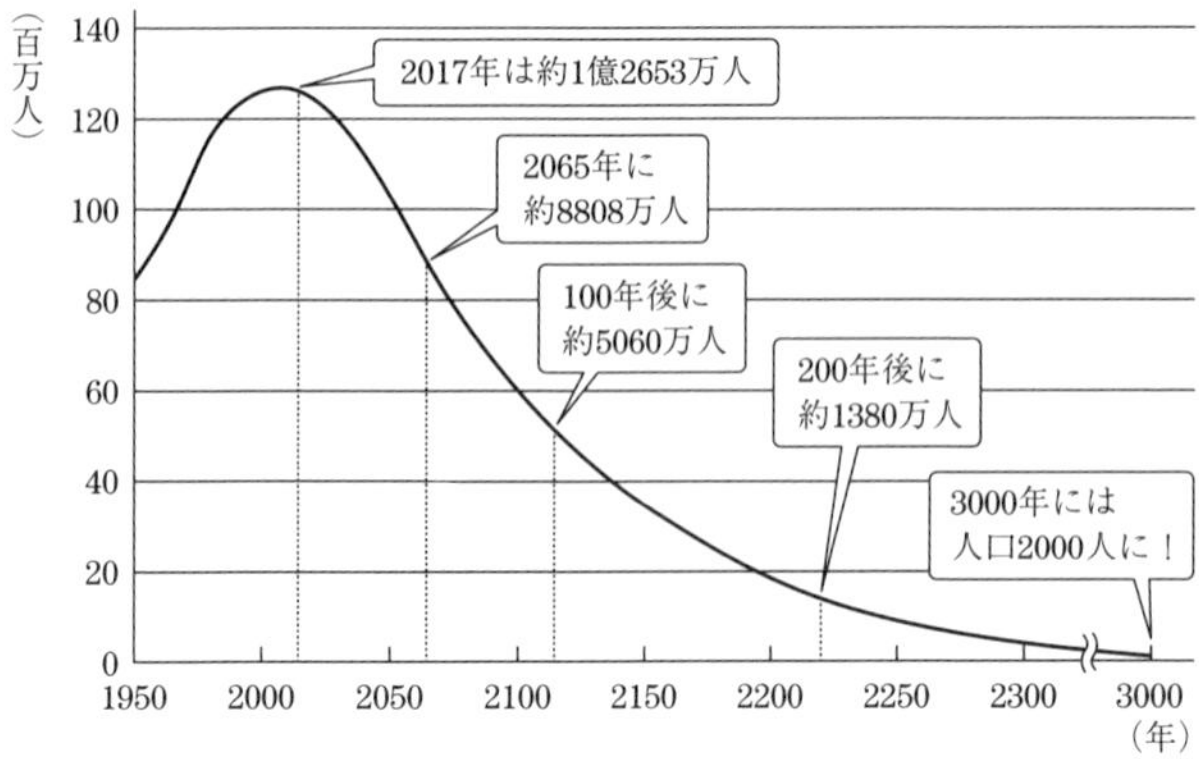

日本の人口推移と今後の予測（出典：河合雅司『未来の年表』講談社、2017年。元のデータは国立社会保障・人口問題研究所『人口統計資料集』2017年より）

る側である高齢者の哀しみは涙を誘う。「有効求人倍率一五・五倍という求人難で、八〇代のヘルパーが紙おむつをつけて訪問しているほど」（小島美里『終のすみか』はどこにある」『世界』２０２４年８月号）という介護の現場は、驚くほどの求人難（換言すれば圧倒的「労働力不足」）で、この国の福祉政策行政の破綻を物語る。高齢者の最期は家族の責任だというかつての家族観が、現場の状況が大きく変わっているにもかかわらず、健在である。悲劇の根幹はここにある。それにしても、近年の少子高齢化のテンポは急速で、死亡者数が増え出生者数が減り続け、日本の人口は激減。国立の研究所予測でも１００年後には５０００万人程度へ、２００年後は１３８０万人というのだから、小手先の芸当では、この趨勢逆転はなかなか困難だろう。

作家の河合雅司は、「政府の出生数の将来見通しは甘い前提となっており、すでに現実と乖離《かいり》している。……２１２０年の日本人の人口は１５００万人程度」（『日刊ゲンダイ』２０２４年７月23日）と、人口の急減少による国家存立の危機が招く「静かな有事」、「日本という国家が消滅す

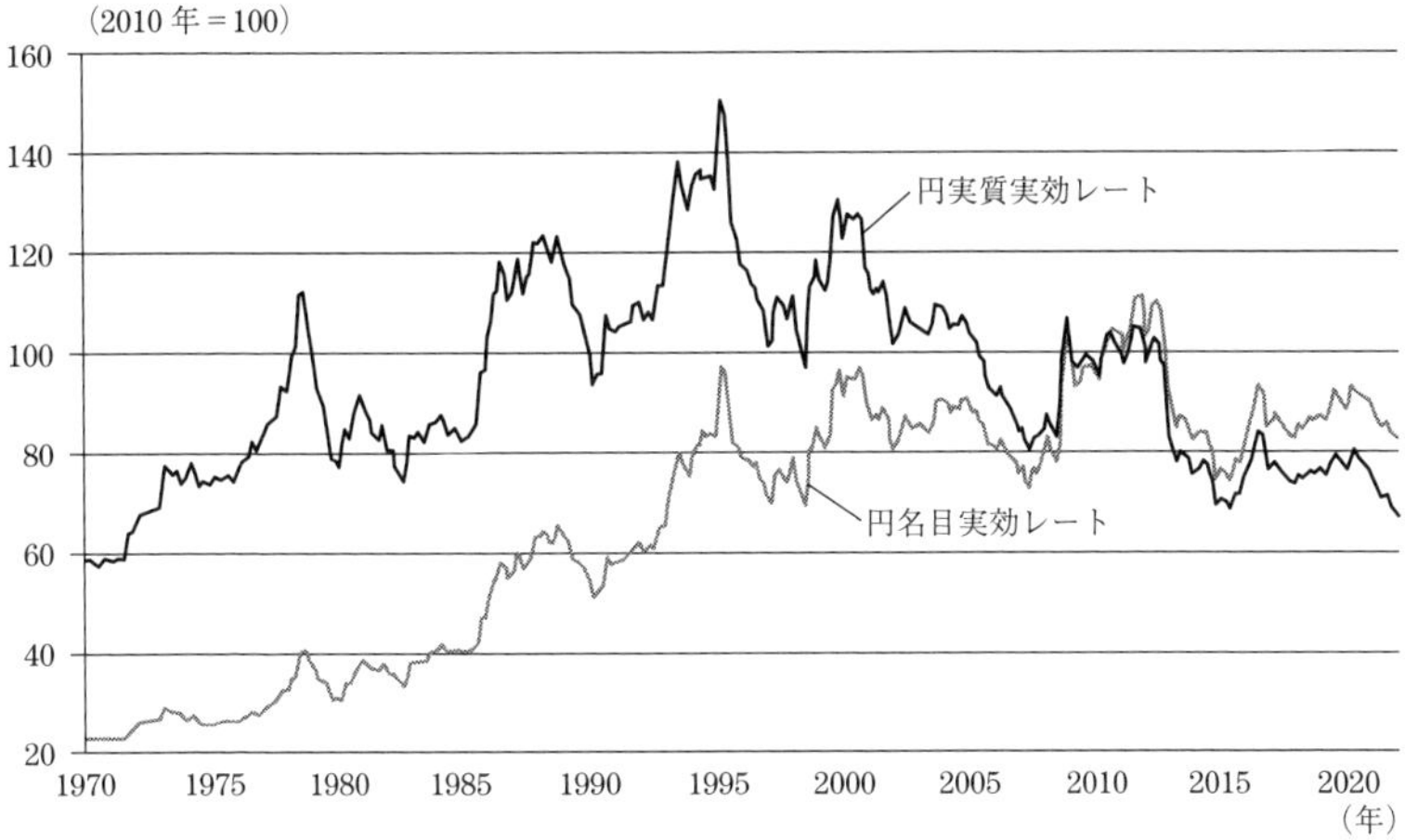

円の名目・実質実効為替レート（BIS "Effective exchange rate indices" 等よりニッセイ基礎研究所作成）

るかどうかの瀬戸際」だと警鐘を鳴らす。河合が言うように、非現実的で空想的な未来予想ではなく、「『戦略的に縮む』という成長モデル」にチャレンジする気概が要る（『縮んで勝つ』小学館新書、２０２４年参照）。

二つ目の衝撃的データは、日本円の購買力を加味した実質通貨価値を表す実質実効為替レートが、ほぼ50年前の水準に下落したこと。日々の為替相場情報は、円ドルの市場レートがポピュラーだが、それは市場における円と米ドルの関係に限られる。そこで、主要通貨取引を勘案した名目実効為替相場では市場における日本円の取引相手の総合的位置が分かる。さらに、そうした米ドル以外の取引だけでなく、物価を加味した通貨の購買力を比較した為替相場である実質実効為替相場で見ると、どうなるかと言えば、２０２２年時点でほぼ50年前の相場に等しいということになる。

日本円の購買力相場は、半世紀前に逆戻り。1米ドルが140〜150円程度の相場からは、いくらなんでも固定相場時代（1米ドル＝360円）の相場ほどの円安ではないと思いがちだが、他の諸通貨や購買力を勘案した日本円の実力は、米ドルと日本円との市場取引レートとは異なり、もはや1960年代と同程度だと考えるべきである。

米欧のみならず、グローバルサウスと称される膨大な数の旧途上諸国も、停滞する日本経済（「失われた30年」）を尻目に発展し続け、気が付けば、日本経済だけが世界の成長から置いてきぼり。しかし、日本人の平均的意識は、円と米ドルの関係しか知らなかった。いかに、わたしたちが世界を知らない「井の中の蛙」だったのかに気づく。世界の外貨準備に占める米ドルの比重は、71・19％（1999年9月1日）から58・22％（2024年6月1日）に下落（「唐鎌大輔の為替から見る日本」JBpress、2024年10月8日）。この米ドルの凋落は、通貨から見た時代の相貌（基軸通貨米ドルの失墜）を示す。

三つ目は日本の経済力後退を象徴するような、ゴールドマン・サックスによるGDPランキング予想である（「朝日新聞デジタル」2024年8月14日）。25年後の2050年には中国がトップ、そしてアメリカとインド、次いでインドネシア、ドイツ、そして6位に日本と続く。ところが2075年という半世紀後は最早、中印米がトップ3で、日本は12位と予想される。BRICSのみならず、グローバルサウスの勢いが顕著で、日本の経済的没落はあまりに衝撃的である。

しかし考えてみれば、日本の予想GDPはもっと下落する可能性が高い。なぜならば、1人当たりGDPは下落し続け、世界34位（2023年、IMF）だからだ。GDPとは1人当たりGD

P×人口。そもそもGDPとは、消費と投資の総計だから、個人消費は実質賃金低下と物価高騰で振るわず、民間企業の「勝ち組」は海外投資組ばかり。対照的に、国内の新規投資には躊躇《ちゅうちょ》する。これでは、GDPが増えない。個人投資家の投資信託も、米ドル債や米株式といった海外投資が人気。元気のある企業や個人は海外脱出を狙うとなれば、国内に取り残された人々に元気な未来を期待できないのは当然であろう。

こうした暗い予測に囲まれれば、機転の利く日本人ならば、海外で成功する夢を追いながら、将来性のない日本を脱出し、「第二のオオタニ」「第三のオオタニ」を目指すのも頷ける。だれもが移民するなら、「カネと健康」が大丈夫なうちにと思うだろう。

官尊民卑の愚劣な風土も関係する。2024年1月の能登半島地震被災者への政府支援は微々たるもの。多くがボランティアや義援金で賄った不条理が露呈した。アメリカを忖度した巨額なウクライナ支援とは一目瞭然だ。過去最多を更新中の日本人海外永住者の多くに共通するのは、この国の近未来に対する不安や不満や失望が大きいことである。海外での収入がはるかに高いとなれば、人々の関心が海外に向かうのも当然だろう。

一方、日本に残された人々の経済力の総和GDPはますます萎《しぼ》み、疲れ果てて自壊に追い込まれる人々の増加が懸念される。現に、今ですら80代の親がひきこもり状態などにある50代の子を養う「8050《ハチマルゴーマル》問題」、さらにもっと年数が進んだ「9060問題」は深刻化している。しかも、そうした苦しい庶民に対して、「自己責任」だと言って叱責する「勝ち馬」を狙った庶民も少なくないという非情が重なる。

金の市場価格（1オンスの米ドル価格、1970/1/1 〜 2024/10/29、出典：Gold spot prices, World Gold Council）

厚労省の２０２３年の国民生活意識調査によると、「生活が苦しい」という回答は、子育て世帯で65・０％、全世帯で59・６％。とくに、65歳以上の高齢者世帯では59・０％という数字は、１９８６年調査以来最高を記録、前年比で10・７ポイントも増えた。しかも、全収入が年金という高齢者世帯（41・７％）が多い（数字は、『日本経済新聞』電子版、２０２４年7月5日）。健康を損ない、働けない高齢者は四苦八苦しながら生きている。日本人の生活苦は広がる。

２０２０年代現在の世界史的危機を物語る相貌といえば、空前の高騰を示す金（gold）価格だろう。１９８０年代以降の20年あまり、「金廃価」が優勢だった。21世紀に入るや否や、金需要の急増（＝通貨不安）が金価格を押し上げ、２０１０年代の一時的鎮静化をへて、２０２０年代、とりわけ２０２４年には驚くほどの急騰を繰り返した。ただの負債にすぎない通貨とは異なり、無利子でも金には実体があるからだ。21世紀初頭も２０２０年代も、戦争不安。２００３年以降のイラク戦争とリーマンショック、２０２２年はウクライナ戦争に端を発し、その後、中東危機に拡大し、「台湾有事」不安を刺激し、北朝鮮の暴発もありう

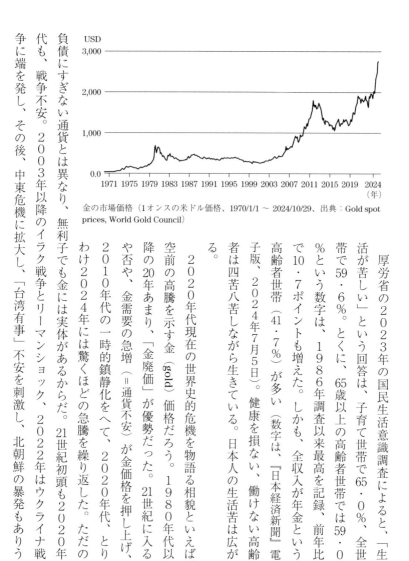

る。しかも、現在は核戦争の恐怖が伴う。世界を覆う政治的かつ軍事的不安や米ドル不信が金買い需要を支えると観るべきだろう。

いずれにしても、アメリカの覇権後退が明白になり、対照的に、２００８年リーマンショック後はG20が登場し、かつて新興諸国と称されたＢＲＩＣＳは２０２４年には5カ国から9カ国に増大し、それを牽引する中国やロシア、そしてインドに、さらにＡＳＥＡＮを率いるインドネシアに注目が集まる。先進諸国と括られるＧ７の存在感は大きく後退した。

一方、庶民はストライキどころか批判をする元気すらなく、ひたすら、節約して耐え忍ぶ。しかも、「高齢者は集団自決を」という破廉恥極まる暴論を吐く学者すら登場する始末。だからこそ、「穏やかに死にたい」と呟く高齢者の言葉に胸がつまる。都心も郊外も、地方はさらに、空き部屋だらけの老朽化したアパートやマンションが、解体を待ちながらも所有権の壁で処分できない一戸建て家屋がいっぱい。

ところが、一方には、低家賃の公共住宅が極端に足りず、空室待ちの希望者がたくさん。低家賃の公共住宅に入れるのは、まるで宝くじに当たるようなもの。要するに、住宅所有権売買の不動産資本や住宅ローン優先の銀行に配慮した住宅政策の失敗は明らかだろう。言うまでもなく、いくら低金利とはいえ、ゼロ金利という住宅ローンはなく、しかも返済当初は、その大部分が金利支払いで、元本の借金はなかなか減らないことを知るべきだろう。

ジャパンマネー全盛の時代はもはや昔話。かつての「一億総中流」に替わるポピュラーな相貌は格差や貧困だろう。かつて、筆者の経験で、格差・貧困をテーマとして発表する学生に向かって、「君は資本主義が嫌いなのか！」と詰問した呆れた教授がいた（後述）。「高等教育の空洞化」は、日本経済の没落とともに進んだ。活力の喪失は、政治、経済、外交、そして文化や学問等々、日本中を覆う。微かな希望か、「オオタニ！」という喝采が響く。

今や、情報は一国の存亡を左右するほどに重要である。ところが、そのシステム化されたノウハウが周知でないまま、情報主権が蔑ろにされている。ヨーロッパでは、ＩＴ企業と各国政府が主権をめぐって鎬《しのぎ》を削るが、日本では、マイナ保険証をめぐる人々の不安や不満を押し切り、２０２４年12月から保険証新規発行廃止へ強行突破。そのデジタル化推進母体としてデジタル庁は２０２１年９月に発足、デジタル化を仕切る元締め役は米ＩＴ大手のアマゾンである。ここにも、「ニチベイ」の問題が浮かぶ。高野孟《たかのはじめ》は警鐘を鳴らす。

「日本では、『米国は同盟国だから安心だ』などという底抜けノーテンキの属国構造が政府を覆っているので、全ての重要情報が米国側に筒抜けになる危険についての問題意識がほとんどなく、無防備に近い」（高野孟「米アマゾンに売られる日本の『情報主権』」『紙の爆弾』２０２４年11月号）。このジャーナリスト高野のような慧眼は、あまりにも周知から遠い。一見過剰に見える情報のなかの、実は情報不在。日本の危機が可視化される。

## ４　２０２４年12月——激震を予兆させる情報

衝撃的報道だった。日本経済研究センターは、１人当たりＧＤＰで日本が２０２２年に韓国を、24年に台湾をそれぞれすでに下回ったと発表した。１年前の２０２３年12月に公表した、31年の日韓逆転、33年の日台逆転という予想に比べ、大幅な前倒しになった（『日本経済新聞』電子版、２０２４年12月18日）。なお、韓国で同月起こった44年ぶりの戒厳令顚末については後述する。

日本製鉄のＵＳスティール買収がアメリカ政界や労働界で四面楚歌になりながら、同社の強気戦略も話題を集めた。このニュースは、ＧＤＰの日韓&日台逆転劇と重なる。先に見たＧＤＰ自体は50年後に世界12位という予想だったが、１人当たりでは、もっと衝撃的転落だった。そうして見ると、50年後なんて、誰も予想できない。

そもそも大手企業は、内需の冷え込む国内市場を見切って海外志向が目覚ましい。円安で輸入物価は上昇し、実質賃金は下落、低迷する株価で企業の買収懸念は高まる。そうなれば、企業はますます冷え込む内需を諦め、経済力の拡大する海外市場を求める。しかも、高齢化や出生数減少による人口の自然減だけでなく、魅力のない日本にやってくる移民も減り、労働力人口も減る。需給ともに後退する一方の国内市場は一体どうなるのか。

そんななか、読売新聞代表取締役主筆の渡邉恒雄《わたなべつねお》死去のニュースが流れた。戦後史の生き字引のような「ナベツネ」が死亡。無神論者で、なおかつ靖国神社を嫌った保守派の「ドン」だったが、東大共産党の時代には、党中央と激突し、渡邉が「東大独立共産党と称し」「イデオロギーは俺がつくる」（魚住昭『渡邉恒雄　メディアと権力』講談社、２０００年、62頁）と豪語した過去が遺る。こうした若き渡邉の思想形成には、戦時に陸軍二等兵として徴兵された軍隊で受けた理不尽な暴力が原点にあった。

だが、意外に忘れられているのは、1972年の沖縄返還を巡る外務省機密漏えい事件で国家公務員法違反に問われた西山太吉元毎日新聞記者の裁判に、同記者の弁護側証人として出廷し、「国民の知る権利に応えるために、報道機関が、政府が隠そうとする情報を入手する意義を強調した」(『読売新聞』オンライン、2024年12月19日付)ことだ。イデオロギーも歴史も政治も知らず、芸能情報やスポーツ記事満載の情報空間が蔓延《はびこ》るなか、渡邉は、権力欲がきわめて旺盛で、「政界フィクサー」の印象が強いが、とはいえ、読売新聞の基盤を創った正力松太郎と米CIAとの周知の関係については口にすることはなかった。

次いで、日本の存在感を世界に知らしめた、ノーベル賞平和賞授賞式が開かれた。「草の根平和運動」は「草の根の反核運動」として高く評価され、日本被団協の講演や挨拶は、核戦争の可能性に怯える世界に、日本の良心を世界に見せつけた。同時に、「核抑止」の有効性に拘泥する日本政府への痛烈な皮肉ともなった。世界には、官僚の書いた無味乾燥な作文ではなく、公正や正義を自分の言葉で前向きに語る大人がいることに、感動した。「ヒバクシャ」の受けた栄誉に大きな敬意と拍手を送りたい。

もう一つは、安倍明恵夫人が個人的にトランプ夫妻に米フロリダの私邸で会食し、会談もできなかった石破首相より先に、懇談を行ったことだ。しかも、その内容は、すべて秘密裏で(官僚やメディアはシャットアウト)、公表されたのはメラニア夫人のXへ投稿する文章や写真くらい。これまで、ほぼすべての情報は、外務省経由で大手メディアが伝えるものばかりだったが、そうした通常のルート以外で情報が流れることは大きな意義をもつ。なかには、フリージャーナリストの加治康男のように、暗殺された安倍と暗殺未遂のトランプに共通する事件背後の「秘密」について、話し合われた可能性が高いが、怯えた大手メディアは真相を追わなかったと読む向きもある（公開加治ブログ、２０２４年12月18日、19日）。

ともあれ、日米にまたがる「ニチベイ」高官や大手メディアを排除した情報の流布に、次の時代到来が予感される。たとえば、一例を挙げれば、これまで「反ワクチン派」として陰謀論者と扱われがちだった、元米大統領ケネディの甥ロバート・ケネディ・ジュニア（70）は、厚生長官に指名された。ワクチンにきわめて懐疑的で、「アメリカ人は長い間、公衆衛生の欺瞞《ぎまん》、誤報、偽情報を拡散してきた食品産業複合体と製薬会社に押しつぶされてきた」とぶち上げた（BBC, *News Japan,* ２０２４年11月15日）。

外交といえば、「親米」「親日」、「反米」「反日」といった幼稚でステレオタイプなレッテル貼りしか知らない日本の情報空間が、大きく変わる可能性がある。つまり、照明の当て方次第では、時代像も、そして視界に入る近未来像も変わる。人類存亡のかかった世界史的危機の時代だからこそ、これまであまり周知ではなかった史観や思想の読み直しが迫られる。本書の狙いもここにある。

# 第1章
# 史観で眺める日本

## 1　蔓延するニヒリズム

満州引揚の経験をもつ山田洋次映画監督は現在の日本を覆う気分を、「深い絶望っていうか、ニヒリズム（虚無主義）っていうか、そんな中にもう諦めてボーっとしているってのが、今の僕たちじゃないのかね」（『日テレNEWS』2023年8月12日放送）と評した。

ほんの数年で世界は大きく変貌した。新型コロナ禍パンデミックに始まり、ウクライナ戦争、「台湾有事」不安、さらにイスラエル・ガザ戦争勃発による中東混乱、一方の国内に目を移せば、急激な円安による物価高騰、増税、低成長、軍事費増大、マイナ保険証の不安、一方では巷に頻発する凶悪犯罪、暴力、虐待、差別等々、混乱が極まる。

バブル崩壊後の「失われた30年」が終われば、今度は「新たな戦前」（2022年12月、タレントのタモリがテレビ朝日の『徹子の部屋』で発言）。評論家の佐高信は「憲法を目の敵にする統一教会が政界を侵食し、防衛費の増額も決まった。私は8割方戦前に戻ってると思う」(『毎日新聞』2023年9月29日付夕刊)と評した。

1937年の南京大虐殺をなかったことにし、1945年の原爆投下による広島・長崎の地獄図でさえ風化させるという「狂気の沙汰」が普通になっていく怖さに、言葉を失う。異を唱え続ける言説には「非国民!」という誹謗中傷が返ってくるのも、かつてと同じ。辺見は、いまも続く日本的風土を「言挙げをせぬ秘儀的なファシズム」(辺見前掲書(上)、75頁)だと言う。とはいえ、その風土は、権力には言挙げしないが、権力に楯突く輩には容赦はしない。こういう数字がある。

1950年代中ごろまでに、戦犯の即時釈放を請願する署名が約4000万に達したことである。当時の総人口が9000万人弱だったというから、「成人の大多数が戦犯放免を求め」、「戦争犯罪」「戦争責任」という概念と自覚自体が希薄だった(同(上)、44~45頁)。

辺見は言う。「敗戦後もほとんど無傷で生きのこり、表面はじんじょうをよそおいながらも、まったくじんじょうならざるげんざいと未来を形づくっている古くからのメカニズムでもある。である以上、いまといまの行く末を知るために記憶の墓があばかれなければならない」(同(上)、25~26頁)と。

価値観や思想という点では、戦後と戦時は断絶していないと言う辺見の憂鬱に頷く。だからこそ、21世紀になって、復古主義の極みだった安倍首相を支えたような風土が露わになったのである。南京大虐殺を言おうものなら、「自虐史観」と叩けば十分だという無知は若者だけではなく、安倍的気分を支持する多くの老若男女に共通する。史観こそが問い直されなければならない。

## 2 「和」という階層序列

歴史観とはいったいどのように理解されるべきだろうか。たとえば、2018年6月、「長崎と天草地方の潜伏キリシタン関連遺産」が世界遺産に登録されることが決まり、大喜びする関係者の声が躍《おど》った。しかし、かつて隠れキリシタンと呼ばれた異教徒に弾圧を加えた不条理な歴史(その頂点である天草四郎率いる島原の乱は1637年)への総括もない。

長崎県の五島列島を始めとする西海《さいかい》の諸島に点在する教会で、江戸時代以降、権力の監視を逃れて、ひっそりと受け継がれてきた神への祈りを、いったい、誰が評価しただろうか。江戸幕末の1865年、その生き残りに気づいて驚嘆の「信徒発見」の声を上げたのは、フランスの宣教師ベルナール・プティジャンだった。

その驚嘆の声を支持し共鳴する世界の世論があったからこそ、「世界遺産」指定に受け継がれた。その雄叫びを理解できずに、隠れて信仰を続けたキリシタンの巡礼の苦渋も理解できず、ただただ「世界遺産」指定で知名度が上がり、観光需要増加に期待する姿勢は理解に苦しむ。まずは、艱難辛苦を舐めた信者への謝罪と敬意こそが捧げられるべきだろう。「信者の受けた艱難辛苦」への敬意と慰霊こそが「世界遺産」なのである。

長崎県の公式ホームページには、「その歴史は、決して平坦なものではなく、伝播と普及、禁教下の継承、解禁後の信仰復帰という、世界でも類を見ない独自のプロセス」だと紹介されている。信者の被った苦しみについては、「決して平坦なものではなく」という一言だけ。なぜ信者の信仰が平坦なものではなかったのかが問われない。当時の禁教令という徳川幕府が人権を蹂躙《じゅうりん》した不条理については、何の言及もない。

一方、「島原の乱」に驚愕した徳川幕府は、禁教令に傾き、鎖国化政策に傾倒して行った。日光東照宮は、家康を神と祀り、「見ざる、聞かざる、言わざる」という三猿の教えを庶民の経典として、封建制下も戦後の今も受け継ぐ。東照宮とは、東の「天照神」とも言われるが、日光東照宮の三猿の教えと「信徒発見」の歴史観は、きわめて対照的である。

日本には、神とは、つねに時代の為政者の御霊《みたま》を祀るのであって、キリスト教のような、大工の息子イエスを神に祀る風土はない。一方、田舎の少女が祖国を守って闘う先頭に立ったという15世紀フランスの農民出身の英雄ジャンヌ・ダルクのような市井の人物も、日本の歴史には名を遺していない。戦国時代といえば、信玄・謙信から、信長・秀吉・家康まで、群雄割拠する大名ばかり。徹底した出身主義、所属主義である。

全国に数多い神社の一つ天満宮は公家の菅原道真《すがわらのみちざね》を祀り、無病息災や大願成就のご利益を祈願する人々の参拝が続き、都から大宰府《だざいふ》に左遷された道真が学問の神として人々の敬愛を受ける。武運を祀る八幡宮も、鎌倉幕府発祥の鎌倉市には鶴岡《つるがおか》八幡宮が、京都府八幡市には石清水《いわしみず》八幡宮がある。日本史の権力を二分してきた公家と武家が、日本最多の神社に鎮座し、そして別格の頂点にアマテラス（天照）を祀る三重県の伊勢神宮が聳える。

では市井の庶民はどうなるのかと言えば、仏壇に祀られ仏となる。亡骸はお寺で供養するのが通例。元々、江戸時代の住民管理はお寺が行い、神仏は分業だった。現在、住民票管理は自治体の仕事。婚姻届等から介護保険や住民税徴税まで、自治体管理。日本の神仏は、現世でのご利益（無病息災や大願成就）を狙ったご都合主義の匂いが拭《ぬぐ》えない。教えらしい教え（経典）はない。

そもそも基本的人権や主権在民、「法の下での平等」という近代社会の要諦《ようてい》も、日本人が自ら勝ち取ったものではない。他人に与えられたものはかくも脆いものなのかもしれない。首相だった森喜朗が「日本は天皇を中心としている神の国」だと発言したのは、２０００年5月。森には、戦後に民主主義へと大転換が起こったという認識は微塵もなく、戦後も戦時も、皇国史観という価値観は変わらなかったようだ。時間がたつと、森こそ「神の国」の真相を象徴する人物に相応しいかもしれない。強欲と権力欲以外は何も感じられないからである。

とはいえ、少数派ながら、つぎのような勇気ある言説を吐く識者もいる。作家の辺見である。「わたしは『日の丸』『君が代』を見聞きしても、起立したり斉唱したりできない。……逮捕されるにしても、わたしは起立も斉唱も独唱もしない。ぜったいにしない。できないのだ」（同（上）、74頁）。そもそも、戦後の出発（8月15日）も、なぜ終戦であって敗戦と言わないのか、納得の行く説明を聞いたことはない。あるいは、植民地と言わず、「外地」と言うのも、宗主国と植民地の支配収奪関係を消した関係に似る。

昔、小学生のとき、「『君が代』の君とは誰のこと？」と質問して、教師から大目玉を食らった思い出がある。日本には触れてはいけないタブーが少なくない。もちろん辺見ほどの思索はなかったが、年輪を重ねた筆者は、日本的風土を、「言挙げをせぬ秘儀的なファシズム」(同(上)、75頁)だと評した辺見の筆致に納得できるようになった。

現に、戦時に戦意高揚の楽曲をたくさん作って皇軍を鼓舞した古関裕而《こせきゆうじ》は、戦後は、古関メロディという一転して平和の情感を込めたヒット曲を、器用に作り続けた。戦意高揚も平和の祈念も時代に合うように創作しただけ。従軍作家として中国における皇軍の虐殺ぶりに拍手を送った林芙美子もそうした暗い過去はさっぱり捨てて、『放浪記』を自叙伝として遺した。

古関は、戦時は「勝ってくるぞと勇ましく」と戦意高揚の「露営《ろえい》の歌」で、戦後は被爆した長崎に哀悼を捧げる「長崎の鐘」で、ともに哀切な曲調を創った。時代を超えて奏でる古関メロディの変わらぬ人気ぶりを評して、辺見は「このクニは古来、主観的には無垢であり、客観的には無恥」だと喝破した(同(上)、246~252頁)。そこにいる民衆の気分は、「みんなでふるえ、みんなでひれ伏し、みんなでひきつる」(同(上)、250頁)。ちなみに、「露営の歌」の歌碑が京都嵐山に建つ。

日本を代表する作家の三島由紀夫が自害して果てたのは1970年だった。三島を東京市ヶ谷での過激な行動に走らせたのは、皇国日本の存立危機。三島の最期の言葉は、「露営の歌」と同じ「天皇陛下万歳」だった。だが、ノーベル賞候補と言われた三島の死は、どうしても、1972年に自殺したノーベル文学賞作家の川端康成と重なってしまう。川端と三島は、一見対照的な作風だが、二人には、ノーベル文学賞という世界的権威を巡って繰り広げられた葛藤と怨嗟が絡み合う。

換言すれば、それは、西洋（ニューヨーク）に拠点を置きながらも西洋の横暴と限界をオリエンタリズムとして批判し、アメリカに蔓延るイスラムやアラブに対する差別的偏見を告発し続けたエドワード・サイードのような反骨の知識人を生むことはできなかった。川端も三島も、世界的権威の前にはごく従順で、権威の仮面を剝いでやろうというサルトルやサイードのような意気込みは微塵もなかった。

サイードは高い名声と評価を得て以降も、ニューヨーカーとしてではなく、パレスチナ人のキリスト教徒として、西洋文明のアジアやイスラムへ抱く差別的偏見について、鋭い舌鋒を発し続けた。つまり、ニューヨークという多様な文明の雑婚のなかで鍛え上げられた思想が、別の自立した風土に成り代わる混血（hybrid）の意気込みだった。東京をニューヨークやロンドンに次ぐ階層序列の大都市へといった階層重視の認識（典型が国際金融都市ＴＯＫＹＯ）は、そうした文明の雑婚が生み出すだろう価値観の多様性と混血の面白さに気づくことはない。

要するに、序列という社会的階層への執拗な拘泥である。ニューヨークやロンドンに対する憧憬からは、それら大都市が抱える移民や貧困といった深刻な諸問題は念頭にはない。あるのは国際金融都市という社会的序列、高い都市ステータスへの憧憬である。上海やソウルや釜山《プサン》、バンコクやマニラといった日本への大量移民を送り出す側のアジアの風景は入ってこない。地方都市はどこもかしこも、著名なラグジュアリーホテルを誘致して富裕層を呼び込み、国際的観光都市化を図ろうといった集客戦略が盛ん。そうした声に呼応するかのように、世界最大の規模を誇るマリオットは、日本中のホテル開業に拍車がかかる。観光都市とはいえ、ロンドンやパリやローマといった多くの文化遺産を誇る諸都市に比べ、これまでの「モノ作り」国家とは異なるどういう戦略があるというのだろうか。

サイードは、西洋がイスラムよりも一方的に秀でていたというわけではなく、西洋も、イスラム文明から多くを学び、吸収してきたのだという影響の相互作用を強調した。にもかかわらず、非西洋を文明的に劣化したものだというのは、オリエンタリズムという西洋的偏見（非西洋への蔑視・差別）の所産であると喝破した。オリエントを叙述し続けたサイードの気迫のこもった論説からひとつだけ引こう。

「オリエンタリストとは書く人間であり、東洋人《オリエンタル》とは書かれる人間である。これこそ、オリエンタリストが東洋人《オリエンタル》に対して課した、いっそう暗黙裏の、いっそう強力な区別である。……東洋人《オリエンタル》は固定化された不動のもの、調査を必要とし、自己に関する知識すら必要とする人間として提示される。いかなる弁証法も要求されず、いかなる弁証法も許されない。そこにあるのは情報源（東洋人《オリエンタル》）と知識源（オリエンタリスト）である」（エドワード・サイード『オリエンタリズム（下）』平凡社ライブラリー、1993年、244頁）。

オリエンタリストは書く側の人間であり、それに対して、あくまでオリエンタルは書かれる対象の人間。こうした差別的な役割分担は、社会の階層構造を抜きには語れない。つまり、「両者（西洋とムスリム——引用者）は文字どおり何世紀にもわたって借用したり、あい混じったりした関係にあった、にもかかわらず、『彼ら』には怒りや非合理が運命として与えられる一方で、

『我々』の方は、自分たちの合理主義や文化的な優越を享受すべく定められている」（サイード『イスラム報道 増補版』みすず書房、2003年、xxxv頁）と。

たとえば、たしかに、英国茶も英国綿も、いずれも原産はインドだが、どちらも英国産という仕立てで、近代を牽引した英国産業革命の代表。ところが実際は、インド産キャラコのさらさらした肌ざわりは、温帯や亜熱帯での肌着の需要に合い、産業革命の原動力になった。まさに、発明は必要の母。茶も綿も、英国とアジアとの混血（hybrid）だった。英国風を売りにする高級ホテルの afternoon tea も、元はといえば、アジア産である。

どんなにルネサンス（再生）がイタリアの誇る大革命だったとはいえ、そこには、多くのイスラム的文化の参入が見られることを喝破したのも、サイードだった。実際、ルネサンスのベースは地中海だから、南欧と中東と北アフリカは、地中海文明という地政学的アイデンティティを共有し、中世のヴェネチアやジェノヴァは東西が往来する中心だった。イタリア的文明に、中東もアフリカも、もっと東方のインドや中国も影響を及ぼしていた。

要するに、ヨーロッパとアジアをつなぐ東西交易が縦横に行き交い、中世ヴェネチアは繁栄し、東西取引を正確に記帳する必要性から、複式簿記という資本主義が生まれ、「ベニスの商人」という狡猾な人物像を遺した。文明とは相互作用。日本語を見れば、それは一目瞭然だろう。漢字は中国、カタカナは西洋、そしてひらがなだけが日本産。見事なまでの混血（hybrid）文化である。日本に根付く「生え抜き」「二世」「三世」という出自に拘泥するメンタリティは、そもそも自らの出自を否定する。Globalization の日本語はグローバリゼーションだが、中国語では地球化、すべてを中国語に置き換える中国に対して、日本は出自を残す。ペンもボタンもカステラもキャップもそう。

江戸時代までの「和魂漢才」は、清朝の没落や明治以降の近代化・西洋化とともに、瞬く間に「和魂洋才」に入れ替わった。そこには、覇権交替にすごく敏感で神経質な日本的風土が横たわる。「勝てば官軍」「勝ち馬に乗る」精神である。だからこそ、戦前の「鬼畜英米」が、戦後は途端に「アメリカ万歳」に一変しても、痛痒は感じなかった。

皇統こそが近代日本を貫く要諦であり、神国日本は数千年の歴史をもつと言われれば、言下に否定できる人々は少数派かもしれない。要するに、主権者としての市民は不在。あるのは、戦前は臣民、戦後は会社員。終身雇用下で定年まで勤務することを前提に、会社や役所という共同体への忠誠心を抱くのは、封建制下の藩意識と似る。所属のない市民という語彙は、なんとなく余所余所しい。市民という意識があるといえば、短期で就労先を変わる非正規労働者くらい。派遣や契約、さらに請負、アルバイトに、会社員という自意識を求めるのは無理だろう。

英国の歴史家であるポール・ジョンソンは、「日本人は上から下までだれもみな、党派や閥に属していなければ安心できなかった」と、明治期以降の日本人のメンタリティを評し、大都市東京でさえ、「巨大な村の集合体」にすぎず、「市民意識の発達が遅々として進まなかった」と評する。市民社会なき日本は、1881年に結成された秘密結社である玄洋社《げんようしゃ》や、「暴力的な極右国粋主義団体の原型」と評される黒龍会《こくりゅうかい》に代表されるような「暴力政治時代」だったと言う（『現代史（上）』共同通信社、1992年、第5章）。

具体的には、「日本では政治的な暗殺はかならずしもきびしくは罰せられなかった」し、「社会から道徳的な非難を浴びることもなかった」ほどに、日本が暴力に寛容で、その代表格が玄洋社であり、なかでもその傘下の黒龍会だったと、ジョンソンは観る。たしかに、大正期には原敬《はらたかし》、昭和期に入って浜口雄幸《はまぐちおさち》、犬養毅《いぬかいつよし》、斎藤実《さいとうまこと》がいずれも暗殺された。1932年の5・15事件では犬養が暗殺され、来日中の喜劇王チャーリー・チャプリンも一緒に殺害される計画があったとジョンソンは記す。

驚くべきは、その結果。「裁判が始まると弁護士は、被告にとっては名誉と将来がかかっていた以上、暗殺は一種の自己防衛だと主張し、温情を求める一一万通におよぶ嘆願書を裁判官に提出した。その多くは血で書かれたものだった。新潟では九人の青年が小指を切り落とし、誠の証として、アルコール漬けにして陸軍大臣に送った」（同右、278頁）。

1930年代を覆った日本の空気には、民主主義や法治国家の匂いは微塵もなく、法律よりも「温情」「誠」が優先され、暗殺でさえ許容される社会だった。このような社会の相貌を支えたのは、「義侠心《ぎきょうしん》に訴えると見れば寛大に対応する、日本人の特性」（同右、276頁）だったからであり、その証拠として、玄洋社トップの頭山満《とうやまみつる》の他界（1944年10月）では新聞が栄誉を称えて追悼版を発行したほどだった、と言う（同右、276頁）。

しかも、ドイツは、ワイマールの1920年代とナチスの1930年代と、時代区分が明らかだが、日本の場合はむしろ、そうした区分は不明で、自然に時代は推移して行った。1923年9月の関東大震災に至っては、混乱に乗じて、憲兵大尉だった甘粕正彦《あまかすまさひこ》は「卓越した労働者の指導者〔大杉栄《おおすぎさかえ》〕」（バリントン・ムーア『独裁と民主政治の社会的起源（下）』岩波文庫、108〜109頁）と、その妻〔伊藤野江《いとうのえ》〕や七歳の甥もろとも殺害した。その後、1925（大正14）年には治安維持法という「大量投獄政策」（同右、108頁）時代へ幕を開けた。結局、大正デモクラシーの背後には昭和ファシズムの闇がすでに近づき、日本資本主義はヨーロッパの商工業発達とは異なり、「デモクラシー思想の伝達者には決してならなかった」と評した（同右、107頁）。

日本は、西欧のようなブルジョア・デモクラシーとも言うべき時代を知らない。たとえ暗殺や拷問が横行しようとも、それ自体が人権侵害で厳罰に処すべしだという道徳観はなかった。しかも、それは1933年2月に東京築地署で拷問殺害された小林多喜二《こばやしたきじ》だけでなく、軍隊内でも政治家同士でも暗殺はまったくポピュラーだった。こうした無法（現代的にはテロリズム）に寛容な風潮は、戦後も引き摺る。特高警察の残虐非道の象徴である多喜二虐殺について、1976年1月の国会で事実確認を求められた当時の稲葉修法相は、「答弁いたしたくない」と拒否。メディアもこれを騒がなかった（辺見前掲書（下）、105頁）。

しかも、庶民も、殺害者に同情して減刑嘆願書を提出し、刑が軽減されて刑務所を早期に出所するのだから、まったくの無法社会だった。とくに、大杉夫妻殺害の甘粕に至っては、殺人犯が減刑されて早期に刑務所を出て満洲に渡り、しかも満映理事長に出世したのだから、驚くばかり。「義俠心」さえあれば、殺人や拷問でさえ肯定され、称賛されるという価値観は、いったいどのように、評すべきだろうか。

日本的風土に宿る「義俠心」の根強さを現時点で再考するうえで格好の素材がある。1969

年5月、学生運動の激しかった時代に、時代の寵児・三島由紀夫の東大全共闘との対話が話題になった。安田講堂の攻防戦が同1月、そして、三島自害という衝撃的事件があったのが翌1970年11月。50年後の2020年に記されたナレーションを読まれたい。

「三島由紀夫が衝撃の自死を遂げた前年にあたる、1969年5月13日。学生運動が激化していた東京大学駒場キャンパスの900番教室には1000名を超える学生が集まり、三島由紀夫の到着を待ち受けていた。『三島を論破して立ち往生させ、舞台の上で切腹させる』と盛り上がり、会場は異様なテンションが充満。しかし三島は、警察が申し出た警護も断り、その身ひとつで敵地へと乗り込んで来る。2時間半にも及んだ討論会で三島は、学生たちを前に、三島由紀夫という天才の煌めきをまざまざとみせつける……」（ニッポン放送「news online」2020年3月27日）。ここに、歴史家ポール・ジョンソンの言う、日本に連綿と続く「義俠心」が浮かぶ。ジョンソンは、それを市民社会なき封建制の産物と評し、その日本的風土に、テロや虐殺を許容してしまう戦前日本の体質、空気、気分を喝破した。

一方、このナレーターの興奮ぶり、そして50年後に映画化されて、当時の興奮を再現するという仕組み、それを支える多くの人々の思惑に、「反体制」を標榜した学生運動も、結局は三島という天皇制支持の著名な論客を前に、興奮に酔う。そこに、民主主義や人権、あるいは権力や法を争点とする構えは欠片《かけら》もない。当時全共闘闘士の面々が好きだった人気映画が、高倉健や藤純子といった俳優主演のヤクザ映画だったことも有名だが、それらの通奏底音は相似た「義俠心」、あるいは情緒という「気分」なのである。三島は翌1970年11月に天皇制復活を訴えた自衛隊突入で割腹自決して果て、学生運動の方は1972年の連合赤軍あさま山荘事件を頂点として自滅した。

つまり、どちらの思想も、時代のダイナミズムを摑む主役にはなれなかった。高慢な三島は、どうしても、ノーベル賞への未練という印象を引き摺る。学生運動に参加した元闘士は、卒業後はスーツに着替え、エリートサラリーマン目指して、かつての闘争劇は若気の至りだったと封印した。香山健一《こうやまけんいち》や青木昌彦といった元学生運動家が学者として活躍した。どこにも、第二のゾラもサイードもいなかった。

一方の清張は、「義俠心」云々への共感は微塵もなかった。「三島の行動がつくりごとだった」として批判し、連合赤軍事件に対しても、「権力がそこまで追い詰めるまで全然知らなかったというのはうそだね。あれはやらせですよ。というか、ほったらかしにしてあるんだよ」（辻井喬『私の松本清張論』新日本出版社、2010年、91〜93頁）という発言が遺る。全共闘に情緒的に共鳴した三島、一方は問題にもしなかった清張は、両者の視点の相違をまざまざと晒す。

「暗黒の中世」というとき、ヨーロッパでは、そのような人権無視・科学軽視の時代を打破して新たな時代・近代を創造するという、「脱中世」のダイナミズムこそが近代へ向かうエネルギーで、ルネサンスとはそういう時代の疾風怒濤《しっぷうどとう》を表す。

しかし、日本では、そうした人権や法治といった近代特有のダイナミズムが社会や時代を動かしたことはない。あくまで、時期区分としての江戸幕末に次ぐ明治近代であり、ペリーの下田来港による開港・開国圧力こそが近代幕開けの象徴であり、次いで、産業革命という富国強兵のための生産力増大を意味した。そもそも、中世と近代の間の近世という時期区分に込められた意味合いは江戸時代という以外は何もない。

あくまで開国・開港で近代への時代を推し進めた動力源は外圧であって、内的要因ではなかった。不遇で貧しかった出自ながらも幕府を代表して新政府軍を率いる西郷と渡り合った徳川幕臣の勝海舟を、司馬遼太郎は「奇蹟的な存在」と評した。「幕府みずからを自己否定させ、あたらしい〝日本国〟に、一発の銃声もとどろかせることなく、席をゆずってしまった人なのです。こんなあざやかな政治的芸当をやってのけた人物が、日本史上いたでしょうか。そのバネが、……〝アメリカでは、政府のえらい人はそれ相当にかしこい。日本はちがう〟」（司馬『「明治」という国家〔新装版〕』NHKブックス、2018年、25頁）と。

司馬が記す勝の気風は爽やか。しかし、ここには司馬の贔屓目《ひいきめ》がある。たとえば、歴史家の井上清によると、勝は、言葉でこそ威勢がよかったが、大した業績を残さなかったと酷評する。西郷・勝の「江戸城明け渡し」会談にせよ、勝の目的は、「徳川家安泰という最後の一歩を確保しようとした」（井上清『明治維新』岩波現代文庫、2003年、66頁）。司馬の筆致からは、勝は時代を疾走して幕府を見限り、明治近代を見通したような印象が浮かぶが、勝が「徳川家大事」の一心だったとすれば、それは司馬の言う「奇蹟的な存在」ではない。

これは勝と会談した西郷もそうだろう。清張は、西郷の意識をこう評した。「西郷の意識には鹿児島藩の士族のみあって、全国の士族は彼の意識になかった……いわんや農民・町民は彼の眼中になく」（清張『史観宰相論』文春文庫、1985年、19頁）と。要するに、会談で向き合った勝と西郷のそれぞれの脳裏を占めたのは、いずれもお家大事で、勝は徳川家を、西郷は鹿児島の士族の無事安泰が脳裏を占めていた。そこに、近代への青写真なんて、欠片もない。明治近代への扉を開いた両雄にしてこうだったのである。

そこで戦前昭和に活躍した識者はどうかと言えば、1841年12月の真珠湾攻撃で一矢を報いた皇軍の大勝利に喜びを隠さなかったのは、識者も大衆もまったく同じ。たとえば、作家の亀井勝一郎は日本近代化について、こう言った。「嘗てペルリによって武力的に開国を迫られた我が国の、これこそ最初にして最大の苛烈極まる返答であり、復讐だったのである。維新以来我ら祖先の抱いた無念の思いを、一挙にして晴すべきときが来た」(半藤一利『昭和史 1926―1945』平凡社ライブラリー、2009年、395頁。ただし読み仮名は省略)。横光利一はこうだ。「先祖を神だと信じた民族が勝ったのだ。……自分がパリにいるとき、毎夜念じて伊勢の大廟を拝したことが、ついに顕れてしまった」(同右、同頁)と。

この世相を、半藤は、「日本じゅうが沸きに沸いた」「有頂天になった」(同右、396頁)と評した。南京事件でも真珠湾攻撃でも、同様。同じ戦局に接しながら、先に引いた蔣介石の類いの、日本敗戦を予想するような歴史観を抱く識者はいなかった。真珠湾攻撃成功に積年の胸のつかえが下り、一気に感情を爆発させたのは、大衆もインテリも同じだった。ヨーロッパ情報を知らずヒットラー礼讃に走ったのは政治家のみならず、皆同じ。皇軍の大進撃以外の可能性(惨敗)は誰も思い浮かばなかった。たとえ、それが軍部の刃《やいば》から身を守る保身ゆえだったとしても。戦後に作家として活躍した亀井もその中の一人。識者と言うには憚るくらい、何の情報にも通じていなかった。しかし、亀井が戦後、熱狂した当時の誤りを認めることはなかった。

## 3　近代の序曲「脱中世」の有無

ルネサンス期の、「それでも地球は動く」と呟《つぶや》いたガリレオ・ガリレイのような、時代の権威・権力を真っ向から否定する価値観の逆転劇を日本人は知らない。だからこそ、ルネサンスをダヴィンチやミケランジェロといった天才芸術家の時代という程度のイメージでもって認識するのかもしれない。

かつて歴史家の羽仁五郎が喝破したように、「ヒウマニズムまたルネサンスが一つの新しい運動であったことについて見れば、それは中世の連続ではなく、中世の否定であり、中世からの解放であった」（『羽仁五郎戦後著作集Ⅰ』現代史出版会、1982年、38頁、初出は1948年）。16世紀を「一時代の終わり」「ヨーロッパ近代史の始まり」という意味合いで、19世紀の人々が使い始めた言葉がルネサンスだと、英作家のポール・ジョンソンは言う（『ルネサンスを生きた人々』ランダムハウス講談社、2006年、6〜7頁）。ともに、中世の否定という点では同じである。

日本の支配的ルネサンス観は、「文芸復興」と訳した気分によく表れている。そこからは、ルネサンスとは時代を画するような歴史的大転換の時代（疾風怒濤の時代）だったということ、ルネサンスとは「脱中世」であり、それはヒューマニズムだと言う、羽仁五郎のようなルネサンス

ナポレオンの「戴冠式」（ジャック＝ルイ・ダヴィッド画）

観は周知にならなかった。自分にないものは分からない。天才芸術家の描いた絵画や彫像は、たしかに時代を大転換させたルネサンス期を生きた人々の偉大な痕跡だったとしても、ヒューマニズムという「神から人へ」という歴史を動かす主役交替こそが、時代を動かしたのである。

ナポレオンは、皇帝に君臨する自らの存在感を誇示した。パリのノートルダム大聖堂での歴史に残る「戴冠式」。ローマという教皇の権威を超える自らの存在感「ナポレオンここにあり！」を誇示した。教皇の権威を超えるというのは、中世世界では考え付かない命がけの行為だった。パリのルーヴル美術館で、ダヴィンチの「モナリザ」の隣に展示されていた「戴冠式」の巨大な絵画を思い出す。階級逆転を象徴する、ナポレオン「戴冠式」に相当する構図は日本近代には思いつかない。

薩摩出身の下級武士だった大久保《おおくぼ》利通《としみち》がどれほど有能な戦略家だったにせよ、大久保に近代の見取り図はなかった。幕府を引きずり下ろす剛腕を揮った西郷隆盛は、島津家への忠義こそあれ、したがって薩摩藩士の利害には敏感でも、そこには近代に向かう青写真は何ら保持してはいなかった。大久保も西郷も、一方の対峙した勝にしても、近代の意味合いを考えたことはなかったはず。江戸幕末の主役の面々は、いずれも脳裏の刷新を経ることなく、明治近代の担い手に移ることができた。いずれも、下級武士という下層のサムライの限界だった。

そもそも、幕末期の天皇だった孝明《こうめい》天皇は、倒幕に反対どころか、妹の和宮を14代将軍・徳川家茂《いえもち》の正室に送り込み、公武合体論者の急先鋒だった。したがって、「錦の御旗」を掲げて倒幕に奔走するといった芸当は、孝明天皇にはできなかった。だからだろうか、周知のように、1867年の孝明天皇急死は討幕派・勤皇派から殺害されたのではないかという噂が続いた。今もって死因は「謎」なのである。

ここまでは、歴史学者ではない筆者を含め素人でも知っているが、問題は、明治近代の主役に座った者たちに、その扉を押し開ける意思がまったくなかったこと。もちろん、それは岩倉や大久保がということになるが、興味深いのは、歴史家の井上清の言うように、薩摩藩主を始め、主だった西南雄藩の重臣たちは皆、（幕府と朝廷との）二股路線だったこと、幕府重臣に批判的だった勝海舟でさえ、ひたすら徳川家安泰を第一に画策していた（井上清『明治維新』岩波現代文庫、2003年）。井上は、孝明天皇の気持ちをこう言う。

「天皇から見れば将軍は家来でしょう。その将軍から見れば大名が又家来ですわな。その又家来の又家来、陪臣の陪臣みたいな者が、勝手に尊卑（身分の尊い、卑しい）、身分の差別を無視して勝手な事をするのはけしからん。絶対許さない。こういう立場ですからね、孝明天皇は」（同右、333〜334頁）。

錦の御旗（左）と葵の御紋（右）

大久保も西郷も、ガリレオの再版にはなりえなかった。武勲という意味ではナポレオンに近いかもしれないが、ナポレオンはローマ教皇の使者が持参した王冠を取り上げて王妃ジョゼフィーヌに被せるという中世を否定する芸当を演じて見せた。

井上説が興味深いのは、官軍の中心を担った薩摩重臣でさえ、幕府と官軍のどちらが勝つのかを二股にかけて、「勝ち馬に乗ろう」としたという読み。ヨーロッパの「脱中世」にかける近代への意気込みを具現化する勢力は、幕末期のどこにも見出せず、とにかくギリギリまで旗幟《きし》を鮮明にすることなく、様子見を装いながら、「勝ち馬に乗ろう」としていたのだと思う。井上は、「どうころんでも自分が損をしないようにと、皆大体二股かけてる」（同右、３４０頁）と評した。

つまり、「どちらが勝つか?」というだけの戦況観が支配的だったのである。外様で攻める側にいた島津家を始めとする西南雄藩の大名にせよ、そうしたリスクに賭ける勇気はなく、したがって下級武士が矢面に立って、倒幕に動いたというのだ。もちろん、西欧近代を特徴づけたブルジョア・デモクラシーの担い手はどこにも見当たらない。

とすると、最も倒幕の強い意思を保持していたのは、貧乏公家だった岩倉具視《いわくらともみ》くらいではないか。錦《にしき》の御旗《みはた》という朝廷の権威をでっちあげ、葵《あおい》の御紋《ごもん》を見下す器量をもっていたのだから。では、岩倉が近代の青写真をもっていたかといえば、さっぱりだろう。

幕末から明治への大転換とは、下層だったサムライが徳川家につながる旧サムライに替わっただけの同一階級内部の支配層交替にすぎなかった。幕末の登場人物は、誰もが生き残りをかけて、必死にもがいた末の権力闘争の結果が明治維新だった。近代とは何かを誰も知らない不思議な近代の到来だった。その青写真が何もなかった。ただ、岩倉は自身が公家であるがゆえに、幕府に臆して位負け（尻込み）することがなかったことが幸いしたと言えるだろう。

明治維新はけっして近代への扉を押し開けた革命ではなかった。人権や民主や法治がたとえ検討されたとしても、それは西欧近代と背丈を並べるための方便にすぎなかった。中身の血肉はわれ知らず。そこでは、共和制が議論の俎上《そじょう》に載ることはなかった。近代の扉を開けたのは、ヨーロッパのような「脱中世」の気概ではなく、専ら、外圧だった。

太古の社会から現在に至るまで、日本で時代を越えて人気のある「和」とは、階層序列にこそ拘泥するものの、時代特有の歴史観は希薄。孝明天皇の立場を代弁して見せた井上の幕末評に、その時代気分が表れる。だからこそ、上位への過剰な忖度と、下位への徹底した無頓着が、いつの時代も常態だった。「和」とは、仲のいい空気なのではない。

この点、海外からの知見がよく日本を捉えている。たとえば、元投資銀行家から学者に転じたターガート・マーフィーは、日本の歴史的区分としては、１８６８年の明治維新よりも１６０３年の徳川幕府開闢が大きくモノを言ったという。「幕府が武家政治の基礎理念としていた『朱子学』は、階層性《ヒエラルキー》を通じて社会秩序を維持することの重要性を説く保守的な思想体系」（『日本――呪縛の構図（上）』ハヤカワ文庫、99頁）だったからだ、と喝破した。

このマーフィーの筆致は、かつて日本の戦時における超国家主義の論理を評して一世を風靡した、「抑圧の移譲による精神的均衡の保持」と喝破した政治学者・丸山眞男の論説を思い出させる。これは、「上からの圧迫感を下への恣意の発揮によって順次に移譲して行く事によって全体のバランスが維持されている体系」(「超国家主義の論理と心理」杉田敦編『丸山眞男セレクション』平凡社ライブラリー、2010年、76頁。初出は1946年5月)だと。

要するに、この封建制度を支える倫理的基盤は、江戸も明治以降も同じだった。江戸期の最大のメルクマールは幕府支配を脅かすキリスト教を徹底的に弾圧し、大名から農民や商人に至るまで、徹底した監視でもって思想・行動をチェックし、社会秩序の安定を何よりも重視したことにある。その民衆監視体制は、昭和も同じ。特高や憲兵が住民を監視し、権力批判を徹底して封じた。その共通点では、マーフィーと丸山の認識は似る。

藩大名の妻子は江戸に居住させ(庶民は「下町」、サムライは「山の手」へ)、大名は参勤交代で定期的に江戸に出向かせ、全国津々浦々に関所を置いて住民移動をチェック。これらは謀反を抑え込むための幕府の徹底した監視政策だった。マーフィーはこう観る。

「この制度(参勤交代――引用者)は幕府の転覆計画を主導できないように大名たちを事実上骨抜きにすることに成功した。その結果、一八六〇年代の倒幕運動で団結したのは大名たちではなく、外様藩出身の下級武士たちであった」(マーフィー前掲書(上)、107頁)。

「大きな人口(18世紀前半の江戸は100万人を超えた――引用者)を擁する国でこれほどの圧制が敷かれた例は他に類を見ないだろう。……庶民の行動に常に目を光らせている私服警官などは、世界のどの国よりも早い段階から、すでに未発達な形で江戸時代の日本に存在していた」（同右、109頁）。

日本近代の出発点だと目されがちな1868年とは、旧支配者だったサムライという権力者相互の闘争ではあっても、フランス革命のような階級逆転の革命からは遠い。家康の思惑は、大名には江戸への参勤交代を強い、街道では関所でのチェック、農民・町人監視や「鎖国」政策に至るまで、徹底した住民監視の支配だった。その点では、江戸も明治も同じ。この階層性を逆転させるような思想も制度も登場しなかった。その倫理を説く思想こそが近代から遠い階層秩序優先の朱子学だった。

富を蓄えた豪商でさえ、幕府の無理難題に抗議する権力はなかったのは、大坂堂島《どうじま》における米先物取引で儲け、日本最大の豪商に伸し上がった淀屋ですら、幕府からの圧政で取り潰される憂き目に遭ったことによく表れている。日本橋の豪商三井にしろ、幕府に出入りする御用商人という階層序列への呪縛こそあれ、三菱財閥の創始者・岩崎弥太郎《いわさきやたろう》は土佐藩サムライ。フランス革命のような貴族・領主と闘争するブルジョアとは違う。

もうひとつ事例を挙げれば、福岡市に博多区という地名がある。福岡が黒田家の城下町だったのに対して、博多は商人の街。しかし、明治の廃藩置県で福岡県福岡市となったのは、サムライが商人を一蹴したということ。かつて博多は、大坂堺に先行する日本を代表する自由都市であったことを考えれば、「日本版ヴェネチア」を目指すことすらできたかもしれないが、福岡は旧城下町（大手門や大名という地名有り）という歴史を刻んだ。

そして、その福岡に拠点を置いたのが、旧福岡藩士のプライドを受け継ぐ、テロリズムの本拠地とも称される玄洋社だった。アジア解放とアジア支配の入り混じった「アジア主義」を体現させた玄洋社は、国粋主義の巣窟として断罪され、GHQ占領下にあって店仕舞いを強いられた。辛亥革命指導者の孫文や日中戦争を指導した国民党の蔣介石と親交のあった頭山満から、極東裁判でA級戦犯として絞首刑判決を受けた広田弘毅《ひろたこうき》に至るまで、数多い運動家や政治家を輩出した。

しかし、その性格は、国家主義で秘密結社的で、設立当初の自由主義的性格を脱ぎ捨て、暴力やテロを専らとする威嚇組織に変質することによって、最後は自滅したと言いうるだろう。福岡に拠点を置いたのは、大陸侵攻の拠点としての歴史的整合性をもつという地政学的特徴の風土を継承するからだ。

カナダ外交官で歴史家でもあったハーバート・ノーマン（『ハーバート・ノーマン全集』第二巻、岩波書店、1977年）は、玄洋社論に多くの頁を割き、日本の帝国的中枢と人脈的、かつ情報的に非公式に相通じ、福岡は「日本国家主義の最過激派の精神的発祥地」（同右、283頁）だったと言い切る。とくに、その系列下の悪名高い黒龍会は、アメリカ南北戦争後のKKKのように、脅迫、暴力、あるいは暗殺によって、「国の高官を支配する見えない帝国を築くこと」（同右、288頁）が狙いだったと評す。

そして、「その最大の力は、陸軍および政府の首脳部高官の急所を握るとともに、『前線』として群小団体を巧みにあやつり、利用する能力をもつことに由来する」（同右、290〜291頁）と。その証拠として、ノーマンは、内務省から陸海軍に至るまで、政策を決定・遂行する際には、事前に、玄洋社の了解をとるほどに、政府中枢と玄洋社とのあいだには、緊密な相互了解の関係が成立していたという。

戦時ファシズムにおける中枢の指揮命令が、いかにして末端の現場にまで伝わるか、それを仲介する担い手の一翼に、玄洋社や黒龍会といった秘密結社の活動があったと理解できる。現代風に言えば、インテリジェンスのプロ米CIAから暴力的KKK、あるいは暴力団やヤクザといった裏組織に至るまで、暗殺や脅迫を繰り返すテロ組織だったと言える。その本拠地が、古代「奴《な》国《こく》」から秀吉の朝鮮出兵まで、対外関係の結節点・福岡にあったという点で、歴史風土の継承が覗く。「修羅の国」と形容される所以である。結局、歴史家の井上寿一《いのうえとしかず》が言うように、「アジア主義」とは、「偽装した満蒙領有論」(『増補 アジア主義を問いなおす』ちくま学芸文庫、2016年、66頁)だという認識が妥当するだろう。

ところで、住民監視と言えば、戦後にGHQが日本占領に乗り込んできたとき、かれらが一番驚いたのが日本の警察と住民の関係だったと、清張は記す。敗戦直後に武装解除された陸海軍とは対照的に、GHQは当時8万人前後の警察機構をそのままにした。そのGHQの認識に対して、清張は、日本の警察に対するGHQの認識を引きながら、「戦前警察の本質を正確に捉えたもの」と評した。

「どの国家機関にもまさって日本の警察が日本国民のあの御し易さと受動的な態度を培《つちか》うのに貢献したのであり、そして国民のこの態度こそ中央政府の一握りの指導者の命令の下に侵略的な戦争を遂行することを可能にしたのである。……その全歴史が非民主的で、中央政府の命令に従わない人びとに対する投獄・脅迫・報復を特色としたあの組織を永久的なものとする警察権の極めて有害な中央集権主義である。……中央ヨーロッパの多くの国と同様日本でもまた、警察を統率するものは、総理大臣以上の権力を持ちうる。……日本国内のあらゆる個人生活の日々の綿密な細目の上に絶えざる監視の眼をみはった」（「警察官僚論」『松本清張全集31』４４８頁）。

清張は、このＧＨＱの日本警察観を、「戦前警察の本質を正確に捉えたもの」（同右、同頁）と評した。これは、清張の官僚認識とも符合する。「絶対主義天皇制下の官僚は、敗戦と同時に戦後のＧＨＱ式民主化を通じて多少変ったが、……戦後の官僚民主化は有名無実に終った」（「現代官僚論」『松本清張全集31』２４０頁）と。

清張没後30年以上をへても、清張作品が繰り返しバージョン・アップ（現代版脚本による再編）されてテレビ放映されるが、ここで見たような清張の歴史観や社会観が取り上げられ、評される番組は稀である。いつもミステリー作家という定番に終わる。同じく国民作家といわれ、「司馬史観」と評される幕末礼賛の司馬遼太郎と比べ、その差は一目瞭然だろう。「司馬史観」というフィクションは、多くの日本人を虜にした。

清張の2・26事件論議以上に、詳細で説得的な2・26事件論を著わした歴史家はいないが、古代と近現代にまたがる膨大な歴史論を遺したにもかかわらず、清張史観と評されなかったが、その歴史的評価について、歴史家の保阪正康の言葉を引こう。

「戦前の『天皇制国家』の社会に生きたひとりの庶民が、天皇を頂点とするヒエラルヒーが戦後にあってどのように温存され、あるいは解体したのか、実感的に庶民はつかむことができなかったが、それを松本は身をもって示した」（保阪『松本清張の昭和史』中央公論新社、２０２４年、74～75頁）。清張没後30年以上のときをへて、漸くにして、ミステリーではなく、清張史観を真正面から論じる認識が、登場してきた。清張史観の真骨頂は、同時代を生きた庶民の視点から、天皇制を正面から論じたこと。清張のファシズム観の醍醐味は、「上からのファシズム」と「下からのファシズム」が絡み合う相貌である。

# 第2章
# 「昭和維新」と満洲

## 1　「昭和維新」の衝撃

1936年の2・26事件を起こした皇道派兵士の叛乱の動機は、故郷を覆った貧困と政財界の腐敗だった。

「当時の兵隊は、まづ八割近くが農村出身であつたが、農村は全く不景気で、農民は窮乏のあまり可愛い娘を身売させるといふ悲惨な例は決して珍らしくなかつた。……自分達が自らの手で実力行為によつて政治の改革をやる以外に日本を救う途はないといふ考への者が増えて来て、これが五・一五事件となり、二・二六事件となった」（清張『昭和史発掘9』文春文庫、2005年、380頁）。

当時の空気を「昭和維新」と呼ぶ言い方には、それが必ずしも人道に背く非道な暴挙ではなかったというニュアンスが込められ、場合によっては、第二の明治維新になっていたかもしれない可能性すら漂う。それは、農村の窮乏に対する軍内部の怒り、そして何よりもその若き兵士の憤りに対する社会的共感があったからである。

両者を分けた成否の差は何だったのか。成功した明治維新は江戸幕末の行き詰まりを打開する維新として評価され、明治近代の扉を押し開けたが、失敗した「昭和維新」の首謀者は逆賊として指弾され、処刑された。成否を分けたのは有為な参謀の有無だったかもしれない。幕末には、薩長土肥にも朝廷側にも、戦略に長けた多くの知恵者がいた。薩摩の大久保、長州の高杉や木戸、そして公家の岩倉といった傑物は、新たな体制のシナリオを練る恰好の人材だったし、野に下った西郷のような兵《つわもの》もいた。

幕府側にも、江戸城無血開城をめぐって西郷と談判した幕臣の勝海舟、武家の歴史の大義名分に拘泥する水戸藩、あるいは土佐藩を脱藩して、薩長同盟に奔走し、亀山社中（後の海援隊）を立ち上げた坂本龍馬のような人材もいた。そして、何より重要なのは、龍馬の背後には、武器調達や貿易に勤しむ「スコットランドのサムライ」と称されたトーマス・グラバーがいた。かれは19世紀の覇者パックス・ブリタニカの論理を代弁した。

ところが「昭和維新」のシナリオライターは不在。決起した陸軍皇道派の腐敗する富裕層や政財界層への怒り、あるいは皇国への強烈な忠誠心こそは伝わるが、事変後の体制については、何の用意も知恵もなかった。政権中枢に巣食う腐敗分子を糾弾すれば、その後は、自ずと成功すると考えていたとすれば、失敗は明らか。ただのクーデターに終わった。

黒幕として名高い北一輝《きたいっき》は、シナリオを画策する参謀としては、いかにも力量不足だったと批判した清張は、「北一輝の思想的生涯は未熟と浮動の一語に尽きる」（前掲『昭和史発掘9』352頁）と手厳しい。幾人もの政府要人殺害という報に右往左往するばかりで、事変後のシナリオは、何も用意していなかったからだ。

清張はこう言う。「どこの国の軍事クーデターでも、革命後の体制変革について何一つ要求を出さない、という莫迦《ばか》なことはない。……彼らは、天皇個人と天皇制の実体を十分に理解し得なかった」（同右、351頁）と。しかも、歴史家ビックスが指摘するように、叛乱軍は農村の未曾有の貧困への憤りを叫びながらも、実際は、農業改革への提言や対策要求は微塵もなく、要求は軍備拡大だけで、叛乱の首謀者たちは「昭和維新」という気分だけは共有していたが、「一致した考えを有していなかった」（ハーバート・ビックス『昭和天皇（上）』講談社学術文庫、2005年、339頁）。

ただ、清張の指摘では、元々は宮城に入城した部隊には、天皇を盾に立て籠る宮城占拠計画があったと言う。もしもそうしたシナリオが具現化していたならば、反乱軍は逆賊にならなかった可能性もある。しかし、先陣を切って宮城に入城した部隊は途端に怯んでしまい、そこで乱は終わった。政府中枢の要人に刃を向けた叛乱軍は、相手が宮中の近衛兵、あるいは天皇となると、宮城占拠どころか、入城するやいなや、たちまちにして意気込みは萎え、シナリオは頓挫した。

幕府の権威の象徴である「葵の御紋」を見下す朝廷の「錦の御旗」を作り出したような、あるいは、誰もが忘れていた歴史上の「大化改新」を簞笥の奥から引っ張り出して体のいい寓話に粉飾するような新政府創造の攻略に長けた大久保のような知恵者（「万世一系」への王政復古という構想は明治維新以前にはなかった）は、いなかった。

歴史家のビックスも、26日早朝5時40分に叛乱を知った天皇は、「閣僚や側近を殺害したことに激怒する一方で、叛乱軍が自分を退位させ、弟の秩父宮を即位させるのではないかと恐れた」からだ（同右、336頁）と読む。事件後も、「秩父宮が叛乱軍に同情的だったという噂は後を絶たず」、「皇室内の骨肉の争いがいつか流血の惨事を引き起こすのではないか」と心配だと二度も語った西園寺公の言葉に、ビックスは注目する（同右、338頁）。

貞明《ていめい》皇后と昭和天皇の親子確執、貞明皇后の秩父宮への溺愛、そして昭和天皇と秩父宮との兄弟確執、さらに、秩父宮擁立近しと読んだ叛乱軍首謀者の思惑等々、時代の空気は、風雲急を告げた。ビックスも、そうした宮中に巣食うマグマを単刀直入に語った。

もっと言えば、「貞明皇后は、天皇にはいずれ退位してもらった方がよいのではないかと言った」（原武史『松本清張の「遺言」』文春文庫、2018年、100頁）という読みもある。そもそも、「大正天皇の病気をきっかけに、宮中で本格的に復活したシャーマニズム的世界」（同右、216頁）の影響力は、古代卑弥呼まで遡る必要はない。宮中の兄弟確執も、まるでアマテラスとスサノヲ神話の再版。予期できない社会的動乱に直面し、宮中も神頼みに傾斜したのである。

一方、清張は、「二・二六事件のとき、重臣殺戮《さつりく》の決行から引揚げる部隊のトラックに東京日日新聞社の社員は手を振って万歳を叫んだ」（『史観宰相論』192頁）と記す。たしかに、「昭和維新」を歓迎する時代の気分はあった。「いつまでもつづく不景気が『満州事変』によっていっぺんに好景気に転じた」（同右、同頁）からである。

しかも、２・26事件後、首相就任を躊躇した近衛のピンチヒッターとして登場した広田弘毅は、「初めから予想されたように弱体」（同右、１９３頁）で、戦勝一辺倒の時代の風圧に押し切られた。「勝った、勝った！」と絶叫して売上を伸ばす新聞同様、「下からのファシズム」「草の根ファシズム」が時代の熱狂を奏でていった。

広田弘毅はA級戦犯で処刑された唯一の民間人で、その高潔で質素な人格ゆえに、城山三郎の小説『落日燃ゆ』（新潮社、１９７４年）の主人公になったが、広田がいかに高潔であったとしても、軍の暴走を止めることはできなかったのである。

城山の小説でもって、広田は悲劇（唯一の文民で絞首刑）の犠牲者として有名になった。城山が小説で描いたように、広田は何度も日中和平工作を温めながら、軍部の暴走によって、台無しにされ、日中交渉さえできなかった。その広田の無念に、城山は多くの頁を割く。５・15も２・26も知らなかったマッカーサーも、悪名高き黒龍会（英語で**Black Dragon**）の名前はよく覚えていて、広田が玄洋社の縁続きだった（広田は旧知だった頭山死亡時の葬儀委員長をつとめ、細君の静《シヅ》子《コ》も玄洋社志士の娘だった）ことが、広田のイメージを悪化させた、と城山は推理する（城山前掲書、２３９頁）。東京裁判担当の検事から、「広田の場合、予想していたとおり、まず玄洋社について、うるさくきかれた」と（同右、同頁）。

ビックスは、１９３５年のある農村でのインタビューから、時代の変化をこう記す。農民曰く、「天照大神が一番偉い神様で」、「天皇は本当の本当の神ではありません」が、「もし、警察官が私たちのことを聞いていたら、私を捕まえて牢屋《ろうや》にいれてしまう」（ビックス前掲書、３１６頁）という不安の声を引きながら、ビックスは、「神国日本」とはいえ、「イエやムラの意識がまだ、国家意識より大きかった」と結論づける（同右、314頁）。

ところが、2・26事件後、空気は一変した。翌1937年5月文部省の『国体の本義』（20万部刊行）は、「われら臣民は西洋諸国におけるいわゆる人民と全くその本性を異にして……その生命と活動の源を常に天皇に仰ぎ奉る」（同右、352頁）と記した。2・26事件を境に、社会的空気が一変したことを教えてくれる。

理不尽な格差・貧困への感情的憤りと天皇への忠義しかなかった陸軍皇道派に事変後のシナリオを求めるのは、元々無理だが、本来は事変後のシナリオを描くべき参謀を欠いた叛乱軍の限界である。そういうことを口にすること自体、統帥権干犯《とうすいけんかんぱん》になりかねない難問でもあったからだ。たんなる虚像を仰々しい体裁のいい権威に仕立て上げるには、知恵も胆力も要る。虚勢を張って三井財閥から資金を捻出する程度の器量の輩にすぎなかった北一輝の限界を、清張は見抜く。腐臭と格差の渦巻く行き詰まった時代への欲求不満のガス抜きとして、2・26事件は終わった。参謀も知略も欠く逆賊と化した烏合の衆が、どんなに軍事力を携えていても、義憤だけでは、次の時代への扉を開けなかった。北は第二の大久保にはなれず、「昭和維新」は第二の明治維新になれなかったのである。

結果は、軍法会議が弁護人もつけず、秘密裏に行われ、同年7月には死刑判決の17名のうち首謀者15名の銃殺刑が、判決後わずか1週間で執行された（残る2名は翌年8月に刑執行）。2・26決行後の秩父宮擁立の動きの噂が天皇の怒りを爆発させたのかどうかは断定できないが、処刑執行の直前の兵士からは、「秩父宮殿下万歳！」という「しぼり出すような声」が上がったと言う（ビックス前掲書、338頁、清張『昭和史発掘9』210頁）。

清張との対談で司馬は、「ぼくは昭和維新がきらいでね。二・二六事件やったあいつらは、ヘドが出るほどきらいだ」（清張『歴史をうがつ眼』中央公論新社、2022年、131頁。この対談は1972年5月）と感情を吐露した。この司馬発言は清張史観とは対照的だった。後に論じるが、清張は決起した兵士たちに、窮状を強いられた大衆のルサンチマンを見る。逆に、司馬の爽快な江戸幕末論は清張にはない。清張史観をあえて要約すれば、明治維新は成功したクーデターであり、「昭和維新」は挫折したクーデター。二人の大作家が遺した作品には、その対照的な時代観が、つまり史観が滲《にじ》む。

## 2　満洲移民

一方、貧困を強いられた多くの人々は、「開拓民」として、広大な満洲に、夢をつないだ。全国の村々から、多くの学校からも、満洲行きの手が上がった。それが、侵略だ、植民地だという加害者意識が希薄だったのは、中立を装う「外地」という言葉に表されている。本土での過剰人口、狭隘な国土、まさに一石二鳥の「解決策」が満洲だった。関東軍がいくら精鋭だったにせよ、兵隊だけでは植民地経済の再生産維持は不可能。満洲の日本人は圧倒的少数派で、「開拓民」と

「五族（日本、蒙古、満洲、朝鮮、漢）協和」を謳う大満洲国のポスター（名古屋市博物館所蔵）

いう日本人移民がいなければ、経済力維持は難しいからである。

村単位で村長が、学校単位で学校長が、それぞれが旗を振って、満蒙開拓団を組織的に募集し、全国から満洲を目指す膨大な数の開拓団が組織された。決して、自然発生的に、満蒙開拓団は海を渡ったわけではない。

重要なことは、個々の開拓民がどんなに真面目に勤労に勤しみ、いくら外地という名前で呼ぼうと、満洲は中国から土地を簒奪した植民地だったということ。「五族（日本、蒙古、満洲、朝鮮、漢）協和」というスローガンは中味のない、侵略という実態を隠す虚偽の宣伝文句にすぎなかった。「嘘も方便」とはよく言ったもの。

娯楽のトップは満映（満洲映画協会）だった。その代表だったのが、1923年の関東大震災後の混乱に乗じて、大杉栄と伊藤野枝、それに幼子を虐殺した甘粕正彦。服役後、出所した甘粕は満洲に渡り、理事長に座ったが、その人事を画策したのが岸信介だった。敗戦直後に青酸カリを飲んで自殺した甘粕は、結局、大杉殺害を語ることなく逝ってしまい、戦後、一方の「岸は甘粕のアの字も口にしなかった」（太田尚樹『満州裏史』講談社文庫、2011年、5

39頁）という。

その満映の看板スターが李香蘭。戦後は山口淑子として、女優、タレント、そして国会議員として活躍した。俳優として活躍した森繁久弥も、アナウンサーとして満洲に渡り、甘粕の知己だった。自殺直前の甘粕が偶然に出くわした森繁に声をかけたと、太田は記す。「やあ森繁君、満洲はよかったね」（同右、534頁）と。

多くのアカデミー賞を受けた空前の大ヒット映画作品（1987年）だった『ラスト・エンペラー』（清朝最後の皇帝で満洲皇帝だった溥儀の生涯を描いたイタリアのベルナルド・ベルトルッチ監督作品）で甘粕正彦役を演じたのは、音楽も担当した坂本龍一だった（ちなみに2023年3月の坂本没後、このテーマ曲が頻繁に流れた）。しかし、多くのコメントが大スペクトラムの壮大さや溥儀や細君・婉容の哀しい運命への同情ばかりで、その悲劇を作ったのは、他ならぬ旧日本帝国だった史実、首謀者の一人が甘粕だった史実に言及する声は、聞こえなかった。しかし、21世紀の今でも、もしそうした文脈（悲劇の責任を問う認識）でもってこの映画を語れば、「非国民！」という大バッシングに襲われそうだ。

そして、最底辺には、軍人の夜の相手をする花街（その中心がハルビン）に出入りする「からゆき」さんも全国から集まった（慰安婦と言うとまるで韓国人ばかりが想像されがちだが、数では日本人がはるかに多かった）。細菌による人体実験を繰り返した、ナチス・アウシュビッツに匹敵するような731部隊の中枢（それもハルビンで、そのトップが医師の石井四郎）まで、実に魑魅《ちみ》魍《もう》魎《りょう》の老若男女が満洲を目指した。石井四郎はGHQに細菌を使った人体実験の情報を渡すことで、罪過を免責されるGHQとの裏取引に応じ、戦後も1959年まで生き延びた。

ちなみに、この731部隊の酷い非人間性や戦争犯罪を克明に描いたノンフィクション『悪魔の飽食』を綴った作家の森村誠一が2023年7月に死去した。偶然にもその7月、極秘資料として敗戦時に焼却されたはずの731部隊の詳細な職員表が発見され、大きな反響を呼んだ。「軍事機密」と朱書きされた職員表には、敗戦後も生き残って免責された医師や職員等々の人脈図が明かされることが期待される。その人脈図から、731部隊の血塗られたおぞましい過去が、戦後の医学界や医療行政にどのような影響を及ぼしたのかが解明されなければならない。731部隊の残党は戦後日本の舞台裏で、人目に晒されることなく、生き延びていた。

さらに、暴利を狙った阿片取引が、満洲で頻繁に行われていたことが一般に周知だったわけではない。満洲での阿片取引は満洲国政府が独占的に販売し、その収益が関東軍に流れ、関東軍で広報を担当し「上海の阿片王」と言われた里見甫《さとみはじめ》を中心に、「大東亜共栄圏」全体への阿片取引支配を狙っていたという証拠が、次々に発見された。長い間、皇帝溥儀《ふぎ》の細君・婉容《えんよう》が蝕まれたといった印象が強かった阿片取引だが、ようやく、その生産と流通の全体を関東軍が支配し、収益を稼いでいた構造が明かされつつある(『朝日新聞』2023年8月17日付)。英帝国のアジア支配を手本とし、日本のアジア支配の要諦としたことが浮かぶ。まさに、満洲とは、日本帝国の傀儡《かい》《らい》国家の闇を凝縮したような場所だったと言える。その主役が東條英機と甘粕正彦、そして岸信介だった。満洲の文化的興隆の支えだった満映は、闇を隠すカムフラージュだったようにも見える。

戦後、この満洲を「俺の作品」だと豪語したのが、満洲を仕切った官僚の岸信介。敗戦直後はA級戦犯として巣鴨刑務所に留置されたが、釈放後、首相にまで上り詰めた。そこでどんな裏取引が行われたかは明かされなかった。ニューヨーク・タイムズ記者のティム・ワイナーは、「世界の有力国で、将来の指導者をCIAが選んだ最初の国は日本」と評した（『CIA秘録（上）』文藝春秋、2008年、177頁）。その岸は、7名のA級戦犯処刑（1948年12月23日）の翌日、巣鴨拘置所から釈放。その足で、官房長官だった弟の佐藤栄作に会い、「いまやわれわれはみんな民主主義者だ」と嘯《うそぶ》いた（同右、178頁）。

岸が巣鴨を出所した謎を考えれば、戦後日本が手に入れたものが、単なる国民主権や民主主義や法治主義といった体裁のいいものだけでなく、敗戦をどんなに終戦だと言い繕っても隠せない宿痾《しゅくあ》が覗く。アメリカの岸解放の狙いは、ワイナーが言うように、「日本にアメリカの権力と影響力を引き続き維持するための土台づくり」（同右、177頁）であり、その結果、「岸は日本の外交政策をアメリカの望むものに変えていくことを約束した」（同右、179頁）。巣鴨出所の真相が覗く。

その孫が2010年代に史上最長首相在任記録を作った末に、2022年7月に暗殺された安倍晋三だった。戦時満洲も戦後日本も、いわゆる傀儡だった。満洲を作ったシナリオライターの岸、戦後日本のトップに長く君臨した安倍も、同じ血縁である。戦後が、満洲の闇を引き摺ったことをまざまざと物語るものだろう。

集団的自衛権合憲に舵を切った安保法制改定（2015年）を筆頭に、東京オリンピック招聘での福島原発事故後に関するブエノスアイレスでの虚偽演説、森友事件における財務省の公文書改《かい》竄《ざん》、日ロ間の北方領土返還交渉における二島優先返還への譲歩と失敗、南スーダンでのＰＫＯ活動における日報隠蔽等々、その近代国家としての枠組みの徹底した破壊ぶりは数知れない。それが２０２２年７月に暗殺で倒れ、同年９月の国葬へと、最後まで異常かつ異例が続出した政権だった。ちなみに、首相経験者の暗殺は１９３６年の２・26事件以来だった。

なかにし礼（1938-2020、毎日新聞社提供）

だからこそ、歴史を第三者の筆致で残すことは重要なのである。直接の経験者が自らの経験の歴史的意味合いを知らないまま、あるいは何も明かさないまま、真相に蓋をし、虚偽を吹聴したまま他界したとしても、その虚像を剝ぎ、真相を掘り起こすのは、評者としての歴史家の仕事であり、換言すればそれこそ情報戦なのだ。

対照的に、多くの人々が満洲からのいかに残酷な引揚劇を強いられたのか、作詞家で作家だったなかにし礼（両親は満洲で酒造経営）の切々とした語りが、記憶に残る。その地獄図ともいいうる経験談は、国家に騙され関東軍に騙されたが、一方では、日本の中国侵略であり、中国の土地を簒奪した罪が拭えないことも語った。しかも、戦時は、「五族協和・王道楽土」を宣伝しながらも、敗戦するや否や、棄民に徹し、知らぬ顔を決め込んだ日本国家の冷淡さや非情さに驚くばかりである。民衆を守る軍というのはまったくの虚像だったと知る。

なかにしの最後のインタビュー記事が遺る。「おびただしい死体は外に放り出されました。死体が原野に落ちると、現地人が集まり、服や金歯などをはぎ取る。天国だった満州は1日で地獄に変わったのです。先行した軍用列車も同じ目に遭ったのでしょう。線路脇には行けども行けども丸裸の死体がころがっていました」（『読売新聞』オンライン、2020年8月7日付）。地獄図を逃げ切って、遠方に日本を望む沿岸にまで辿り着いたときの絶叫こそが、「ハレルヤ（神を賛美せよ、という意味）！」だった。

戦後日本に、膨大な歌謡史を遺したなかにし礼は、晩年は作家に転じ、右傾化しつつ好戦的になる日本の危うさに警鐘を鳴らし、日中友好の重要さを忘れないようにと声を上げ、2020年に世を去った。戦時の闇と戦後の光、実に好対照な時代をたくましく生き抜いたなかにしの人生は、日本社会の瞠目すべき時代の大激動を教えてくれる。同時に、その経験談は軍が民衆を守るというのは幻想だと教えてくれた。旧ソ連の土壇場での卑劣な参戦こそよく聞くが、関東軍の遁走への批判は聞いたことはない。同時代の経験談を、活字でも口頭でも遺したなかにしの遺言は貴重である。

時代の歴史的位置づけを分かるには、それなりの胆力ある教養や知見が要る。それがなければ、情報空間を闊歩する、ただの匿名での罵詈雑言に終わる。日本ほど、幼児性と脱政治性の激しい情報空間は珍しいだろう。「反ジャーナリスト」を宣言する高橋清隆が言う、「メディア廃棄宣言」も一理ある（『メディア廃棄宣言』ヒカルランド、2024年）。ちなみに、序章で取り上げた読売の渡邉もなかにしもほぼ同じ時代を生きている。しかしその時代観や史観がまったく異なるのは言うまでもないだろう。

たとえば、東京都知事選に立候補した蓮舫候補者に対して、朝日新聞政治部の今野忍記者の投稿した発言は、記者の凄まじい劣化ぶりを見せつけた。今野は、「ザ蓮舫さん、という感じですね。支持してもしなくても評論するのは自由でしょう、しかも共産べったりなんて事実じゃん」（「デイリー新潮」2024年7月21日）と評した。

ちなみに、国際NGO「国境なき記者団」（本部はパリ）が発表した、2024年の「報道の自由度ランキング」で、調査対象の180カ国・地域のうち日本は70位（『朝日新聞』デジタル、2024年5月3日付）。「報道の自由度ランキング」暴落は、日本社会の情報空間の病みの深刻さを象徴する。かつて「大本営発表」が席巻した戦前と同じ。朝日新聞は、こうした報道自由度の暴落を嘆く前に、自社の記者のクオリティ（quality）低下をどうにかすべきだろう。朝日新聞記者というポジションはそれほどまでに不遜な気分にさせるものなのか。これでは、そもそもジャーナリズムに権力監視役を期待するのは無理だろう。

ファシズムの暴力に怯え切った戦時と同様、未曾有の激動続く現下の日本にあって、戦略を練って生き残りを策する参謀とも言いうる識者は、中央のキャリア官僚にも大手メディアの面々にも、そして大学にも、どこにもいない。もしそうした人材がいたとしても、すべて在野で、政治権力への影響力はほとんどない。

一時期、キャリア官僚こそが日本のシンクタンクだと称された時代があったが、最近は、むしろ、外資系企業やコンサルタントといった業種が、労働内容からも報酬からも、人気が高い。かつて作家の城山三郎『官僚たちの夏』（１９７５年）が描いたような国益をかけた政策立案と関係業界の調整に走り回るといった官僚像は、もはや、時代にそぐわない。いまや、アメリカの意向を忖度して奔走するキャリア官僚はいても、日本という国益を背負って奔走するキャリア官僚はいるのだろうか。

官僚に向ける社会の眼差しも、大きく変わった。かつて難しい国家試験をパスしたキャリア官僚と言えば羨望の対象だったが、いまや「ブラック職場」の不評すら飛び交うようになった。要領のいい学生は、キャリア官僚をへて海外の有名大学院に公費で留学し、帰国後は、シンクタンクや外資系コンサル会社を渡り歩く、という人生設計だろうか。もちろん、そうした要領のいい人生を歩く者たちにせよ、上意下達の家父長制の日本的風土からけっして無縁ではない。なぜならば、先に述べたような、「第二の」「第三の」サイードやアレントになるような日本人はほとんどいないからだ。

つまり、欧米の有名大学院修了（ＭＢＡ）という箔をつけて帰国後、上位の階段を上るという野心を抱く人々が典型的なエリートということだろう。かれらの脳裏にあるのは、帰国後の出世と、そのための有意な人脈作り。その多くが、「第二の」「第三の」アメリカ人になって帰国する。その顚末こそが、後に論じるように、サミュエル・ハンチントンが名付けた、他文明に影響を及ぼさない「日本文明」の限界だと知れば、ハンチントンには「日本文明」への敬意が欠片もないことが分かる。日本の識者はそこに気づかない。

# 第3章
# 清張史観の遺したもの

## 1　日本の権力は「神輿」

松本清張の歴史論は興味深い。「魏志倭人伝《ぎしわじんでん》」の個々の記述に拘泥しすぎる愚を指摘した古代史論も、清張の1930年代論、否、2・26事件論、そして史観は圧巻である。統制派と皇道派という陸軍内の対立、宮中内のミステリアスな暗闘には、古代史をめぐる邪馬台国論に共通するものがあり、日本とは何かを考えるうえで、詰まる情報に興奮する。

敢えて清張史観を評すれば、古代にせよ近現代にせよ、日本の歴史を貫く権力の肝《きも》とは、権力を司るトップの傀儡性、換言すれば二重権力だったのではないか、ということにある。古代におけるシャーマニズムの巫女《みこ》・卑弥呼は実権を掌握せず、宗教者という「神輿《みこし》」に徹し、その王権は「一種のロボット」で「魏の管轄下」にあり、その実態は、「アメリカ占領下の日本」を連想させる（半藤一利『清張さんと司馬さん』文春文庫、２００５年、74頁）。

古代史と近現代史に相通じる、まさに、清張史観の醍醐味はここにある。清張によれば、卑弥呼は、倭国で争乱が続いた時に北九州連合によって共立された「一種のロボット」、まさに傀儡である。だからこそ、軍事的実権を欠くとも、巫女、あるいは祈禱師で十分だったのである。福岡市に那珂川《なかがわ》という川がある。「那」という文字を使うところに、福岡県志賀島《しかのしま》で発見された「漢委奴国王」と刻まれた金印同様、古代の北九州エリアには大陸との交通や交流がかつてあった歴史的痕跡を想像させる。

「和」の提唱者として敬意を集める聖徳太子にせよ、蘇我氏の傀儡という性格は否めず、権力という実権はもっていなかった。あるいは薩長藩閥官僚に担がれた明治期の王政復古を成した朝廷にせよ、結局は、ミカドを担ぐ取り巻きの薩長の下級武士たちが実権を握った。結局、トップに座る顔は、神輿に乗せられた傀儡にすぎない。同じファシズムとはいえ、「ヒトラーはけっして〈神輿〉ではなかった」(イアン・ブルマ『戦争の記憶』ちくま学芸文庫、2003年、280頁)。

なぜ明治政府が近代ならぬ、古代への後ずさり、つまり後退だったのだろうか。近代を創造した西欧には、時代特有の課題があった。民主、人権、法治といった近代特有の倫理や論理への渇望が教皇の権力や権威に対抗した。つまり「脱中世」の勢いがあった西欧近代、対照的に古代王政への復古こそが明治近代を創造したというパラドックスこそが日本的近代の原動力だった。そこに、派閥相互の対立こそあれ、時代を引っ張る歴史観は不明。西欧近代に匹敵する時代精神はと言えば、「尊王攘夷」だった。王政に復古して、外圧と戦うという意味合いだったとすれば、よく分かる。そこには「脱中世」という理念はない。

まだわずか18歳の少年だった明治天皇をいかにして権威づけるかという問題に大久保が直面したのは、明治二年に英国皇太子エディンバラ公が天皇に宮中で会ったときの英国随行員が記した天皇印象記だった（清張『史観宰相論』13頁）。“the poor young Mikado suffers much from severe shyness”（可哀相な若きミカドは、はげしい羞恥におそわれた）。「古代日本の神権的なデスポット的な大王《おおきみ》に『培養』せんとする大久保の熱心な意図がここに見える」（同右、同頁）と清張は言う。大久保の手練手管に長けた業師ぶりが印象に残る。

２０２３年11月に１００歳で没したヘンリー・キッシンジャーが言うように、西洋近代誕生のメルクマールは、中世を支配したローマ・カトリック教会の正統性の喪失とプロテスタントの承認、もうひとつはハプスブルク王朝のような広範囲な帝国から国民国家への主権承認による、国際秩序を構成する主体としての主権国家の登場だった（キッシンジャー『国際秩序（上・下）』日経ビジネス人文庫、２０２２年）。その調整システムこそが17世紀のウェストファリア条約である。メルクマールはオランダのスペイン王国からの独立を勝ち取った１６４８年、そして近代システムを理念づけたのが、トーマス・ホッブズの『リヴァイアサン』。要するに、それまでの西欧の覇者だった王朝や教皇でなく、主権国家こそが権力を握るという近代の登場であり、その画期こそが、ウェストファリア条約だった。

ここには、中世と近代との明らかな権力交替が喝破される。日本の明治維新は江戸時代の封建制政治支配層相互の権力闘争だった。ブルジョアと称される富裕な産業や商人階層が江戸期の武士を超える権力を掌握せず、サムライを打倒する新勢力の登場はなかった。西欧が経験した「脱中世」のルネサンスは経験しなかった。

つまり、かつて島津家に対して下級武士として抱いた忠誠心が、今度は対象がミカドに替わり、その心情は「御恩と奉公」という封建的紐帯《ちゅうたい》だった。とはいえ、忠義を尽くすべき相手は、かつての高齢で老獪な藩主という殿様から幼いミカドに替わり、何とか人為的な権威付けに四苦八苦する大久保の姿が浮かぶ。「出身がほとんど下級藩士だった彼らは、いまや旧藩主を凌《しの》ぐ権勢をもつ『新貴族』ともなっていた」（前掲『史観宰相論』14頁）。

その元下級藩士だった朝廷という「新貴族」官僚が幕府に替わって頼った基本理念が、古代の律令政治への「王政復古」をモデルに、明治政府は疾走し始めた。ところが、堕落とも腐敗とも見える新政府官僚が、藩という土地も士族という身分も没収され、没落した旧士族の反発や恨みを買った。西郷が西南の役《えき》で没した翌1878年、大久保は東京の紀尾井坂で西郷に心酔していた旧士族に刺殺された（大久保は49歳）。1878年とは、サムライ階級を亡くした廃刀令の翌々年。東京を火の海にせず人望を集めた西郷に比べ、政敵を倒すことに非情な辣腕を揮った官僚・大久保は恨みを買ったのである。

さて、「神輿」は軽い方が担《かつ》ぎやすい。そうすれば、神輿の陰で、権力の本当の所在は隠すことが可能となる。その最たる閨閥は藤原氏だった。天皇家と姻戚関係を結び、天皇家への影響力を保持し、隠然とした力を揮うことのできるポジションに位置すれば、批判の矢面に立つことなく、権力を操縦する旨味だけは享受できる。蘇我馬子《そがのうまこ》も清盛も家康も、実力では天皇を圧倒しながらもけっして天皇にはなれなかった。ここに日本的風土に宿る血族主義がある（清張『史観宰相論』参照)。

「姿を見せない権力」の典型として、ウォルフレンは藤原氏を挙げ、その支配統治構造を定式化したと観る。つまり、「目に見える栄光はなくても、影の実権者としての有利な地歩だけで十分だった」。「肩書以外はすべて掌中にある統治者としての全特権を一族で代々継承できる体制」を享受したのである(カレル・ヴァン・ウォルフレン『日本/権力構造の謎(上)』ハヤカワ文庫、1994年、94頁)。

傀儡政権と言うと、「ラスト・エンペラー」満洲皇帝の溥儀の悲劇的人生が想像されやすい。その傀儡政権を操ったのは関東軍だった。否、溥儀だけではない。1930年代、圧倒的人気を誇った公家出身の近衛文麿も、人気と期待だけは絶大だったが、戦争を終結させるだけの何の見識も知恵も力量もなく、結局は、軍部のいいなり。日中和平実現を期待されながらも、軍部の強圧の前に、侵略の深みに嵌《はま》って行った。

それは、戦後日本も同様。最長の政権党だった自民党にせよ、実権は一貫してアメリカが掌握し、自民党はそれをフォローする。野党はそもそも外交を焦点にすら据えない。「戦争か平和か?」という国家の存亡が問われるときに、政治とカネしか話題にしない政局とは、まさに「平和ボケ」。大手メディアを始めキャリア官僚も識者も、平和外交戦略を微塵も説かない。公務や会社の別を問わず、学校やビジネスの別を問わず、トップの顔と実権の所在が別だというのは、よくある。日本中のどこででも、神輿を担ぐ祭りは、その土地に根付く。大阪の天神祭も京都の祇園祭も福岡の山笠も、ピークは土地の若者が神輿を担ぐ熱狂である。あの「ワッショイ!　ワッショイ！」と叫ぶ嬌声は、集団主義のエクスタシーであり、余所者の入る余地はない。「あなた、ご出身は？」「お勤め先は？」という質問は、日本では、いつでもどこでも、きわめてポピュラー。21世紀になっても、「いい学校からいい会社へ」という座標軸は、世代が代わっても同じだった。「大学偏差値」「就職偏差値」を特集した週刊誌は、よく売れると言う。日本人は、学校と会社が、否、ランキングというヒエラルキーがつくづく好きである。「どういうことを考えているのか」「どういった人生だったのか」には関心が向かず、出身と学歴と勤務先で、すべてが終わり。要するに、「勝ち馬」探しなのだ。

もう一つは、日本人の世界観が、圧倒的に日米志向、あるいはアングロサクソンに好意的であって、アジア意識はほとんど根付かなかったことがある。20世紀には、まだ残っていたアジア意識やアジア戦略は、ほぼ消え、自らをアジア人だという意識すら希薄。アジアというと、いまだに「後進国＝途上国＝貧困」だという蔑視観すら漂い、「アジアにあってアジアでない」という「脱亜」的アイデンティティは、今も根強い。

ところが、ASEANでも、その取引の中心はもはや、中国にシフトし、かつて大きかった日本の影響力は後塵を拝する。ASEANには、「米中のどちらか」を選択するという思考様式がそもそも希薄。日本を評して、「没落衰退国」という表現も目にするようになった。アジアの旧途上諸国の成長率は日本を遥かに上回る。円安になればなるほど、観光客や投資家にとっての日本市場は魅力的だが、日本で勤労し賃金を円で受けとる移民労働者には、日本は、魅力がない。逆に、アジアへの移民や出稼ぎを考える日本人が多くなってきた。衰退化の色濃い日本の経済や産業が、観光立国化によって、どれほど活気づくのか、かつての「モノ作り」国家を脱してやって行けるのかどうか、誰も説明しない。

## 2　機能不全の司令塔

２０２０年初来のコロナ禍パンデミック、２０２２年2月に勃発したウクライナ戦争が、そして２０２３年10月にはイスラエル・ガザ戦争が、未曾有の世界的危機を醸成し、日本の安全保障や外交の見直しは必至である。ところが、「軍事費増大」を当然視するものの、日本の平和をどう守るかの議論や情報も聞こえてこない。

「第二のウクライナ」とは何か。台湾海峡で緊張が高まり、戦争が勃発し、日本が巻き込まれれば、日米同盟によって自動的に米軍が助けてくれると思う日本人は多いように思う。しかしながら、軍事支援はするだろうが、けっして、戦争の矢面に立つことはしないだろう。武器援助や軍事支援だけで済めば、米軍からは犠牲者が出ないだけでなく、軍事産業は大儲けだからだ。本土では実戦をせず、専ら、同盟諸国の軍事力や兵力を頼りに、戦争を行うオフショア・バランシング戦略が主流というアメリカの軍事戦略を熟知した専門家が日本にいるのか。「第二のウクライナ」とはそういう意味なのである。

ところが、そうした仕掛けに気づく識者も大手メディアもなく、単純に、西欧的価値観との日本の協調、あるいは同一性を説くだけ。だからこそ、「ニチベイ」重視という「アジアにあってアジアでない」という脱亜観だけは健在。先のトッドの読みのように、アメリカが梯子を外すようなことがあれば、この国は万事休す。インドやＡＳＥＡＮのように、米中のいずれにも偏らず、一方に巻き込まれないように振る舞う強かな外交手腕は日本にはない。予想を遥かに超えるほどに、事情は悪化しているが、情報空間を席巻する報道や論説には、切迫する危機感がない。

総じて世界を俯瞰すれば、アメリカへの一極集中時代の終焉が明白になる昨今、「ニチベイ」以外に何の打つ手もない日本は、生き残れるのだろうか。ロシアや中国をはじめ、中東全域もそうだが、米ドル離れが顕著で、米ドル決済システム（ＳＷＩＦＴ、Society for Worldwide Interbank Financial Telecommunication の略。本部はベルギー）から排除されても、ロシアは自国通貨ルーヴル決済や人民元乗り換えを加速し、そうした動きに、中東も加わる姿勢（石油の人民元決済）を示し、アメリカ一極集中が終わったことを如実に実感させられる。２０２２年7月のバイデン大統領の中東訪問（とくにサウジアラビア）が印象的で、そこでは、日本のような「バイデン・フィーバー」は起きなかった。

とくに、イスラム教スンニ派が大多数を占めるサウジアラビアと、同シーア派の拠点のイランは、宗教上も中東覇権をめぐって対立関係にあったが、中国の仲介によって、北京で国交正常化を結ぶという２０２３年3月の報道には驚く。

しかも、心中穏やかでないにもかかわらず、アメリカはそれに異を唱えることができなかった。

現在、中国北京に本部を置く上海協力機構（ＳＣＯ）には、ロシア、インド、イランはすでに正式加盟国であり、サウジは対話パートナーとして手続き中。今更ながら、国際政治力学のダイナミックな地殻変貌を感じさせる。

たとえば２０２３年夏、ロシア前大統領のメドヴェージェフ安全保障会議副議長が、ウクライナによる反攻がＮＡＴＯを後ろ盾にしており、仮にロシアの「土地の一部が奪い取られる事態となればロシア大統領令の規定に沿って」核兵器を使用することになると、脅しの弁を吐いた（ロイター、２０２３年7月30日）。

もう一方では、２０２３年8月、「Free Nations Post-Russia Forum（ロシア後の自由な民族フォーラム）」の集会が、東京都千代田区の衆議院第一会館で開かれ、ロシアのプーチン政権に反対し、同国からの分離独立を主張する勢力らが参加し、プーチン後の政権を目指す「自由ロシア軍団」幹部が来日し、日本側有識者との意見交換が行われた（「朝日新聞デジタル」２０２３年8月1日）。

状況は錯綜する。21世紀になるやいなや、９・11、アフガニスタン戦争、イラク戦争、そして、ウクライナ戦争の渦中にあって、日本はただただ漂流した。確かな情報も知らず、打つ手もないままの司令塔が、本音では当初、あまり乗り気ではなかった戦争に嵌り、関東軍の暴走に引き摺られ、それが既成事実となった１９３０年代に相似るのではないかという不安が拭えない。

当時の人気女流作家だった林芙美子が従軍作家の先頭に勢い立ち、皇軍フィーバーの進軍ラッパを吹き鳴らした。林の代表作『放浪記』は、軍の意向に過度に媚びた従軍記事（圧巻は皇軍の犯した中国人虐殺に歓喜の声を上げる記事）を、戦後になって釈明も謝罪もなく抹消した林の虚像の自叙伝だった。

遺された活字は、書かなかったこと、末梢した作為も引き摺る。女優森光子によって繰り返し演じられた『放浪記』舞台劇は戦後の長きにわたって、多くの聴衆の人気を集めた。2000回を数える舞台を演じた森光子は、『放浪記』には記されなかった従軍作家としての林の筆致を知っていたのだろうか。

とはいえ、日本が後退し没落しつつある歴史的危機にあるがゆえに、清張的な、情報に通じたノンフィクション、あるいは想像を織り込んだフィクションという知的活動が、求められる。芸能ニュースやバラエティ番組、あるいはクイズやスポーツやグルメといった、画面や紙誌を覆う享楽的な娯楽情報は、目を逸らす情報操作でしかない。

明治に始まって戦争と侵略に明け暮れた日本近代の終焉、1945年までが富国強兵の77年であり、ウクライナ戦争によって欧米の軍事同盟であるNATOへ歩み寄り、戦後の軽武装国家・平和日本を葬送せしめる勢いが加速し、新たな戦前だという声が巷に聞こえてきたのが2022年末。奇しくも、どちらも77年。大きな地響きを立てて、時代は時々刻々と変わろうとしている(77年という日本近代の時期区分については、フリージャーナリスト加治康男の公開ブログに負う)。

2023年に始まったとも言いうる日本近代の第三期とは、いったいどうなるのか。その指針として、美輪明宏やサーロー節子の慟哭の声を聞くか、それとも安倍晋三が遺した虚像や虚勢に倣うのか。あるいはアメリカのバイデンの老獪さ、その背後に控える好戦的ネオコンの策謀に従うのか。それともフランスのマクロンやインドのモディの駆け引きに長けた外交術に学ぶのか。この危機の時代にあって、どんなに無関心を装おうとも、安閑と過ごせる余裕はだれにもない。

現に、大リーグ転出を狙うプロ野球選手はその典型だろう。野球だけでなく、サッカー等のプロスポーツも同じ。機会さえあれば、海外に脱出したいと目論む若者、あるいは元気な年金生活者は少なくない。

ちょうど、2023年9月のニューデリーで開催されたG20サミットで、本来ならば尊重されるべき2023年のG7議長国の日本側との相談や擦り合わせはまったくなく、インド側が首脳宣言を発表した。日本政府関係者からは、「驚いた。ちょっとふざけるなという感じだ」(『毎日新聞』2023年9月11日付)という声が上がった。

インドで日本政府関係者が言った「ふざけるな」という感情吐露に、その悔しい胸の内が覗く。サミット後の岸田首相の記者会見も、話題は、ほとんどが帰国後の政局ばかり。これが、なんとも寂寥感が拭えない「外交の岸田」の結果だった。日本の存在感の劣化、没落は明らかだろう。

2023年5月のG7サミットでの「広島ビジョン」が核抑止力有効論を説いたことに対する世界の失望が、ブーメランとして跳ね返ってきたのだと思う。ところが、今度は同年9月の国連総会では、「核なき世界」を講演で訴え、そのちぐはぐな発言が信頼感を失うのも当然だろう。しかも、本人には、矛盾したことを発言している自覚すらない。悲しいかな、「外交の岸田」が演じて見せた喜劇だったと評することしかできない。

## 3　ルサンチマン考

２０２０年代の日本は、舵取りを誤れば、日本という国家も、日本人という民族も、消え去るかもしれないほどの歴史的危機に追い込まれている。清張史観の興味深いところは、清張が無学歴であったがゆえに、「庶民の味方」だという評価が、生まれやすいが、一方で、清張は庶民の怖さを熟知していた。大衆の抱く怨念や怨嗟や憎悪といった、かつて流行した言葉を使えば、エリートに対するルサンチマンだ。ノーマンがテロリスト「発祥の地」と称した福岡玄洋社にしろ、明治期以降の日本を主導した東京エリートに対するルサンチマンがエンジンだったと言える。

たとえば清張を「民衆派作家」と呼ぶ言い方がある。清張は、弱者に寄り添い、文壇の主流派からは嫌悪されたという解釈である。たとえば、文壇の大岡昇平は、政治の闇に切り込む清張作品に対して、「虚像」「反抗の気分」「信仰」といった感情剝き出しの批判を叩きつけた。中央公論社の「日本の文学」シリーズの一冊に、清張を参加させることに強力に反対したのが三島由紀夫だった「事件」も有名。三島は清張作品の文体が気に入らなかったと言う（辻井喬『私の松本清張論』新日本出版社、２０１０年参照）。

歴史学者のなかには、「彼（清張――引用者）を歴史学者と言わなかったら、他の日本の歴史の先生方はみんな学者じゃなくなってしまう」という古代史家の江上波夫のような評価は少数意見だった（前掲『清張さんと司馬さん』文春文庫、74頁）。

一方清張は、三島の自衛隊突入での自殺事件に無関心で、むしろ最後の長編小説となった『豊饒の海』が失敗に終わった幻滅と落胆が自殺決行の引き金になったのではないか、と冷ややかな言葉を遺している。三島作品の文才は認めながらも、自分を文学者扱いしなかった三島を始めとする文壇主流派への怨恨の深さを窺わせる（辻井喬『私の松本清張論』参照）。

しかし、貧困層や無学歴や社会的下層出身だということで清張を「民衆派作家」と呼ぶのであれば、それは一知半解である。それは、清張作品に登場する貧困に喘ぐ下層庶民の強《したた》かさであるだけでなく、彼らへの恐怖でもあるからだ。代表的小説『砂の器』は、最下層から出世階段を駆け上った主人公の抱える哀しさばかりがテーマではない。刑事ドラマの犯人捜しの醍醐味を描いたのでもない。ハンセン病を患う親をもつ主人公親子をムラから投石でもって追放するムラ社会の冷酷さや非情さが浮き彫りにされる。ハンセン病患者をムラから追放した民衆は下層の弱者であったはず。その果てに追い詰められた主人公は、敗戦のドサクサに手に入れた偽造戸籍でもって、他人の人生に成り代わって生きた。その果てに手にした成功と破滅が作品の主旋律だった。『砂の器』の筋書きに流れる哀愁と憎悪の交差する旋律と、2・26事件を描いた歴史ノンフィクション『昭和史発掘』の行動派青年将校たちの脳裏を支配する旋律に相似たものがある。社会的弱者だった大衆が社会や富裕層に牙を剝き出し、社会に襲い掛かり、同じ弱者大衆にも襲い掛かる。換言すれば、非情なまでの「下からのファシズム」「草の根ファシズム」。下層弱者はけっしてファシズムの被害者であっただけでなく、ファシズムの主役でもあった。

だからこそ、1930年代ファシズムを描いた『昭和史発掘』での手法も、清張は、天皇制ファシズムとか封建遺制といったアカデミズム歴史学における構造論的な「上からのファシズム」論とはまったく異なった景色を提示した。青年将校の故郷を覆う貧困への憎悪や怨嗟によって、都会に蔓延る富裕層や政治家へのルサンチマンを共有するのである。

一方、司馬作品には男性読者が多いと言う。それは、地方から都会へ転居して寄るべきムラを失った戦後のサラリーマンが、会社を新たな帰属先として発見し、そこで滅私奉公する自らを、かつて幕末期に、脱藩によって、帰属先を失ったにもかかわらず大活躍した龍馬に重ねたからではないか。司馬は「国民作家」として人気を得た。司馬が描いた歴史フィクションが、戦後のサラリーマン会社員の精神的支え、一種の英雄となりうる錯覚を付与したのではないか。大岡が清張作品を批判した「虚像」とは、本来は多くのフィクションを残した司馬にこそ向けるべき言葉だった。故郷を失った喪失感を埋めたのが「司馬史観」だったとしたら、これは故郷を離れて郷愁を抱きつつも、都会で働くサラリーマンにとって、癒しの旋律だったにちがいない。

ところが、日本社会の闇を解き明かしてくれる清張作品のルサンチマンに感動する向きは、司馬の愛読者とは異なるだろう。たとえば2・26事件に割いた膨大な筆致には、決起しながらも結局は逆賊として処刑された皇道派将校への同情すら漂う。決起部隊の将校は、政権中枢の要人（高橋是清等）殺害という暴挙を犯した事件後、宮城に入るや否や、たちまちにして怯んでしまい、ルサンチマンの心理的萎縮という大衆の限界を清張は見逃さなかった。葵の御紋に怯《ひる》まなかった江戸幕末の下級武士が成功裏に偉業を成し遂げ、サムライという身分を投げ捨てた明治維新との勢いの相違を、清張は発見しただろう。

要するに、市井の人々のルサンチマンが堪えきれない沸点に達した事件として、2・26事件を俯瞰すれば、それは「下からのファシズム」「草の根ファシズム」と言いうる風景を支える旋律だった。それは、清張自身が無学歴だったために、世間からも就職先でも白眼視され、辛酸を舐めてきた自身の過去への投影でもある。ファシズムの現場における主人公たちの内奥に切り込むことによって、時代の推移が維持不能に逆転し、転落して行く展開を詳細に追った。

とはいえ、清張は「下からのファシズム」あるいは「草の根ファシズム」とも言わず、参謀や識者の機能不全ぶりを主軸に据える。その典型が北一輝論。一般的には、皇道派青年将校の理論的指導者という評価が支配的だが、清張はその虚像や無能ぶりを叩く。その点は、先に述べたように、明治維新を主導した薩長雄藩等々を担った志士たちの強かな戦略性や奇抜なアイデアを前向きに評価する清張の筆致と比較すれば、相違は明らかだろう。「昭和維新」の主役には、明治維新を率いた西郷のような剛腕も、大久保のような鋭利な知略家も、位負けしない不遜な岩倉も不在だった。ここに、けっして「昭和維新」が第二の明治維新とはならなかったと清張が認識する所以が覗く。

戦後日本に話を戻せばこうだ。大衆のルサンチマンに同情し、共感は寄せるとはいえ、文豪と呼ばれるほどの筆致ぶりは、もはや清張を市井の大衆にはさせてくれなかった。と言っても、清張はアカデミズムの正統でもなく、寂寥感漂うアイデンティティを強いられた。一方、司馬作品には、ルサンチマンの執念に燃える主人公は登場しない。晩年も、全国の街道を旅しながら、地方に根付く独特の産業や人々の生活感覚を肯定的に描いた。その明るさや朗らかさが、多くの大衆からも支持され、国民的作家としての地位を築いた。そこには、津々浦々の土地に這いつくばって日常を逞しく生きる人々の生活が描かれていた。

しかも興味深いのは、清張史観とは呼ばず、司馬作品はフィクションだったにもかかわらず、「司馬史観」と言う。しかし、龍馬や新選組の土方《ひじかた》がどんなに奔放な自由人だったにせよ、それは司馬が好意を抱く歴史上の人物をモデルとしたフィクションだった。

日露戦争までは後進性ゆえの前向きな国家であり、日露戦後に途端に道を誤ったという偏った明治観(まさに「坂の上の雲」史観)に陥ってしまう。あくまで、龍馬ではなく、爽快なフィクションの「竜馬」に、読者は魅了されたのである。司馬には、1930年代論もファシズム論もない。それは、司馬が陸軍入隊の経験から、ほとほと反吐《へど》が出るほどの嫌悪を覚えたからだと、司馬自身が語る。とくに白骨街道として知られるインパール作戦(1944年)を書けなかったという話は有名である。

その点が、戦後日本を否定し、戦前戦時の虚像を脚色して語る保守派の面々との決定的相違だろう。戦前戦時に経験した非情で冷酷な軍隊への、あるいは皇軍へのルサンチマンこそが、司馬をして、好感のもてる日本人探しに向かわせた。それが土佐という狭隘《きょうあい》な封建制による縛りから脱して奔放に生きた「竜馬」だった。龍馬を生み、明治期の自由民権運動の板垣退助を生んだ土佐は、そうした自由闊達な理念を産出した風土をもつ。

安倍政権とそれを支えた面々、あるいはかれらに共感する人々が決定的に錯覚していることは、戦後日本の否定を急ぐあまり、戦時の昭和ファシズムの虚像に酔い、多くの人々が強いられた、その地獄図を語らなかったことだ。だからこそ、安倍的な見解や思想が急速に浸透するようになったのではないか。植民地を外地と呼び、惨敗を転戦と言い換え、戦争を事変と呼んで、餓死ですら玉砕《ぎょくさい》と称し、いずれも言葉による印象操作を常態化することによって、ファシズムという地獄図の阿鼻叫喚は見逃した。

かつて戦時に流行った「大君《おおきみ》の辺《へ》にこそ死なめ」と、皇国への殉死を促す「海行《うみゆ》かば」を賛美する声さえ聞こえるが、戦場での死因といえば餓死が大半を占め、原爆で一瞬のうちに地獄図のなかで息絶えて逝った膨大な数の人々に、殉死は似合わない。核兵器ですら厭わないという暴論は、その地獄図を想像できない。満洲引揚についても、晩年のなかにし礼が、引揚者の強いられた修羅場を繰り返し語っても、なかにしと言えば昭和の大作詞家だったという紋切り型のイメージでもって代表させる。戦時ファシズム下の政治批判がタブーだったが、タブー視されるのは戦後も同じ。

わずか10数年前の3・11ですら、大勢の人々が福島原発のメルトダウンによる被曝を恐れて、西へ西へと逃げて行った恐怖を忘れてしまった。そうでなければ、老朽化した原発の再稼働という動きは発生しないだろう。まるで民主党政権が原発事故を起こしたかのような台詞さえ流布するが、笑止千万である。筆者が清張贔屓なのは、清張がルサンチマンという大衆の怨嗟を物差しにしながら、歴史アカデミズムがけっして描かなかったような本格的史論をノンフィクションとして遺したからである。一方、司馬は、反吐が出るほどに嫌いだったと言うファシズム論をほとんど論じなかった。

とはいえ繰り返すが、司馬も清張も、いずれも自らが経験した昭和ファシズムや軍事ファシズムに対する強烈な嫌悪感こそが、仕事に駆り立てた原動力だった。換言すれば、自身も体験した戦時への耐えがたいルサンチマンこそが原点だった。そのことに蓋をしたまま、二人の巨匠を語ることはできない。それは、満洲引揚劇に触れないまま、歌謡曲の作詞家としてだけでなかにし礼を語るのが、なかにしに対する冒瀆であり、原発を、3・11の恐怖には黙したまま、電気料金だけで語るようなものだろう。

清張の時代観は、エリートのひ弱さにもよく表れる。出自も学歴もよく、それゆえに人気絶頂だった近衛文麿は、京大の学生時代から「閣下、閣下」と呼ばれ、政財界だけでなく、軍から庶民に至るまで、そして天皇家に至るまで、「毛並みのよい」近衛への期待は絶大だった（清張『史観宰相論』参照）。

それゆえに三度も首相として内閣を率い戦時を主導したが、結局は強硬一辺倒の軍部に引き摺られて優柔不断ぶりを晒し、日中戦争の停戦交渉に失敗（1938年1月に近衛首相の発した「国民政府を対手《あいて》とせず」という声明が有名）。しかもこのときの近衛の気持ちは、苦渋の決断と評するよりも、連戦連勝の皇軍の勢いに乗って「有頂天」だったのである（半藤一利『B面昭和史 1926―1945』平凡社ライブラリー、2019年、294頁）。

近衛研究の第一人者と目される岡義武は、近衛家を「藤原鎌足の嫡流、五摂家筆頭の家柄、皇室とのゆかりも古く且つ甚だふかい」と評し、「悲劇の近衛」と評する毎日新聞を引きながら、自死を「貴族としての高い誇り」と評する。しかし、敗戦後は、近衛はいち早くマッカーサーを訪ね、戦争を率いた責任感も薄く、戦争への経過をGHQやアメリカ人記者に語り、自らの責任には触れないままだった（岡義武『近衛文麿』岩波新書、1972年参照）。

このくだりからすると、新たな時代の「勝ち馬」に乗り換えようとして、早々と新たな権力者に媚びを売る近衛の思惑が滲み出ている。それに失敗したがための惨めな自死だった。つまり、未曾有の勢いだった皇軍には不本意にも従い、ヒットラーが席巻したときは嬉々としてヒットラーに追随し、敗戦後は一転してGHQに媚びを売る。その姿勢は、マッカーサーにせっせと媚びた手紙を書きまくった日本庶民や、2024年4月の米議会演説で満面の笑み（媚び？）を見せた岸田首相にも共通する。そこには、一貫する原則や思想はなく、ただ「勝ち馬」のおこぼれに与りたい気分だろう。

近衛文麿（1891-1945）

半藤一利の『世界史のなかの昭和史』（平凡社ライブラリー、2020年、148頁）に、1937年に行われた次女の結婚式宴で、近衛がヒットラーの仮装で参加した写真がある。ヒットラーはヨーロッパで当時、飛ぶ鳥を落とす勢いだった。まるで欧州全域を支配下に置くような快進撃で、近衛はその勢いにあやかりたかった。しかし、近衛は、ヒットラーの犯罪的所業の数々について、その情報を知ることはなかっただろう。

## 4　日本の孤立

ところが、半藤が指摘するように、ヒットラーは日本を見下し、けっして対等の同盟関係の相手だとは見ていなかった。誰も日本の為政者はその温度差に気づかず、ヨーロッパ戦線の情報に通じる政治家や識者はだれもいなかった。為政者やその周辺の政策決定に影響を揮うエリートが、まるで情報に疎いまま、政策を決定するという様子は、今もあまり変わっていない。そうした政府を後押しする大手メディアも同じだろう。

結局は、ポール・ジョンソンの言う軍隊が文民統制を受けない「軍国無政府社会」（前掲『現代史（上）』２７２頁）に突入していった。軍は軍で、もっと何も知らないまま、もちろん情報も戦略もなく、連戦連勝の勢いだけで、烏合の衆のごとく増長した。皇軍は、十分な兵站《へいたん》を欠き、それゆえに相手方の農作物を略奪せざるをえないほどに貧しく、しかも近代戦ならぬ白兵戦しか知らなかった。

後方からの食料や医療や衣料の供給が前線の兵士を支える兵站を計算できない軍隊は想像しがたい。戦場はいかにして維持されるかという兵站の計算すらできなかったがゆえに、侵攻先の食料を略奪するといった不逞に走らざるをえず、狂信的な精神力と情熱だけでは、軍も経済も社会も、その再生産を維持できなかった。戦死の多くが、餓死や病死だったという背景はここにある。

情報収集力がまるで貧弱で甘いのは、今も昔も同じ。海外の識者が語る当時の日本が直面した困難ぶりへの認識は冷静である。当時の日本は、ポール・ジョンソンの言うように、「日本は自国民を養っていけなかった」（同右、280頁）。その理由はこうだ。

明治維新の1868年当時、3200万人の人口を養うのに、一反（300坪――引用者）当たり一石（1000合）の収穫でなんとかやって行けた。それが1940年には驚異的な努力と技術によって反当たり収穫高は二石に倍増したが、人口が7300万人に増え消費量も増えたために、年間で1300万石の米が不足。農業生産力が1920年代始めにすでに横ばい状態だったために、1920年代終わりの米輸入量は1910年代の三倍にも増えた。その米輸入を支えたのが生糸や綿毛といった繊維輸出。これが限界に達すれば、残った解決策は、領土拡張への選択肢が一番有力だったと観る（同右、280〜282頁）。

当時の農家では、男子ならば養子や奉公に売り飛ばし、女子ならば慰安婦や売笑婦に売り飛ばすといったことはまったくポピュラーだった。いずれも人身売買だが、親が子を売って借金返済に充て、食い扶持を減らす。一石二鳥だった。まさに戦前の家族を支えた家父長制。皇軍が兵站を考慮していなかったように、一家の親も、家族を養う経済力は貧弱だったということである。

冷静に考えればこうだ。たとえば、レーニンは『帝国主義論』で、過剰資本→資本輸出→帝国主義、という筋書きを記した。ところが、日本は十分な資本もなく、資本輸入でもって武器や機械を購入し、それで帝国主義政策に打って出た。英米からの資本輸入が最重要なポイントだった。日本国債発行によるロンドンやニューヨークでの起債がそれだ。経済力の貧弱だった軍隊を支えたのは、海外からの借入金と、狂暴で臥薪嘗胆を念ずる精神主義だけだった。

したがって、ポール・ジョンソンの玄洋社や黒龍会認識は、先のノーマンと同様、「秘密結社」「暴力的な極右国粋主義団体」(同右、274頁)だった。「暗殺はその(1870年代に消えたサムライによる反乱思想——引用者)姿を変えた名残」(同右、275頁)だと言う。経済力なき近代化と富国強兵を支えたのは、欧米からの負債、その返済を強いられた貧国の哲学こそが、「和魂洋才」「文明開化」だったと考えれば、合点がいく。

かつて1990年代にブームとなった、サミュエル・ハンチントンの「文明の衝突」論を思い出す。日本での評価といえば、ハンチントン＝日本文明論者というイメージ一色だった。日本だけが世界八文明のなかで単独の「日本文明」という分類で、多くの日本人は大喜び。それもハーバード大教授によるお墨付きなのである。

ところが、その内容は驚くばかりだった。日本が単独で文明と評されたのは、日本はその他どの文明とも交わらない弱い孤立した文明だからだと言う。したがって、単独。他はすべて国境を越えて文明は伝播《でんぱ》するが、日本文明だけは国内で完結し、つまり弱い影響力は他民族へは伝染しないと。その一例として、日系アメリカ人は途端にアメリカ人化する、と言うのだ。

日本的ナルシシズムへのリップサービスか、たんに日本の読者が誤解しただけなのか。そのミスマッチは明らかだった。そもそもハンチントンには日本文明への敬意はほとんどない。その多くが、西欧文明とイスラム文明との歴史的な係争・対立に頁が割かれ、日本文明やあるいはアジアについてもほんの少し。相手を知るには、その全体像のなかで理解することの重要さを教えてくれる。にもかかわらず、諸手を挙げてハンチントン賛美を繰り返した日本人識者には驚くばかり。

このようなハンチントンの日本認識は別に独特ではない。投資銀行家から研究者に転じたターガート・マーフィーも、アメリカの日系移民は100万人以上だが、その大半が日本との人脈を持っていない、と言う。対照的に、ユダヤ系もアイルランド系もキューバ系も、そしてアラブ系も、いずれも本国との人脈を有し、したがって、当該国へのアメリカの失政は当該移民からの批判に晒される、と。

たしかに、イスラエルのユダヤ人と在米ユダヤ人とは利害は一体化していそうだ。だが、アメリカ政府が在米日本人を気にしながら日本政策を打ち出すことはない。シカゴに滞在した頃、移民日系人と本社から派遣された本社員には、言うに言われぬ階層序列があった。ここにあるのは、「日本文明」の孤立性なのである。

さらには、チャルマーズ・ジョンソンが言ったハンチントン評も記憶にとどめるべき価値がある。それは、「日本文明」を中華文明と区別する思惑は、ワシントンの政治力学を反映していると言う。そもそも日中を分断しておきたいというアメリカの政治的思惑の反映だと。なるほど、アメリカの主流派（東部エスタブリッシュメント）に一貫して批判的だったチャルマーズ・ジョンソンならではの見解だ。

学問としての国際政治学や文明論は、実際の国際政治力学の影響を受ける。ハンチントン説が一世を風靡した1990年代は脱冷戦。国際政治経済のダイナミズムが大きく変容する時代。日本でも、日米安保の時代からの転換を語る論調がポピュラーだった。マレーシア首相のマハティールが説いた東アジア共同体構想（ＡＳＥＡＮ＋3を中心とした共同体）や、日本ではアジア重視のアサヒビール社長の樋口レポート、さらには大蔵省中心にアジア通貨基金（ＡＭＦ）という日本円国際化構想も話題になった。各界各層から、「アジアシフト」が多様に語られた（筆者も『アジアシフトの時代』創元社、１９９5年を著した）。

今では想像し難いが、小泉純一郎首相その人も、かつては「ＡＳＥＡＮ＋３」からなる「東アジア共同体」構想を打ち上げた張本人だった。だからこそ、２００2年9月の平壌《ピョンヤン》での日朝宣言を打ち出し、拉致問題のみならず、同共同体構想を見据えていた。現に、日本は、１９９7年7月のタイ・バーツ危機を端緒としたアジア通貨危機に対して、ＡＭＦ（アジア通貨基金）構想による危機対処プランを打ち出した。しかし、いずれも、アメリカの反対に潰された。その結果が、竹中平蔵の登場をへて郵貯民営化へ舵を切ったのである。

こうした一連の日本やアジアから沸いたアジア構想に対して、楔を打ち込む思想こそ、ハンチントンの「日本文明」というアイデアだったと振り返ることができる。日本を、中国や朝鮮半島とは異なる文化・文明体だと括ることによって、東アジア共同体による「アジアシフト」という戦略を断ち切るという思惑が見える。

少し考えただけで、「倭《わ》」「奴《な》」の時代から２０００年以上にわたり、大陸・朝鮮と日本（この名前は7世紀以降）との関係は、日本という名前が登場する以前から密接に続いていたのだから、その両文明とは切れた「日本文明」だと説くことは土台無理な話である。その発想の戦略性に気づかず、嬉々とするのは、学問的というよりも、気分のレベルだろう。

枯れ果ててしまったような日本的知性の鈍磨が蔓延するが、日本にはかつて、庶民の味方だった清張という驚くほどの稀有な文豪がいたのは、市井の片隅を無骨に生きてきた人間には、最後のかすかな救いである。「最後の文豪」「無冠の帝王」（『別冊太陽　松本清張』日本のこころ――141、平凡社、2006年）と称される清張は、没後30年を超えて、その威光はなお衰えず。歴史家や学者として、古代史と近現代史に共通する政治権力の特徴を描いた清張史観に興奮させられるのは筆者ばかりではあるまい。

オランダ出身のジャーナリストのイアン・ブルマは、日本の戦前の民衆像として、歴史家・家永三郎の『太平洋戦争』から、戦前の日本の学校での実話を引く。生きた蛙の解剖授業で、教師は、気持ち悪くなったある生徒の頭をげんこつで叩きながら、こう叱った。

「なんだ、ベッキ（山形の方言で蛙のこと）一匹ぐらいでワアワア泣いて。今に大きくなったら、百人も二百人もチャンコロを殺さんなねんだぞ」（ブルマ前掲書、280頁）

同時に、ブルマは、「良心の呵責もなく中国人を殺せたのは、彼らを人間とはみなしていなかったからだ」（同右、同頁）という元軍人の声も引く。ここには、末端の末端にまで染み込んだ、強烈な階層序列意識があり、下位の人々には何をしても許容される、徹底した差別意識が埋め込まれている。だからこそ、ハーバード大教授ハンチントンに「日本文明」は中国や朝鮮半島とは異なる独自の文明だと指摘されるや、その学問的検証はともかく、アメリカの政治経済的戦略の狙いは考えることもなく、簡単に舞い上がる。

下層の弱者は、一方では差別された被害者だが、問答無用の差別者という加害者でもあり、ファシズムの担い手でもあった。「下からのファシズム」「草の根ファシズム」という言葉が臨場感をもつ理由が分かる。そこには、丸山の言う「抑圧の移譲」という日本的階層序列が浮かぶ。つまり、最上位の権威ハーバード大教授という肩書が命名した「日本文明」という内幕を暴くことは、無粋なことなのである。ハーバードとは現代版「葵の御紋」。サイードのような類いの日本人識者は登場しなかった。

# 第4章
# 戦後日本とは何か

## 1　象徴という権力

時代の相貌は、情報の発見や知見の蓄積によって、変わる。戦後日本の出発と言えば、東京裁判による戦時の総括であり、戦犯として巣鴨プリズンでA級戦犯として処刑された東條英機が浮かぶ。したがって、東京裁判史観と言うと、勝者が敗者を一方的に裁いた不当な裁判だったという単純な解釈、批判が少なくない。なかには、日本にはアジア侵略の意図はなく、アジア解放こそが目的だったという旧アジア主義者の主張、その証拠として革命家・孫文との交友を挙げる声すら聞こえる。

しかし、歴史家のなかには異なる考えもある。それは、皇国史観から象徴性への天皇の地位変更に伴う歴史的断絶が実現したという周知の認識ではなく、元々、東京裁判は終始茶番であり、しかも戦後もバージョン・アップされたという歴史観である。

アメリカの対日戦略の意図を評する歴史家ハルトゥーニアンは、敗戦直後の「アマテラスのアンクル・サムによる代替」という偽装を狙ったアメリカの意図はうまく行かず、「万世一系」という神話の歴史的連続性は、戦後も維持され、しかも戦前よりもさらにバージョン・アップされたと主張する。「東京裁判は最初から最後までペテンであり、うまく演出されたシナリオの上演は、天皇の陰謀という事実が表面化することを妨げることを目的とするものであった」（ハリー・ハルトゥーニアン『歴史と記憶の抗争』みすず書房、2010年、301〜302頁）。「戦後における天皇の象徴への再編と転化は、そのアイデンティティをもはや国家からではなく、日本人の集合性そのものからのみ引き出すような想像の共同体の生産を可能とした。こうした動きによって天皇は、政治的な領域ではなく文化的共同体を象徴する地位へとやすやすと鞍替えした」（同右、312〜313頁）。ハルトゥーニアンの結論は、戦後日本は、「戦前のバージョンよりもさらに強力な天皇制の概念」が出現し、「天皇が人種や文化的共同体のアイデンティティと不可分」（同右、326頁）だったと言う。

したがって、「現代日本のつねに死にかけたような政治の状態、そのほとんど絶望的な凡庸さ」とは、「むき出しの暴力や軍事力に訴えることなく政治的コントロールを高め」ることに成功した結果だと見る。そういった社会的空気が創り出した戦後日本人のメンタリティを評して、「わかっちゃいるけどやめられない」というシニカルで投げやりな精神文化が作り出され、バージョン・アップされた戦後の天皇制自体が「フェティッシュな幻想」として機能する「真のイロニー」だったのだと言う（同右、326〜327頁）。

このバージョン・アップされた役割を理解できなかった典型的アナクロニズムとして、ハルトゥーニアンは、1970年の三島の「最後の大一番——儀礼的斬首」(同右、324頁)を認識する。『天皇』として行動しなかったがゆえに昭和天皇を痛烈に批判した」(同右、325頁)が、その戦前回帰を希求するようなアナクロニズムのゆえに、時代の需要からかけ離れ、「あっというまに消費され、忘れ去られてしまった」(同右、325頁)と。一言で評すれば、戦後天皇制とは、かつての「権力の表象」から「表象の権力」への反転だった、と。

清張の遺したファシズムを動かした民衆のルサンチマンという視点は、戦時ファシズムで苦渋を強いられる被害者でありながらも、その担い手に逆転し、結局は歴史の闇に葬られた。ハルトゥーニアンの言う、バージョン・アップした戦後天皇制という視点同様、パラドックスだった。

現在、A級戦犯が処刑されたかつての旧巣鴨プリズン跡地には、「池袋サンシャイン60」が建つ。その傍の東池袋中央公園に、「永久平和を願って」と彫られた平和記念碑がある。処刑された戦犯者数は、A級が7名、BC級が53名、合計60名で、ビル名と同じなのはけっして偶然ではないだろう。時代が移り、かつての戦時を生きた人々の多くが鬼籍に入った。

遺されたわたしたちは、歴史の夥しい残骸から何を学ぶことができるのだろうか。為政者の統治政策と、それに呼応する大衆のルサンチマンの織りなす空気が風土を作り出す。本書で論じるような戦時の日本を滅亡の淵に追いやった力学は、はたして止揚されたのか。わたしたちが問うべき最大の課題はここにある。歴史家の保阪正康は、皇軍の姿勢を、「戦争観の未熟さ」(『歴史の定説を破る』朝日新書、2023年)だったと評す。

たしかに皇軍の戦争観は未熟だった。たとえ生産力ではるかに劣っていても、先手をとって、先制攻撃で一撃すれば、敵は怯むと思っていた。南京攻略も真珠湾攻撃も短期決戦を狙った。しかし、実際は、長期戦になって狙いは外れ、次第に形勢は悪化し、精神論ではどうにもならない状況に引き摺られ、「神風」は吹かなかった。

作家の辺見は、「主体と責任の所在を欠いた、状況への無限の適用方法」だと言う。類似の展開は、かつての戦時期の熱狂だけでなく、現下の日本が遭遇する迷走を極める政治的、社会的状況にも、当てはまる。「瞠目《どうもく》すべき歴史的大転換点にありながら、このクニで土台からゆらぐほどの抵抗も悲嘆もないのは、歴史が、わたし（たち）という人間主体がかかわって新たに生まれたり変革されたりすべきものではなく、自然災害のように、『つぎつぎになりゆくいきほひ』として、わたし（たち）の意思とはなんのかんけいもなく、どうしようもなく外在するうごきとしてとらえられているからでないのか」（辺見前掲書（上）、86頁）。先に加藤周一が記した、1941年12月8日（真珠湾攻撃の日）の東京市民ののどかな風景と重なる。加藤が評した、次の展開を予想できない「現在主義」なのである。

## 2　戦争体験者の声

2023年、広島市の平和教育副教材から漫画『はだしのゲン』が削除された。断を下したのは広島市教育委員会。核兵器の抑止力を肯定的に唱えた、G7での岸田首相が発した「広島ビジョン」と符合するのは偶然ではあるまい。ここにも、「つぎつぎになりゆくいきほひ」に棹《さお》を差す抵抗は、するだけ無駄だという諦めが匂う。

「いっかんしているのは、ひとびとができごとにのぞみ、マスメディアの言うがままによく踊り、権力には素直にまつらうことだった」（同（上）、88頁）という、辺見の日本評に頷く。だが、世界から聞こえる声がかならずしもG7首脳と同じだとは限らない。米カトリック教会の大司教らが2023年8月、同じ広島で核兵器廃絶を訴えた。

「私たちは核兵器を最初に使用した。だからこそ、私たちは核兵器を解体し、二度と使用されないようにしなければならない」（『朝日新聞』デジタル、2023年8月5日付）。

こうした核兵器批判を吐くのが、米カトリック教会大司教であって、なぜ、残酷な被害を受けた被爆国側の岸田ではないのか。2023年8月は広島原爆から、そして長崎原爆から78年。人類はこの究極の惨劇を風化させ、繰り返すのか。はたして、「権力にまつらう」以外の知見が日本の風土に根付く日は来るのだろうか。

トッドの「アメリカ・フォビア（恐怖症）」という言説を読みながら、2014年6月にフランスで大々的に開催されたノルマンディー上陸作戦（1944年6月）70周年を祝う会での一場面を思い出した。日本への原爆投下の映像が会場に大きく映し出されたとき、オバマ米大統領はガムを噛んで拍手。ドイツのメルケル首相は拍手をせず座ったまま。しかし、その横に座っていたロシアのプーチン大統領は十字を切って、哀悼の意を表したのである。

原爆投下は、日本で起きた史上最大の惨劇だが、当時の米ソの駆け引きをめぐる政治力学（ヤルタ会談やポツダム会談）の結果、起きたもの。日本は何の情報も知らず、皇国護持のための玉砕ということしか、打つ手を知らなかった。

しかも、戦後世界は依然として、ホロコースト（大量虐殺）という名称を、ドイツナチスによるユダヤ人虐殺に限定して使い、広島・長崎への原爆投下には使わない。この原爆投下がアメリカによる日本人虐殺という戦争犯罪だったという声を上げたのは、政治経済学者の植草一秀だった（２０２３年８月６日の植草のブログ）。

平時も戦時も、決定的な情報を何も持たず、対峙する国際社会の動向を決定する政治経済力学も知らず、「勝てば官軍」「勝ち馬に乗る」といった姿勢から脱しえない。したがって、原爆投下という地獄図を日本人にもたらしたアメリカに対しては、謝罪要求すらできず、一方ではウクライナ戦争での核使用をほのめかすロシア、さらには核実験を繰り返す北朝鮮に対しては、その非人道性を舌鋒鋭く責める。そのダブル・スタンダードは、まさにハルトゥーニアンの評する、「わかっちゃいるけどやめられない」ということだろうか。

「アメリカやオーストラリアなどの連合国軍は、ニューギニアのジャングルに逃げ込む日本兵を深追いしなかった。放っておいても餓死するだけだからだ」（『毎日新聞』デジタル、２０２３年８月５日付）。これは、ニューギニアでの戦場から生き残った１０４歳の元兵士・中野《なかの》清香《きよか》から聞き取った記者の記事である。日本兵の死因の圧倒的大部分が飢えや病いだったと言う。なぜこれほどの悲惨で絶望的な戦い方しかできなかったのか。戦場と言うと、武器で撃ち合う場面や戦車で行軍する光景が想像されやすいが、実際の現場は餓死が圧倒的だった。

インタビューに応じた元兵士も、「食い物のことしか頭になかった」と言う。そこには、前線で戦う兵士に物資を供給する後方支援の兵站という思想がほとんどなかった。兵士の大半が餓死を強いられる戦争とはいったい何か。そのような戦争を企てる無能で無謀な指揮官が指揮する皇軍とは何だったのだろうか。

この兵士のインタビューが明かす絶望的経験談を知らずに、戦争や戦場の現場は語れない。綺麗ごとではすまない。戦後日本を否定し、戦前のありもしない虚像を美辞麗句で語る向きが、こうした戦場における地獄図をまったく知らないからこそ、虚像を語れるのである。

ダイエーの創業者だった中内㓛《なかうちいさお》がスーパーマーケット経営に乗り出した理由も、食料こそが重要だということを、飢餓に喘いだ戦場で学んだからだと言い遺した。酷い戦場でなんとか空腹から逃れるため、ジャングルを逃げ回った中内の貴重な証言であり、無謀な戦争に打って出た皇軍への痛烈な批判だった（佐野眞一『カリスマ』日経ＢＰ社、１９９８年）。ここで引用した１０４歳の元兵士の声と重なる。

とはいえ、皮肉なことに、かつて中内の貴重な声を遺した作家の佐野自身が、著作権侵害で追及され、文壇から消え失せ、そして失意のうちに没した。舌鋒鋭い佐野の筆致が、実は盗作を重ねたものだったという現実は、物書きの端くれである筆者にも衝撃だった。残念ながら、佐野の筆致も、虚名として消えた。

ただ、佐野が転落するきっかけとなった橋下徹大阪市長（当時）を差別的に糾弾した『週刊朝日』(2012年10月26日号)記事だけは評しておきたい。この記事は、橋下の系図を調べ、被差別部落との関係を洗い出すばかりで、橋下の政策には一切言及せず、そのルーツに悪意と侮蔑を投げつけた驚くべき内容だった。しかも、この記事には、先行する複数の記事(『新潮45』『週刊新潮』『週刊文春』の三誌)が、いずれも1年ほど前に類似の橋本血脈に焦点を当てた特集を組んでいた。いわば、『週刊朝日』は四番煎じで、その独自性と言えば、先行記事に、佐野という著名なライターを据えただけ。まさに、ノンフィクション界の「巨人」から「虚人」への転落だった。

本書で、筆者は、近衛文麿の史実を振り返ることで、その血脈ばかりを好意的に取り上げる筆致に疑問を呈してきたが、この『朝日』の記事はその裏返し。しかも、『朝日』の世間に晒すリベラルの代表みたいな顔も、これまた虚像だった。この二つのイメージ崩壊が進行したことは、安倍的な復古主義が大手を振って闊歩した世相と似る。どちらも、2010年代という3・11崩壊後の虚脱感に包まれた時代だった。つくづく、日本の風土に染みる血縁主義の深さに、ため息を禁じえない(溝口敦「盗用常習ライター『佐野眞一』の正体」溝口敦+荒井香織編著『ノンフィクションの「巨人」佐野眞一が殺したジャーナリズム』宝島社、2013年参照)。

戦後80年、「彼を知り己を知れば百戦殆《あや》うからず」という兵法の教えは、時代を超えて、情報化時代と称される21世紀の現代も、当てはまる。「つぎつぎになりゆくいきほひ」に身を任せることの不安は誰もが抱いているのではないか。要は、視点の異なる多様な情報に当たり、「情報のカラクリ」を知ることである。

たとえば、2023年に大ヒットした映画『オッペンハイマー』は、「原爆の父」と言われた物理学者ロバート・オッペンハイマーの伝記映画だが、そこには、原爆投下によって受けた広島・長崎の人々の惨状は一切描かれていない。科学者としての「偉業」が称賛されるが、その「偉業」がもたらした地獄については、口を閉ざす。

このあまりの不条理に怒りを禁じえない。オッペンハイマーがどんなに権威であれ、かれの「偉業」がもたらした被爆地の残酷な地獄を抜きに、かれを語ることはできない。1959年7月、広島の平和記念資料館を訪問したときに、キューバ革命の英雄チェ・ゲバラが発した一言を思い出す。「きみたち日本人は、アメリカにこれほど残虐な目にあわされて、腹が立たないのか」（安藤健二『HuffPost』2020年8月6日）。

「アメリカを責めていないし、憎んでもいない」。これが2016年5月に広島訪問を実現した米大統領オバマに対して、日本の被爆者が口にした言葉だった。加害者が謝罪しないにもかかわらず、被害者が勝手に謝罪要求しない。被爆者代表がオバマと抱き合った映像をゲバラが見たら、何と言うだろうか。ゲバラの広島訪問から57年が過ぎていた。

否、このオバマの広島訪問だけではない。多くの識者が語る「東京裁判の茶番」とは、天皇免責をめぐって、日米共通の事前了解という台本だった。しかし、最大の問題は、この原爆投下が最大級のジェノサイド、もしくはホロコーストだったことを不問にしたことではないか。ジェノサイドもホロコーストも、ユダヤ人問題に限定して使用され、広島や長崎の原爆「地獄図」には使われなかった。何故、ユダヤ人だけがその解釈権を独占できるのか。

原爆投下翌日1945年8月10日の長崎（長崎原爆資料館所蔵）

そのことを突いた日本人はいただろうか。ホロコーストとはナチスの戦争犯罪としてのユダヤ人虐殺に限定して使われるが、原爆投下は、一切、罪に問われないどころか、原爆投下の兵士は戦争の被害者増を食い止めた英雄として遇されてきた。いったい、これほどの不条理があるだろうか。しかも、原爆で直接に亡くなった犠牲者だけでなく、戦後何十年も後遺症に苦しんできた被爆者も、声を上げない。

日本人は言うべきなのだ。「ホロコーストは、ユダヤ人だけに独占されていい語彙ではない。原爆投下による被爆者も同じだ」と。そして、「東京裁判の茶番」とは、原爆を不問とした人類の犯した過失。ユダヤ人がナチスの犯罪を執拗に追い続けた戦後史とは対照的だった。そもそも、日本の支配者層には、原爆をジェノサイドやホロコーストとして非難するという姿勢そのものがなく、その関心は、専ら天皇の免責如何だけだった。

日本人がもう一つ記憶に刻むべきことは、ロシアのプーチンは歴然として、原爆を一般市民に投下したアメリカを、それを明記しない日本人も、併せて批判したことである。「米国は非核保有国に核兵器を使った唯一の国だ」とアメリカを批判し、「学校の教科書にさえ（投下したのは米国だという）真実が書けない」と日本を批判した（『産経新聞』２０２２年10月28日付）。

こうしたプーチンの真っ当な主張を無視し、専ら、ウクライナ戦争での核使用を目論むロシアの危険性ばかりを騒ぎ立てる日本の大手メディアの偏向も、相変わらず。一方、広島、長崎を回ったあとに四国でお遍路を回る旅程を、「お悔やみトリップ」と称して欧米旅行客を誘客しようと議会で発言した自民の前田晋太郎下関市長の軽率な発言が報じられた（『読売新聞』２０２４年9月25日付）。被爆国の政治家のなんとも軽い発言は、人権意識の欠如をまざまざと晒したのである。

## 3　風土は変わるか？

本章では、日本近代も戦後日本も、ともに葬送されつつある現代、どういったことが学ばれなければならないか、その意味合いをまとめておきたい。

共通するのは、いずれも時代の大転換は外圧によってなされたこと。江戸幕末を終わらせ明治近代の扉を開けたのはペリー以来の、開港・開国を迫る外圧だった。それによって２５０年以上も続いた江戸幕府はあっという間に崩壊。１９４５年の敗戦後も、ＧＨＱの外圧によって戦後日本が出発した。いずれも、日本人の独自の視点による日本近代の自画像も、戦後日本の絵図も、そこにはなかった。自身で自画像を描いたことがない。筆者は「脱中世の勢いなき近代」と評した。

潜伏キリシタンが世界遺産になっても、かれらに過酷な弾圧を加えた幕府への指弾もキリシタンへの謝罪もなかった。国家権力によって惨殺された大杉栄や小林多喜二、敗戦後に獄死した哲学者・三木清への謝罪もなく、膨大な数にのぼる戦争孤児や戦後引揚者への謝罪もなく、空襲や原爆という地獄を強いられた方々の無念さへの謝罪もなかった。

「一億総懺悔」ほど誰も無責任でも構わないという便利な言葉はあるまい。だからこそ、戦後は、留置された戦犯容疑者に対して、1953年に1500万人署名（ブルマ前掲書、275頁）の減刑嘆願書が提出されたのだろう。1923年の関東大震災後の大杉栄の惨殺にしても、その容疑者・甘粕に対して膨大な数の減刑嘆願書が提出され、甘粕は刑の途中で出所し、満洲に渡った。この推移には、正義感も犠牲者への哀悼も、さらには不条理への憤りさえ窺えない。

庶民の口を封じた治安維持法や惨憺たる戦争犯罪の責任を為政者に問うという姿勢そのものが、一番の被害を被った市井の庶民にもなかった。敗戦後の皇居前には皇居に向かって、土下座し謝罪する多くの人々が見受けられた。この問題については、ユダヤ人やナチス問題を、アウシュビッツ後の倫理問題を解き続けたハンナ・アレントが端的に指摘する。

「わたしたちのすべてに罪があるのだとしたら、誰にも罪はないということになってしまう……すべての問題をあいまいにしてしまう……実際には悪しきことをなした人々との連帯を宣言することになる」（前掲『責任と判断』275頁）。

「和」の論理が強いる上意下達は、変わらない階層序列の強制。上位の権威・権力には忖度ばかり、下位の者には無頓着。このような空気は、この数百年変わらず、風土として続いた。「和」の社会を「皆仲良し」だといった無邪気なイメージはあまりにも非現実的である。徹底したヒエラルキーという階層性への拘泥なのだ。

そもそも、日本という国名自体は、土地名でも人物名でもない。以前は倭や奴といっていた呼び名（福岡県志賀島の「漢委奴国王」印が典型）が、聖徳太子の派遣した遣隋使が携えた国書以来、「東」を意味する「日出づる処」という意味合いを根源とする国名が登場した。それは当時の覇権国だった中国に対する日本の方角を言ったにすぎないが、中国の冊封体制に甘んずるのでなく、その自律性への矜持が滲む。史実を見れば、白村江での敗戦後に、ヤマトの支配者が「壬申の乱」に勝利し、「倭国」から「日本国」への変更がなされ、同時に、王の称号も、「大王」から「天皇」に変えた。7世紀末である（網野善彦『「日本」とは何か　日本の歴史00』講談社、2000年、88〜94頁）。

しかし、もっと以前の「倭」「奴」の国、あるいはその連合体であったと考えられる邪馬台国について、清張の主張も興味深い。2000年以上前（弥生時代後期）だとされる、福岡県志賀島で発見された金印「漢委奴国王」について、清張は、「学界では『委奴国』ばかり議論していて、『漢』の字にはほとんど注意していなかった」と言う。もし「漢」の字に着目すれば、「奴国が漢の臣属国」、つまり「『委』（倭）のうちの一国である奴国が『漢』（後漢）に服属しているという意味になる」と解釈する（「邪馬台国」『松本清張全集55巻』72〜73頁）。

清張の古代史論を紐解けば、そこにある邪馬台国の卑弥呼も、本当の権力者パワーの衝突を避けながら時代の「和」を実現するには、祈禱による願掛けしか、手がなかったとことが分かる。卑弥呼は、独自の軍事的権力者ではなく、周囲に担がれたシャーマンという祈禱師的な「神輿」であり、「漢ノ」という重要な前の語を安易に忘却していると清張が言うように、「倭」は漢の属国、臣下だったという読みが的を射ているだろう。そして、網野の言うように、その覇権国中国を神経質に意識しながら、7世紀末に「中国に対して東」を意味する「日本」が誕生した経緯が想像できる。

しかし、そうした触れたくないことには、沈黙するのが日本的なのかもしれない。清張の推理は興味深いが、「倭」「奴」はどこか、あるいは朝鮮半島にあった「任那」「百済」は日本の進出先といった解釈ばかりで、清張の読みのように、逆に、「任那」「百済」が「倭」にやってきて、つながっていたという解釈はあまりポピュラーにならなかった。この背景には、従属性についてには触れたくない、できれば避けたいという気持ちがあるからだろうか。朝鮮半島にあった「任那」「百済」の出先が「倭」「奴」ということになると、向こうが先進で、こちらはその臣下になってしまう。

清張の叙述から、風習や風土というものがいかに長期的に続くものかを知ることができる。清張は、「喪主哭泣し、他人就《つ》いて歌舞飲食す」と記す「倭人伝」を引きながら、「いまでも『お通《つ》夜《や》』には弔問客を別室に招じて酒を出す。……信仰の集まりに人々が歌舞飲食するのは、倭国に入った蒙古や朝鮮からの風習である」と記す（同右、125頁）。古代における文化や風習というものが、大陸から海洋を越えて、続々と伝播してきたことが分かる。インドの緑茶が英国に伝播して**English tea**になったように、対馬海峡程度の短い距離ならば、風習も文化も、そして言葉も容易に海を越えたはずだろう。

かくて、いかにして主従関係を強いられた中国に対応し、属国から脱するかということは数世紀にわたる大問題だった。そこで登場した7世紀の聖徳太子が遣わした遣隋使が「日いづる国」からやってきた遣いだと言って、格下に扱われる関係を嫌う気概を見せた、ということが窺われる。とすれば、網野の説明する「日本」という国号の成り立ちは、卑下すべきものではなく、中国という当時の大覇権国に対する従属性を跳ね返そうとした倭人の心意気だったと解釈される。「倭」から「日本」への国号の跳躍には、そのような弱小国、周辺国が背負った厳しいながらも、奮闘する気概こそが見出されるべきだろう。

したがって、覇権や階層性にきわめて敏感で神経質な風土とは、歴史的産物であって、「倭」から転じた「和」には、「和気藹々」といったイメージは元々なかったのである。しかも、長年にわたって「漢ノ」という重要な冒頭の文字を無視し、倭や奴や邪馬台国の地理的推測ばかりに精力を費やしてきたのは、アメリカの属国だったことには触れず、戦後日本を語ってきたことと同じ性向だろう。原発を電気料金で語り、羽田空港の離発着過密問題を、横田空域を無視したまま語ることと同じことにほかならない。

一方では、「日本」「天皇」が7世紀後半に出現したというのが大方の古代史家の合意だとはいっても、「日本」「天皇」のもっと古くから存在するかのような表記が頻発するという現実がある。

しかし網野は、作家の黒岩重吾のように、「天武以前には天皇の号を作品の中で一切使用していない」厳しい態度が必要ではないかと問いかけ、「日本」「天皇」の歴史的存在に注意を向ける（網野前掲書、96〜97頁）。

結局、「和」社会を生き抜く知恵とは、日光の三猿だった。否、もっと正確に言えば、権力の非情さや非人道性には三猿なのだが、「言挙げ」をする者には、糾弾するのだから、「下からのファシズム」「草の根のファシズム」という風土が根強いことに気付く。先に紹介した「日本」の国号の歴史的由来に対する網野の説明に、「日本が嫌いなら日本からでてゆけ」（同右、94頁）という反応があったというから呆れる。権力を批判する民意よりも、権力批判を罵倒する民意がいかに多いのかは、ネットに流れる匿名でのヘイトスピーチ紛いの罵詈雑言を見れば、一目瞭然だろう。

庶民を縛る知恵「日光の三猿」（日光東照宮）

一番の被害者がこれまた一番の加害者でもあるという非情なパラドックスをどのように考えるべきか。社会の津々浦々で露見する綻びは、もはや、個々の修復では追いつかない。傷害事件、詐欺事件、強盗、虐待、パワハラ、イジメ、自殺等々、全国津々浦々で頻発する事件からは、「つぎつぎになりゆくいきほひ」に身を任せてきた大勢の庶民の悲鳴が聞こえる。人口では日本の三分の二ほどのドイツに、2023年にGDPで抜かれて世界四位に転落する経済力の後退は、生産性も給与も消費も上がらなかった「失われた30年」が「失われた40年」へと続く予感を抱かせる。

では、為政者側の問題はどうか。２０２３年8月に台湾訪問で講演した自民党副総裁の麻生太郎は、台湾有事について、「戦う覚悟」が最大の抑止力だと、まるで中国への宣戦布告のようにさえ聞こえかねない内容を口にした。麻生とは何者なのか。政権には責任を負わない党副総裁に座り、しかも、本人は「ゴルゴ13」気取り。この麻生発言について、「中国が台湾の武力解放に動いた場合、台湾を守るために集団的自衛権を行使して自衛隊が出動することはできない。なぜなら、我が国は台湾と国交がないから」と答えたのは、元自民党副総裁の山﨑拓だった（『毎日新聞』２０２３年10月20日付夕刊）。

さらに、今回の麻生発言の背後でシナリオを描いたのがアメリカの真意だったとすれば、トッドの言う「アメリカ・フォビア」という表現が当てはまる。「第二のウクライナ」に日本を引き摺り込むシナリオが覗く。にもかかわらず、この麻生発言を批判する大手メディアはなかった。日本を覆う嫌中という空気が、まるで、かつての「暴支膺懲」の再現であるかのように、暴走する。根拠なき楽観と不遜は、いつの日か、絶望に逆転するというかつての悲劇が繰り返されないことを祈りたい。

ただ、かつてとは異なる構造がある。海外から押し寄せる膨大な情報である。国内の大手メディアがたとえ報じなくても、海外メディアが報道する。日本の国内マターだったはずの問題が別の視点でスポットを浴び、問題が露見するといった構造がポピュラーになりつつある。一方、まったく政府の広報誌と化してしまった日本の大手メディアからは、忖度され操作され、権威筋・

権力筋に都合のいい「大本営発表」ばかりが流通する。そこには、ジャーナリズムが独自で判断を下す姿勢はない。関連省庁の指示か、もしくはスポンサーの意向を忖度し、いかに「横並び」を維持するかに汲々とし、報道内容を決めているのだろう。あるジャーナリストの言った「ぼくらは所詮サラリーマンだから」という声を思い出す。とはいえ、大手メディア所属というエリート意識は強い。

## 4　風土に巣食う闇と病み

2021年2月、東京五輪組織委の森喜朗会長は、女性蔑視発言問題で辞任に追い込まれた。それは海外から殺到する猛烈な批判に耐えきれなかったからだ。2022年8月、同五輪組織委の高橋治之元理事（元電通）が受託収賄容疑で逮捕されたのも、日本の情報空間を掌握する元電通という立場を利用して、贈収賄（五輪スポンサー企業の座を提供する見返りに金銭を得ること）を繰り返した末の逮捕だった。それも海外からの情報提供抜きには考えられない。なお、東京五輪を巡る汚職事件に関連し、同委員会の旧皇族・竹田恆和五輪招致理事長でさえも、検察から参考人として事情聴取を受けていたことが報じられたが、それも、フランスの検察当局を始め、海外の捜査機関からの疑惑追及の声が高まったからだろう。

かくて、1964年東京五輪の高揚する躍動感とは対照的に、2020年東京五輪は、安倍首相（当時）の福島原発排水処理をめぐるブエノスアイレスでの虚偽招致演説（2013年9月）に始まり度重なる贈収賄容疑で終わった。2020東京五輪はかつての「日本の奇跡」ならぬ、「日本の没落」を象徴するイベントになった。次いでに、2021年の五輪開催直前には、「反日的な人が五輪開催に強く反対」という安倍元首相の耳を疑うような戯言《ざれごと》まで飛び出す始末。救いは、「僕も反日」というリアクションが識者や文化人から発せられ、レッテル貼りを一笑に付す空気が育ったことだ。

さらに言えば、2023年8月、ジャニーズ事務所で長年にわたる性的虐待問題について国連の調査が入り、英BBCが由々しき人権問題として報じ、沈黙を続けてきた膨大な数の被害タレントたちが自分の言葉で次々に声を上げた。性的虐待の実態は、周知の事実だったにもかかわらず大手芸能事務所の権力を過度に忖度するあまり報じなかった芸能メディアも「共犯」だと言うべきだろう。

共通するのは、いくら口を閉じ耳を塞ぎ目を覆っても、情報は国境を越え、日光の三猿の知恵は通用しない。「地獄んごたる（地獄みたいだ）。アメリカに文句が言いたか。あんたが代わりに言うてくれんね」「核兵器の被害は死ぬも地獄、生きるも地獄」（『毎日新聞』2023年8月9日付夕刊）。これは、2023年2月に息を引き取った長崎での被爆者だった松本勝枝の最期の遺言を、その娘が伝えたものである。しかも、この最期の遺言は、被爆後初めて口にしたもので、口にするのもできないほどの恐怖の体験だった。それが戦後77年経って初めて口にした、と。地獄や屈辱と言うほどの恐怖は、軽々に語ることができない。溜まった思いを最期に吐き出した一言に頭を垂れざるをえない。庶民は人間としての生存権を主張する権利があるという教育こそが重要だと気づく。

2023年8月9日、長崎市の被爆2世の鈴木史朗市長は、平和祈念式典で初めて読み上げた平和宣言で、先のG7での首脳声明「広島ビジョン」が「核抑止」を前提とした点を批判した。政治対立をめぐる「核抑止肯定論」について、多くの大手メディアが首相を忖度するあまり「広島ビジョン」自体への批判を控えるなか、鈴木市長は対照的だった。

かつて一世を風靡したフランスの実存主義哲学者で、ノーベル賞を拒否し、アンガージュマン（「政治参加」「社会参加」といった自由な選択にもとづく自己責任）の心意気を掲げたサルトルの名言「金持ちが戦争を起こし、貧乏人が死ぬ」を思い出す。それは、本章で論じた、日本の代表的文化人・三島由紀夫の「最後の大一番」をアナクロニズムだったと斬って捨てた歴史家ハルトゥーニアンの認識とも、2・26事件で逆賊と化した皇道派将校の言い知れぬ無念にルサンチマンを発見した清張の慧眼とも、通じる。

島国だからこそ、開放性に富んだ民族気質が醸成されるという言説は、かつて清張が古代史論で、エーゲ海文明と玄界灘に共通する地政学的特徴だと指摘したことを思い出す。さらに、そもそも島国を、閉鎖性という意味合いに縛り付けるのは日本的偏見であって、同じ島国とはいえ、英国にはそういった偏見はないと言ったのは、森嶋通夫だった。

こういった海外で育まれた知見というフィルターを通せば、常識もこれまた変わるということは、古代から現在に至る日本の歴史に共通する。老若男女を問わず、日本中の津々浦々から生きることに苦悩する悲鳴が上がる今日、風土を変えなければ生き残れない。

右か左かといったイデオロギー如何ではなく、あるいは、「親日」「反日」かといった単純なレッテル貼りでもなく、リアル・ポリティックスはリアル・プロフィットに根差すという厳しい現実を知るべきだろう。「軍産複合体に警戒せよ」とは、アメリカのアイゼンハワー大統領（当時）が、かつて退任式で遺した言葉だった。

東アジア最大の同盟国の軍事力とは、もちろん自衛隊。つまり、台頭する中国を抑え込むために、アメリカ自身の軍事力ではなく、指示できる代替パワーで封じ込めるという戦略がある。オンショアという米本土ではなく、米本土から遠く、したがって米本土は被害を受けないオフショアで抑え込むという考えである。麻生発言は、「ゴルゴ13気取りのまるでピエロ」という加治康男の麻生評（加治ブログ、2023年8月10日）が的を射る。好戦的な嫌中派の声ばかりが席巻しているように見えるが、声なき声も小さくはないはず。戦争すら覚悟すると豪語する人々は、このアメリカのオフショア戦略を、換言すれば「米本土エスケープ戦略」を知っているのか。世界は、このまま第三次世界大戦へという不気味な地獄へ突き進んで行くのかどうか、日本人のみならず、人類の存亡をかけた「天王山」が迫る。

戦争になれば、最悪の場合、日本列島は被爆によって居住不能になってしまう可能性が消えない。かつて優柔不断の果てに道を誤った失策と同じ轍を踏むのか。辺見の時評を引こう。「忘却と無視とは人間のまったく作為なき身ぶりではない。無意識的にせよ意識的にせよ、記憶と忘却は、憶えるべきものと忘れるべきものとに政治的に選択され、そうするようになにものかにうながされている。かつてたしかに在った時間を、じつはなかったというのが、いま流行《はや》っている」（辺見前掲書（上）、42頁）。忘却も無視も、ともに作為なのである。

しかも辺見が記した２０１６年と比べても、コロナ禍パンデミックの蔓延や核戦争の可能性すら仄めかすウクライナ戦争をへて、さらには芸能文化の腐臭を象徴するかのようなジャニーズ事務所の長年にわたる性犯罪の数々が暴露され、絶望的気分はさらに進んだ。誰もが、不安に慄き立ち竦む。辺見が評した「希望絶無」はなお続く。

筆者も、清張やハルトゥーニアン、そして辺見や加治といった先達に勇気づけられた。一方では極端な格差が進み、恵まれない大衆のルサンチマンがいたるところで沸騰するなか、昭和ファシズムへの郷愁に誘《いざな》うような甘美な声（たとえば、かつて皇国への殉死を強いた「海行かば」称賛）が唸る。戦地に向かう若者への誘いが、「大君《おおきみ》の辺にこそ死なめ」という哀切な曲想に包まれ、情報空間に流れる。２０２４年1月、「あなたは祖国のために戦えますか」。保守派評論家の櫻井よしこは、Xに投稿し、大炎上した。自身は安全な地点から、若者に戦う覚悟を説く。

司馬は絶望の戦時を描くことは拒否し、幕末を颯爽と駆けた龍馬や新選組の土方《ひじかた》、あるいは日本海決戦でロシア・バルチック艦隊を撃破した秋山といった若者に日本人の望みをつないだ。一方の清張は2・26事件というファシズムの主人公であり逆賊と化した青年将校の胸の内にルサンチマンを発見した。二人の実に対照的だった作風の背後には、相似たルサンチマンが燃えていた。

真相が表向きの風評と異なるのはよくあること。満洲の阿片取引と言えば、麻薬にむしばまれた婉容《えんよう》（皇帝溥儀の細君）の底知れぬ哀しみが想像されがちだが、関東軍による「大東亜共栄圏」

支配という野望の構図が語られることは、消去されたはずだった隠匿《いんとく》資料が発見され、真相が明かされるようになったずっと後のこと。「満洲は俺の作品」だと嘯《うそぶ》いた岸や、「上海の阿片王」と呼ばれた里見は、高笑いか。

振り返れば、かつて日本を明治維新に駆り立てた原動力は、大国清を打倒し、植民地に転落させた西欧列強の帝国主義支配だった。そのときの植民地転落の鍵が阿片だった。阿片吸引で亡国の憂き目を見たことが、中国ナショナリズムに火を点けた独立の気概だったとすれば、そうした民族感情を無視し、満洲での阿片取引による収益をアジアに跨る日本帝国の大東亜支配に向けていたという構図に驚く。一部の人々が言う「アジア解放」という大義名分は虚像だった。もちろん、孫文への資金援助によって、辛亥革命を支えた実業家の梅屋庄吉のような人物もいたが、梅屋のような親中派が実権をもつことはなかった。梅屋の銅像が上海に建つ。

帝国日本という戦時の瑕疵が、戦後日本を長きにわたって、引き摺った。その象徴が岸であり、そして21世紀に登場した、その孫の安倍長期政権だったと解釈すれば、戦前戦後の連続性はみごとに浮かび上がる。もっと視点を伸ばして歴史を眺めれば、自民党最大の実力者・麻生太郎の血縁は、戦後の吉田茂であり、さらに遡れば、明治の元勲・大久保利通であることを考えれば、安倍と麻生という21世紀の二大血縁に気づく。日本近代も戦後日本も、清張の言う「部族的」（前掲『史観宰相論』２９９頁）だったのである。

しかも、戦前は内務省こそが軍部とともに戦前のファシズムを推し進めた神経中枢だったが、ウォルフレンの言うように、「軍部はごく限られた程度においてのみ監督的機能を保持していたにすぎ」なかった。戦後、軍部は廃棄されたが、「一九四五年以前の官僚制と一九四五年以後の官僚制の間には、制度的断絶がなかった事実を十分に認識する必要がある」（『日本の知識人へ』窓社、1995年、22頁）。

要するに、戦前の官僚制には、競合する軍や財閥の存在があったが、戦後は、そのどちらも消えた。残った官僚制だけがパワーを有し、官僚制の社会的地位が高まった。それだけ官僚機構の行政指導という腕力も増し、戦後最大の権力を握るようになったとウォルフレンは読む。

辺見は、「未来に過去がやってくる」（辺見前掲書（下）終章）と予言する。だからこそ辺見は、1937年という呪わしい天皇制ファシズムの渦中を生きた人々の生活を、為政者の虚言を、悲喜劇を、何よりも中国で皇軍が犯した身の毛もよだつ地獄図を徹底的に集め、日本と日本人とは何かを考えたのである。しかし、こうした戦時日本の加害をすべて虚言だとして一掃する言論が猛威を揮うのも一方の事実である。かれらは、「反日！」「自虐史観！」と雄叫びを上げる。

## 5　外から吹く風

変化を促す風はいつも外からやってくる。16世紀のザビエル漂着が戦国時代を終わらせ、19世紀のペリー来港が明治近代の扉を開け、20世紀のGHQが戦後日本を作った。

2010年代以降の安倍も岸田も同じ「神輿」。操縦席に座って、外にいる本当の為政者の指

存在感増すBRICS（“China plays pivotal role in enhancing BRICS cooperation: Cambodian experts,” Malaysia Sun, 20 Aug 2023.）

示によって動くだけ。かつて植民地・満洲を「五族協和」という虚言で飾ったように、現在は泣く子も黙る「ニチベイ」という名の権力が闊歩する。

そこで暮らす大多数の人々は、社会に声を上げることはなく、スポーツやクイズやグルメやバラエティ番組を楽しみ、かつての政治に批判的コメントを投じた報道番組は、行政府やスポンサー企業の意向を忖度し、次々にバラエティ色濃い番組編成に衣替えした。人々も今日の食費やガソリン価格を心配するものの、バイデン来日となれば、大勢の人々が沿道に集まってきて、「バイデン・フィーバー」の拍手喝采に疑問を感じない。

しかし世界は違う。２０２３年９月にインドのニューデリーで開催されたG20サミットでは、アフリカ連合（AU、African Union）55カ国・地域の正式加盟が決まった。AUはEUと同等の立場になり、経済力でも人口数でも巨大な集団になった。BRICSの拡大もAUのG20加盟も、ともにグローバルサウスの存在感の急上昇を印象づける。

座長を務めたインドは米バイデンとも非公開の首脳会議をもっただけでなく、ウクライナ戦争の停戦に向けた世界の協力を呼びかけた。ただし、インドは、ロシア非難という言葉は宣言に出さないほどの慎重な戦略家だった。ちなみに、インド経済は２０２３年のＧＤＰランキングでは、日本に次ぐ第５位で、かつての宗主国英国を上回り、数年以内に日本を抜くのは確実と見られる。アメリカは１日目だけインドに滞在し、だからこそ、１日目に共同宣言が出されたが、翌日はベトナムへ出発。各国の二カ国間外交が華やぐなかで、インドの手腕が目立った。対照的に、岸田首相の記者会見はほとんどが国内問題に終始した。

ＢＲＩＣＳ首脳会合もＧ20サミットにも、グローバルサウスというかつての途上諸国が一丸となって、世界の意思決定会合に入ってきたという歴史的大転換を見出すべきだろう。しかし、日本の主流派には、グローバルサウスというかつての途上諸国の台頭を積極的に認識する向きは少数派だろう。むしろ、日米欧、あるいはアングロサクソンへの憧憬から離れられない。しかもキャリア官僚や大手メディアから市井の庶民に至るまで同じ。

「習近平は自身の欠席の重さを米Ｇ７にみせつけるため」だったと読むジャーナリストの加治康男は、「拡大ＢＲＩＣＳは『グローバルサウス』を代表する枠組みとして19世紀以来欧米が主導してきた国際秩序に挑み始めたのである。世界史は大きな転換期を迎えている」と評する（加治ブログ、２０２３年9月10日）。

直近データから世界の経済力分布を俯瞰しておこう（**IMF, Wold Economic Outlook, Apr. 2024.** 経済力はいずれも購買力平価ベース）。ＧＤＰシェアでは、先進諸国41カ国は41・２％を占め、新興諸国＆途上諸国１５５カ国（以下、グローバルサウス）は58・８％を占める。輸出シェアでは前者61・７％、後者38・３％だが、人口比では前者13・９％、後者86・１％。経済力ＧＤＰの数字は市場為替相場ではなく、購買力平価ベースだが、もはや、アメリカは15・6％で、中国18・7％の後塵を拝し、3位インドは7・6％、日本は3・7％でインドの半分。世界の変貌する経済力分布を一望させてくれる。

たしかに、OPECの石油輸出決済の一部は人民元に変わりつつあり、新たな基軸通貨としての金兌換をベースにした新基軸通貨論議も、中国が主導する。2023年以降、金の史上最高値が更新される金市場にも、中国を筆頭にしたグローバルサウスの米ドル不信&金選好（金買い）の思惑がある。しかも、米ドルの多くをすでに売却したロシアとは異なり、中国は日本同様、巨大な米国債保有国。その気になれば、日本とは異なり、中国はいつでも米国債を売り浴びせるだろう。巨大な米国債売りが現実化すれば、米金利が高騰し、米経済の失速は不可避。中国は、アメリカの首根っ子を摑む。

中東では具体的な非米ドル通貨改革案が議論され、かつての米ドル一辺倒だった通貨観が大きく変貌する。かつてアメリカとの同盟一辺倒だったサウジですら中国外交に熱心で、長年にわたる対立関係だったイスラム・シーア派の拠点イランもそうだ。時々刻々と変貌しつつある世界の相貌が伝わってくる。

とりわけ、基軸通貨米ドルに替わる新基軸通貨論議に、最も熱心なのがBRICSであり、石油取引の膨大な米ドル決済を抱える中東諸国である。実際、新金本位制構想、新共通通貨構想、人民元決済等々、決済通貨や準備通貨をめぐる通貨論議は沸騰しているが、その中心に座るのがBRICSの動向である。非居住者保有の在米ドル資産は、利害が対立すれば、いつアメリカに没収されるか分からないというリスクがもはや周知になり、日本の外貨準備のように、ほとんど米ドルを売却することのできない国とは違う。日本の場合はまるで上納金だ。

しかも、アメリカ国内ですら、様々な米ドル暴落の現実的可能性について論議されている。たとえば、アメリカの国際金融専門家のジェームズ・リカーズは、「1971年以降最大の国際金融体制の変化が明かされるだろう」と言う（"Rickards Drops Bombshell," June 6, 2023）。2023年8月のBRICS首脳会議について、それを機に、「脱米ドル化」「米ドル離れ」という潮流への勢いが加速するという読みである。米ドルの基軸通貨としての座がびくともしないと思っているのは、日本の通貨当局くらい。日本の外貨準備だけでなく、ゆうちょ銀行も市中銀行が販売する投資信託も、さらにはNISA（少額投資非課税制度）に群がる個人投資家も、日本人の投資といえば、最もポピュラーな投資先が米国債や米国株なのである。

とはいえ、財務省や日銀を退職後は、多くの元職員が、退職金で金（gold）購入に熱心だとも言う。ここ数年の金価格高騰は、各国中央銀行や個人投資家の米ドル離れと金投資への熱狂（リスク回避）を抜きには考えられない。日本の通貨政策と言えば、専ら財務官の為替市場介入に話題が向くが、けっして金（gold）買いには向かわない。内情を知る個人は別だということだろう。

## 6　多様化する世界

欧米と言っても一枚岩ではない。とくにドイツと並ぶEUの盟主であり、核保有国で国連安保常任理事国のフランスは、微妙に、中国寄りの提携姿勢を見せ、ロシアとも停戦交渉の席に着く構えを見せ、NATO東京事務所設置にも反対する。ここで紹介したフランスの論客エマニュエル・トッドの「アメリカ・フォビア」も、多様な立場の調整力に重きを置くレギュラシオン学派同様、フランス知識人の抱く伝統的アメリカ観に共通する。パワー信仰の強いアメリカとは異なり、より共同体色の濃い思考がヨーロッパ風なのだ。

知識人だけではない。記憶に残るのは、米ドル不信を説いたド・ゴール、1980年代はミッテランやシラク、そして現在のマクロンまで、ドイツとともに、EUを主導しながらも、EUに懐疑的なアングロサクソンの英米とは一線を画す。「資本主義か社会主義か」という二者選択ではなく、「多様な資本主義」を認める点が特徴的である。

興味深いのは、そうしたアングロサクソンとは一線を画す資本主義観、市場観に共感を示す識者が、つまり「市場の失敗」「市場の暴走」を憂い、「脱米ドル化」の勢いが強まる通貨体制を本気で検証する識者・専門家が、アメリカにも少なからずいること。これは、世界の覇権国家アメリカは、とくにワシントンやウォール街は、世界中の情報収集に熱心だが、日本はアメリカの後追い報道ばかりで、「ニチベイ」の枠をはみ出た情報は、無視しがちなのである。ニューヨークを象徴する「自由の女神」像は、フランスが英国に対する独立戦争勝利を祝してアメリカに贈ったことを忘れてはならない。

クアッドと呼ばれる日米豪印首脳会合もすでに形骸化している。BRICSの一角インド自身はすでに、上海協力機構（ＳＣＯ）の正式メンバー。インドにとってのクアッドがＳＣＯやＢＲＩＣＳに比べ、低いことは明らかだろう。旗幟鮮明にせず、隠然とした存在感を上げることで、強かな交渉力を見せつける戦略だろうか。戦後初期を知る高齢者世代からすれば、かつて英国の植民地支配に抵抗するガンジー率いたインドの、まさに旧宗主国英国を凌ぐ勢いに目が向く。「ニチベイ」しか知らない日本との外交力の差は言うまでもない。しかもインドの姿勢は、かつてはアメリカ一辺倒だったＡＳＥＡＮとも共通する。もはや、その最大の貿易取引相手が中国だという変化も大きく作用する。ちなみに、日本の最大貿易相手国も輸出入ともに中国であることに気づく。

どこもかしこも、自国の生き残りを懸けた外交交渉を必死で戦っている世界にあって、日本の外交は「ニチベイ」しか打つ手がない。巷では、世界の激動の大きなうねりを何も知らない人々が、「憲法改正！」「軍備増強！」と気勢を上げる。連日、大手メディアを通して、戦争ジャーナリストによる戦意高揚を煽られては、そうした気分になるのも無理はない。大本営なき「大本営発表」はいまも健在なのである。

まさに、オフショア戦略大当たりというところか。つまり、日本を含むアジアは、そしてヨーロッパのウクライナも、アメリカからすればオフショア。それは、おそらく、アメリカが直接に参戦することで、泥沼に陥ったベトナム戦争やイラク戦争の失敗から学んだことだろう。直接に参戦しなければ、米兵の死傷者は出ないだけでなく、アメリカ製の武器は輸出でき、まさに一石二鳥。日本の為政者は、そうしたカラクリを分かっているのだろうか。

「わかっちゃいるけどやめられない」。これは、戦後日本に生きる日本人の諦めを評する歴史家ハリー・ハルトゥーニアンの呟きだった。辺見著に応答した徐京植《ソキヨンシク》の、日本人に向けたなんとも重い言葉も、胸に突き刺さる。「南京で虐殺されたのは中国の民衆だが、日本人は自己の倫理性の基盤を自ら破壊したのである。いまや『人間性』や『倫理性』という言葉も、このクニではせいぜい冷笑の対象にされる」（「解説　ひとつの応答」辺見前掲書（下）、268頁）。「問題なのは『事実』の有無ではなく、明々白々な事実の前に立たされながら、それに背を向け『スルー』することのできる心性」（同右、243頁）だからだ。

徐は、そのような日本人の心性を、福島原発事故をオリンピック招致のために「アンダーコントロール」と言明した「あまりにも厚顔無恥な虚言」に拍手喝采した大多数の人々の心性に重ね、「拷問者、虐殺者が栄典を授けられ、誰もそのことを非難しないクニ」だと断じ、辺見の主張を「絶望的反抗」だと評した（同右、244〜249頁）。

2023年は関東大震災からちょうど100年。横浜では、100年前の震災に乗じて起きた朝鮮人虐殺の無念と名誉回復を念じて、「関東大震災、100年ぶりの慟哭《どうこく》アイゴー展」が開催された。「虐殺の歴史（と反省）が継承されていない」という声が上がる。政府は、この問題の所在すら認めておらず、謝罪もしていない。この問題についての問い合わせを東京都人権部に発したフォトジャーナリストの安田菜津紀によると、都の回答は「お話しすることはございません」（『毎日新聞』2023年8月29日付）だったと言う。

一方、ネットを覗くと、今もって、南京大虐殺も731部隊の犯した細菌での人体実験もいずれもでっち上げだという主張が流れる。ネットでの匿名記事だけではない。公人の河村たかし名古屋市長は繰り返し、名古屋市と友好都市提携を結ぶ南京市の訪問団に向かって「南京大虐殺はなかった」と発言し、物議を醸した。カジュアルな雰囲気で虐殺という重々しい歴史を一笑に伏せてみせた。その後も衆院選出馬の可能性を質問され、「アラーの神のお思し召し」と答え、まるでイスラム教徒を茶化したような返事を返した。この公人・河村市長の言葉を失うほどの軽い物言いは、徐の言う「スルー」する光景と重なる。

徐の言う「厚顔無恥な虚言」、辺見の言う「ヌエ的ファシズム」。突き付けられた負の遺産はあまりにも大きい。一神教の民族であるキリスト教徒やイスラム教徒に対する、軽々しいダジャレのような公人の物言いに、他人の尊厳を侮辱するあまりの無神経さに慄然とする。人権や民主主義や信仰をあまりにも軽んじ、加害の歴史を否定し、しかもそうした忘却が「愛国」として許容されるなら、この国には、正義も真理も不要ではないか。日本の存在感の低下に歯止めがかからない。

# 第5章
# 世界史的大転換

## 1　戦後80年(2025年8月)を前に

2023年8月、「広島ビジョン」という岸田首相が被爆者へ放った背信行為があり、その直後、今度は自民党ナンバー2の麻生副総裁が「戦う覚悟」を台湾で説いた。続いて、漁業者の反対を押し切って、福島原発汚染水の海洋放出があった。

一方、世界はと言えば、傭兵ワグネルの創設者だったプリゴジンが民間飛行機の墜落で死亡。プーチン露大統領による暗殺という見方が広がった。次いで、BRICS加盟国が拡大し、欧米主導の世界秩序に向けて「NO」という声が高まった。

この一挙に噴出したような2023年8月の世界史的な地殻変動の時代がどのように決着するのかを、誰もが固唾を飲んで見守る。日本通のドイツ人(74歳)から届いた、日本の行方を本当に危惧する声を聞こう。「日本はファシズムを清算できていない」「中国との戦争を本気で覚悟しているかのように思える今の日本は再び危険水域に入ったように思われてなりません」（前掲、加治ブログ、2023年8月20日）。

「脱中世」のダイナミズムを知らず、「外圧」によって近代に突入したものの、誰も近代の何たるかを知らない。辺見の言う「言挙げをせぬ秘儀的なファシズム」に呪縛された風土には、政治家や大手メディアがどんな横暴な言葉を吐き、どんなに失政を重ねようが、為政者に対しては、何の「言挙げ」もしない。逆に「言挙げ」をする人物に対しては、匿名での個人的中傷に満ちた世界が広がる。そこには「勝ち馬に乗ろう」という気分が漂う。

2023年8月25日、かつて長野県は全国最多の満洲開拓者を輩出した県だが、長野県中野市で満州開拓団の集団自決を悼む法要が慰霊塔前で行われた（SBC信越放送、2023年8月26日）。個々の犠牲者が供養され、悲しみを強いられた開拓民への慰霊が行われたが、事件や失政や悲劇に対する総括は聞こえてこない。関係者は、悲しみや怒りを封印した。

敗戦後の胸の痛む経験談が半世紀以上の歳月をへて、まだまだ続く。2歳の時に長崎で被爆した中村由一《なかむらよしかず》は、4年後に入学した小学校で「ゲンバク」と呼ばれ、いじめられた経験を語る。しかも、クラスメートだけでなく担任の女性教諭にもそう呼ばれ続けた、という。中村は、「本当の平和をつくるためには、差別をなくさなければならない」と。その悲しい経験談を泣きながら読んだ（『毎日新聞』2023年8月31日付）。

同じ立場に立って同情を寄せるべき同胞の被害者を差別するという構造は、どういうことなのだろうか。しかも、本来は差別を正すべき立場の教師が一緒になってイジメに加担する。原爆という究極の地獄を強いられた被害者を、第三者がいじめ、からかうという行為は、先に辺見著への応答として徐が指摘した「倫理性」「人間性」の崩壊そのものである。しかも、被爆地の長崎で。ユダヤ人虐殺の地獄を生き残った者を、「ホロコースト」とからかう教師が世界のどこにいるだろうか。それが強制収容所のあったポーランドのアウシュビッツでの発言に相当する。

ファシズムの被害者に同情を寄せるのではなく、ファシズムを強いた権力側を非難するでもなく、結局は、ファシズムも民主主義も、多くの人々は、その相違に無関心。「日本は神の国」と為政者が嘯いても、「今日からはデモクラシー」と言うGHQの号令も、市井の人々は頷くだけ。少しでも為政者や権力者が絡むとなれば、「くわばらくわばら」なのだろうか。

ところが、一方には、高校野球やプロ野球、さらに台風情報からグルメ情報や痴話喧嘩まで、感情を露わに井戸端会議に夢中になる日常の光景がそこかしこにある。2023年8月、甲子園の高校野球大会で107年ぶりの優勝を決めた慶応高校には、嬉しくてたまらなかったのだろう。同じ出身のアナウンサーが涙声で興奮する光景を晒した。

一方、同じ2023年8月、ジャニー喜多川が長年にわたって繰り広げた性犯罪の被害者だった元タレント・北公次の被害を語る数十年前の慟哭の声、あるいはBBCのインタビューに応じたシンガーソングライターとして活動するカウアン・オカモトの生々しい告発（*BBC, News Japan*, 2023年4月13日）が画像に流れた。

芸能界で屈指の権力を握っていたジャニー喜多川の生存中（2019年没）は表沙汰にならず、大手メディアは数十年ものあいだ、知りながらも沈黙を決めこんだ。これは「勝ち馬に乗る」

「長いモノに巻かれよ」という日本的風土の成れの果てである。

大手メディアは真相を知りながら、芸能界における権力構造を忖度し、一切報じなかった。それが事件発覚後、まるで知らなかった傍観者として報じる。ＢＢＣのインタビューに答えた、カウアン・オカモトの声に驚く。

「日本のメディアではおそらく報じないだろう。ＢＢＣのように外国のメディアならば取り上げてくれるのではと言われ、この記者会見を受けることにしました」（BBC, *News Japan*, ２０２３年4月13日）。ことの本質はこうだ。「みんな知ってたけど、誰も何もしなかった。それがついにおっぴらになった」（BBC, *News Japan*, ２０２３年9月9日）。

「ジャニーズ事務所は男版の大奥」（村西とおる映画監督の発言。「日刊ゲンダイdigital」２０２３年8月18日）という評は、日本人のコメントでは一番的を射ている。ジャニーズ事務所問題については、海外居住の日本人の方がはるかに敏感。アメリカ在住の作家・冷泉彰彦は、「全員が『空気を読み』『忖度して』犯罪の継続に加担」「21世紀の現代にあって、まるで古代のような権力行使」（「冷泉彰彦のプリンストン通信」２０２３年9月12日）と評した。

戦後日本の「法の下での平等」「人権」「民主主義」「平和主義」が、目の前でガタガタと、瓦解したようだった。いずれも、「ムラ社会」のなかの建前にすぎなかったとはいえ、その建前さえも放り投げ、剝き出しの暴力と差別と、そして権威主義の崩壊が、きっとかつての戦時はこうだったのじゃないかと思えるような、まるで自由にモノの言えなかった江戸時代のような過去が明かされたようだった。

ウクライナ戦争での犠牲者へは大きな同情を寄せる日本人が、イラク戦争下で逃げ惑う市井の人々に、何の同情も連帯も示さなかった。かつて皇軍以外の物差しがなかったように、今は「ニチベイ」以外の価値観を知らない。1941年の真珠湾攻撃に提灯行列で喜ぶ民衆も、2023年夏の甲子園での慶応高校優勝に歓喜する同窓生の人々が重なって見える。すべて「ムラ」への帰属意識が、差別や優越観を随伴して吹き出る。われを忘れた老若男女が、感極まって、肩を組んで「ワッショイ！　ワッショイ！」。

その哀しみに答えを見出すことのできないまま、つまり戦時ファシズムを清算できないまま、78年目の戦後、否、新たな戦前にぶつかる。戦後80年近く、敗戦ではなく終戦だと嘯くうちに、8月15日ではなく、1945年9月2日、東京湾に浮かぶ米戦艦「ミズーリ」の甲板で、日本降伏の調印式が行われたことも忘れ、敗戦という認識が消えてしまった。

同時に、皇軍の犯した戦争犯罪も、満洲引揚の悲劇も、原爆投下の地獄図も、すべて忘れてしまったのではないか。世界中でアウシュヴィッツを知らない大人がいるとは考えられないが、この国では「南京大虐殺」と口にするだけで、「非国民」「反日」「自虐史観」という匿名での罵声が飛ぶ。

残ったのは終戦という時期区分だけ。惨めな敗戦という言葉を放り投げることで、敗戦という記憶も消してしまった。為政者がどんなに「狂気の沙汰」を口にしようが、薄ら笑いを浮かべながら、誰もが発言を控える。いずれも、「くわばらくわばら」。「日本の教育は日本帝国のプロパガンダの実践の場だった」（ブルマ前掲書、312頁）。

昔、知り合いのアメリカ人が「日本人の質問といったら、学歴と会社名ばかり」だと言っていたが、日本人はそれによって相手の階層や経歴を値決めする以外に関心がない。見ず知らずの相手に、会うや否や矢継ぎ早に聞いてくる、出身、学歴、所属（勤務先）、住所によって相手を値決めすれば、それで終わり。

江戸期にあった五人組制度、戦時期の隣組は、関係のない者にも近所だというだけで共同責任をとらせ、非情な無限責任を庶民に強いた。逆に戦後の「一億総懺悔」とは、戦争を引き起こした為政者が、皆で責任をとろう、と言い出す始末。発したのは、日本敗戦直後の東久迩稔彦内閣。一億人が責任者なのだから、誰も責任をとらない。否、より正確には、この言葉は、国民が天皇に敗戦の失態を詫びようという言葉だった。辺見はこう記す。

「『一億総懺悔』の五字を見知っていても、〈侵略したアジア諸国のひとびとに日本国民がみなでわびたこと〉であるとばかり長年すっかり誤解していたという新聞記者もいたりして、ことばと記憶の経年変化には声なくおどろくほかはない。『一億総懺悔』とは、敗戦直後の東久邇宮稔彦《ひがしくにのみやなるひこ》内閣がとなえたスローガンで、全国民の総懺悔によって天皇ヒロヒトに敗戦の失態をわびようという趣旨であった。じじつは記者の誤解と正反対なのである」（辺見前掲書（下）、212頁）。

実際、1945年3月の東京大空襲では一晩で10万人が殺され、100万人が罹災した。その8日後に焼野原に現れた天皇を作家の堀田善衛が目撃した奇怪な風景を、堀田の『方丈記私記』から辺見は引く。「人々は本当に土下座をして、涙を流しながら、陛下、私たちの努力が足りませんでしたので、むざむざと焼いてしまいました。まことに申訳ない次第でございます」（同右、

213頁）と。この堀田の叙述に辺見が解説する。「責任は原因をこしらえたがわではなく、惨禍をこうむったがわにある、という、とんでもない逆転と倒錯の光景が、ともあれ、作家の目のまえでごく自然に生じた」（同右、215頁）。

さて、日本の漂流と没落をどう見るか。残念ながら、いまの日本には、この構造を説き、そして活路を見出してくれそうな器量のある政財界人や官僚も、胸のすくようなインテリや識者も、気骨のあるジャーナリストや学者も不在である。あるいは、鬼籍に入らないまでも、画面や紙面、あるいはネットのニュースからも消えた。しかし、肝に銘じるべきは、たとえどんなに「勝ち馬に乗ろう」と見渡しても、核戦争の当事者に「勝ち馬」はなく、共倒れで、民族の滅亡に終わるだけだ。そんな戦への覚悟を促すことは、まさに「狂気の沙汰」。反戦にこそ、非核化にこそ、そして平和にこそ、民族や国家を超えて人間としての大義がある。

## 2 可視化された従属

筆者は、戦後日本、あるいは戦後民主主義という呼称に、一定の親しみや好印象を感じる世代に属する。そこには、敗戦によって乗り込んできたGHQに与えられたにせよ、戦時ファシズムを脱した新たな日本が始まったという戦後観があった。封建制や軍事独裁という古い日本を脱した新しい世界が始まる期待もあった。

ところが、今や、日本国憲法の有無にかかわらず、すでに憲法の理念は否定され、蹂躙されている。戦時や戦前を美化し、戦後を否定的に眺める思想が闊歩するようになったのは、21世紀に入った頃からだろうか。森喜朗首相（当時）が２０００年5月に発した「神の国発言」には、啞然とした記憶がある。ところが、そうした発言がほとんど批判されずに通ってしまった。同人物が発した２０２０東京オリンピック女性蔑視発言が問題視されたのは、海外から殺到した声があったからだろう。

２０２２年12月には安全保障三原則が閣議決定され、アメリカの戦略に沿った日本の外交・安全保障への一大転換が、国会での審議すらなされず、大手メディアが大々的に報じることもなく決まった。日本の屋台骨が大きく変わろうとするときに、政治家も大手メディアも識者も大きな関心を示さなかった。２０２３年1月にそれを報告に行った訪米時、バイデン米大統領に浮かべた岸田首相の満面の笑みが印象的である。そして、２０２４年４月、米議会での岸田演説というアメリカに媚びた極みのような演説が印象に残る。

一般庶民も、給与や消費や物価、あるいは観光や娯楽といった身近な生活事情は気にするが、政治や軍事や国際問題といったことには、何の関心も示さない。「平和を守ろう！」「憲法を守ろう！」と叫ぶ声は、きわめて少数派のように思える。大多数は何となく不安ながらも、無関心。ただ、「中国嫌い」という感情は、おそらく戦前の「暴支膺懲」の再版かと思えるほどに席巻する。戦前は、政治や軍のことは、政治家や軍人や憲兵の専任事項で、庶民が口にすることは憚《はばか》られた。内務省という巨大な官庁が目を光らせ、その手足の特高が国民監視をしていたからである。

それを潰したのも戦後のGHQ。1945年9月、マッカーサーと天皇の写真の新聞掲載を停止しようとした特高が、GHQの怒りを買って、逆に潰された。リラックスした大柄のマッカーサーの隣に「ほとんど萎縮した天皇」（ハルトゥーニアン、前掲『歴史と記憶の抗争』、299頁）を配するという、おそらく用意周到に準備したであろう写真こそが、まさに戦後の「ニチベイ」の真相を知らしめる歴史的一枚だった。戦勝者マッカーサーの隣で緊張した面持ちで立つ天皇と、一方、「アマテラスのアンクル・サムによる代替」（同右、301頁）。敗戦・占領とはこういうことだという無言のメッセージが日本人に伝わった。

しかし、徳川家康を祀った日光東照宮の三猿の教え「見ざる 聞かざる 言わざる」という戒めは、21世紀のいまも庶民の知恵として生きている。ただ頂点に鎮座する権威・権力は変わった。かつての「葵の御紋」から「錦の御旗」へ、そして今は泣く子も黙る「ニチベイ」へ。ワシントンの意向を忖度しつつ動くのが、政治家であり官僚であり大手メディアであり、そして有名識者である。自立や自尊という意識も、アジア人という意識も希薄。まるで、ドラえもんに隠れてジャイアンと闘うのび太君のようだという、あるコラムで見た日本評が、言い得て妙だった。

フランスの歴史学者エマニュエル・トッドは「アメリカ・フォビア」と言った。旧ソ連崩壊後、グローバル経済が進み、アメリカは大義のない無謀な戦争を続け、国内的にも極端な貧困者が多く、リベラルな民主主義を欠き、人種差別もなくならない。つまり、通称ネオリベへの「恐怖心」が語られる。大義なきイラク戦争、そしてウクライナ戦争と続く。さらに、ウクライナ戦争では、ロシア人保有の在米資産を取り押さえるという「泥棒のようなこと」も。つまり、トッドが繰り返すのは、アメリカという国に対する「恐怖心」なのだ。

日本ではロシアや中国や北朝鮮に対する恐怖心や嫌悪感は日々に流れるが、アメリカへは親近感こそあれ、恐怖や嫌悪といったイメージを目にすることはほとんどない。トッドの「フォビア」とは、「反米」というニュアンスとは異なる。軍事を生産する工業力低下による焦りもあって、西側を巻き込み、ウクライナ戦争の実態はアメリカの代理戦争。兵士こそウクライナ人で米兵は参戦せず、武器も情報も資金も、圧倒的にアメリカを始め欧米製なのである。

だからこそ、トッドは、ウクライナとロシアの戦争ではなく、多くの諸国を巻き込む「第3次世界大戦は、もうとっくに始まっている」と観る（前掲『問題はロシアより、むしろアメリカだ』5頁）。「侵略者＝ロシア」「被害者＝ウクライナ」という視点ばかりの日本の大手メディアで流布するウクライナ戦争観とは異なる。

ちなみに、2003年3月の大空爆で始まったイラク戦争は当初は、イラクが隠し持つであろう大量破壊兵器破壊というのが戦争理由だったが、そんなものは見つからず、中途からイラク民主化のためという目的に変わり、結局、そうした目的も達成できないまま、米軍はイラクから撤退した。だからこそ、英国は、イラク参戦を失敗だったと総括したのである。

同時に、このイラク戦の疲弊（空爆だけで勝てないアメリカ）の陰で進んだのが、2008年9月のリーマンショックに帰結するアメリカの経済的疲弊だった。一方には途方もない富裕層、片方には目を覆うほどの貧困と格差が広がり、ついにはG7だけでの世界経済運営には限界があり、躍進著しい中国等BRICSを含むG20への世界経済司令塔が立ち上がった。米冷戦後の一極集中というアメリカの威信は大きく崩れた。

さて、日米はどうか。1都9県上空を跨る横田空域を眺めると、改めて、日本上空が米軍に掌握されていることを知る。数年前に、品川上空を羽田離発着に向けた飛行機が飛ぶようになり、テレビ局によって、品川界隈の騒音測定がなされたが、だれも、それが横田基地との上空返還交渉に絡むとは言わない。品川上空を飛行機が飛ぶようになった結果、住宅地の騒音がどう変わったかを計測するだけ。首都圏上空が米軍に掌握されても、横田基地の返還交渉も進まず、政権トップにその気はない。日本人にとって、属国化を可視化できる何よりの光景だが、だからこそ、何も言えない。

否、より正確に言えば、首都圏そのものが、在日米軍司令部がある横田基地だけでなく、横須賀基地、厚木基地、そしてキャンプ座間に囲まれている。そして、日本の民間機は、この巨大な横田空域を避けて間隙を縫うように、飛行しなければならない。離陸も着陸も大変だ。これだけ外国の基地に空域を占有された独立国はほかにないだろう。アメリカ人が日本を「保護国」と言うのも頷ける。いくら1945年が終戦だったと言い繕っても、敗戦だったという現実を隠すことはできない。

これを訝る日本人は、他人の目を配慮したのか、筆者の経験ではいなかった。その空気を評すれば、「くわばら、くわばら」。しかし、提出された学生の期末レポートには、「20年以上日本に生きてきて初めて知った。誰も教えてはくれなかった」というコメントもあった。だからこそ、日本の真相を知るには、専ら、海外の文献や評論を当てにせざるをえない。なぜならば、かれら

米軍機の首都圏上空主要飛行ルート（『毎日新聞』2024年4月10日）

には、日本を論ずるうえで「タブー」はないからだ。

首都圏上空を管理する横田基地、米軍第七艦隊母港の横須賀基地、日々放映されるメジャーリーグやハリウッド映画、インターナショナル・スクールや英語教育の活況等々、軍・文化・娯楽・教育まで、日本の生活空間や情報空間は、アメリカに対する好意的イメージばかりである。トッドの言う「アメリカ・フォビア」という情報は稀だ。

横田基地をへてアメリカ政府要人や軍人がノーチェックで海外からの出入りを繰り返しても、日本はそれに異議申し立てすらできない。にもかかわらず、日本の主権が侵され、首都圏の制空権はみごとに米軍に掌握されている光景を、誰も不思議に思わない。自衛隊と在日米軍の軍事的統合が進むなか、ますます在日米軍の指揮下に入りつつある自衛隊の存在については、日本の保守派の多くも無言を決め込む。

帝国が植民地という領土をもつというのは、過去のことである。しかし帝国の継続性について、軍歴のあるチャルマーズ・ジョンソンは、こう言った。「昔は帝国の広がりをたどるには、植民地を数えればよかった。しかし、アメリカ式植民地の場合は軍事基地だ。そこで世界に基地を置くことについての政治の議論の変遷を追っていくと、アメリカの拡大する帝国主義的な姿勢と、それとともに広がる軍国主義がよくわかってくる」(『帝国解体』岩波書店、2012年、128頁)。なるほどと思う。かつて大英帝国は膨大な植民地領土を保有したが、今のアメリカという帝国は、軍事基地。在日米軍基地は首都圏と沖縄を中心に、全国に膨大に広がる。そこでは、周辺住民の便不便にかかわらず、米軍の中国や北朝鮮を睨んだ軍事的オペレーションが最優先される。日本の主権が毀損《きそん》されている。軍歴のあるジョンソンの最期の著作は、そのことを繰り返し、日本の読者に教えてくれた。ところが、チャルマーズ・ジョンソンと言えば、いまだにかつて行政指導国家・日本への好意的論客として有名で、まるで真反対の「日本＝植民地」論は、日本の識者は受け入れなかった。

日本を評して、「独立した民主主義が発展せず、アメリカの冷戦期の従順な衛星国」(同右、69頁)という認識は、植民地というものが、たんに領土保有の有無にかかわらず成立することを教えてくれる。「敵基地攻撃」という反撃能力を了解する考えが、ウクライナ戦争を契機に進む。欧米を跨る軍事同盟であるNATOと日本の連携に対しても、反論や不安をかき消しながら、軍備拡大を肯定する進軍ラッパが鳴り響く。

## 3　歴史に学ばず

10年以上前の2013年7月の麻生太郎の発言を思い出す。麻生は、ナチス政権下で「ワイマール憲法がナチス憲法に変わった」と述べ、「だれも気づかないで変わった。あの手口学んだらどうかね」と語った（AFP BB News, 2013年8月1日）。当時、ナチスを肯定したということで、米ユダヤ系団体からの猛烈な抗議があって、謝罪と撤回に追い込まれた。しかし、ジャニーズ問題と同様、この発言に対する猛烈な批判は、米中等々の海外から始まった。日本の大手メディアは当初は別に問題視しなかった。その後、10年以上の日本の政治的推移は、ワイマールがナチスに簒奪されていった歴史をなぞるような、麻生の宣言通りの展開を見せたのではないか。

ナチス登場の歴史的背景を、好意的に眺める人物が元総理を務め、その後は副総裁という自民党ナンバー2の要職に就く政治家が、ナチスの手口に学ぼうと公開の席上で説くことの怖さに、慄然とする。麻生は、ホロコースト等々の人道の不条理を極めたナチスやファシズムの歴史について、いったい何を学んだのだろうか。しかも、その「ナチスの手口に学ぼう」と呼びかける政治家への批判が、識者からも大手メディアからも聞こえてこなかった。ところが外部からの猛批判を受けて、撤回・謝罪する姿勢に転じた。

現在の政治家だけが健忘症だというのではない。2021年8月、「ナチス・ドイツに最も食い込んだ日本人」と称された、大島浩（駐独大使）の肉声が残る番組がNHKで放映された。ファシズムの嵐が吹き荒れた1930年代、いかにしてヒットラーの信頼を得て、軍事同盟に突き進んだのか。政治家の辣腕ぶりに焦点が当たったが、批判的評価は微塵も語られなかった。ヒットラーに信頼されて、ナチスに食い込んだ日本人外交官の狡猾な政治力が伝わってきた。遺族への配慮だったのかは分からないが、少なくとも、外交に失敗した結果、凄惨な戦争に突き進んだ政治的失敗と人道的批判、あるいは国民や民族を地獄に引き込んだ失政に切り込む姿勢は、番組のナレーションからは、聞こえてこなかった。

「有能」だったかもしれない大島浩がホロコーストやユダヤ人問題をどう認識していたのだろうか。戦時も戦後も、さっぱり分からない。ヒットラーに食い込み、その影響力や独裁ぶりを身近に見ながら、当該外交官はいったい何を、どのような歴史的教訓を学んだのか。ヒットラーに信頼され、食い込んだ外交手腕は誇れるのか。歴史社会学者バリントン・ムーアは、日本には、「ワイマール共和国に匹敵するようなデモクラシーの時代がなかった」、「ファシズムは日本では、はるかに『自然に』出現した」と言い、「ファシズムはドイツにおいてよりも、日本の制度と親和性が強かった」と結論づけた（前掲『独裁と民主政治の社会的起源（下）』116頁）。

その典型として、江戸時代の五人組制度同様、戦時期の隣組制度は連帯責任を旨とし、回覧板を通じて、内務省から個々の家庭への下達、指示、命令という回路が確立され、各家庭はその行政指導を受けたしるしに印鑑を押さねばならなかった、と。かくて、GHQはこのコミュニケーション体制を廃止したが、地方組織は存続し、「ほとんど変化をこうむることなく生き残った」と喝破した（同右、126～127頁）。

民主主義もファシズムも、傍流が主流を簒奪したドイツのような史実は、日本にはなかった。ムーアの歴史家としての驚きは、日本の官僚行政指導の命令伝達経路が17世紀以降、連綿と継続したこと。つまり、ファシズム期前後の連続性だが、GHQの剛腕で始まった戦後も、一般民衆の意向は反映せず、いつも行政指導という名のお達しが降りてくる「上意下達」という家父長制的システムそのものは変わらなかった。

政治に口を挟むことは御法度だというのが、風土の隅々にまで染み込む。投票によって社会が変わるという体験がなく、日々のテレビやネットを眺めれば、その情報は政治とは無縁のスポーツ、芸能、グルメ、クイズ、天気予報等々。政治論議はタブー。政治や行政を批判すれば、21世紀の今日でも「陰謀論？」「非国民？」「反日？」という詰問が返ってきそうな風土である。民主主義や人権尊重を担う主体はほとんどいない。

かつて、戦時において、人々はなぜ、敗退を転戦、殲滅を玉砕と偽るような「大本営発表」に容易に騙されたのだろう、と訝ったが、今ではよく分かる。現に、政府提出のウクライナ支援法案に棄権した国会議員に対して、会場から「非国民！」という声が上がったと、言われた当人が語っていたことが印象に残る。

為政者の政策を批判する人に対しては、「反日！」「アカ！」「日本から出て行け！」といった匿名での罵倒が、ネット空間でよく見かける。日本人は、戦後にGHQによって潰された特高のような住民を監視抑圧する組織の有無にかかわらず、権力に代わって、住民が住民を相互監視する、究極の「下からのファシズム」の担い手だったのか。まさに、戦前戦後に跨った、辺見の言う「言挙げをせぬ秘儀的なファシズム」（辺見前掲書（上）、75頁）という認識に言葉を失う。

ウクライナ戦争を伝える大手メディアの報道も、台湾有事の可能性を予想する報道も、まるで戦争ゲームの戦闘現場を想定するシミュレーションをするかのように、嬉々として語られ、好戦的戦場ジャーナリストばかりが出演する報道番組が戦意を煽る。戦場も知らない識者が、まるで自身が戦場の現場で部隊や兵士を動かすようなイメージを語る。しかし、「どうしたら平和が実現できるか」には触れない。戦争回避への方途を探る平和戦略の視点を忘れ、予想される軍事的攻守の動きばかりを、実戦を知らない者たちが語る。

そもそも、既存の原発施設に核抜きのミサイルが飛んでくるだけで、日本列島は放射能で汚染され、民族も国家も滅亡の危機に晒される。現に、２０１１年３・11では、いくつもの偶然が重なったおかげで、最悪の想定こそ回避されたにせよ、場合によれば、東日本全体が居住不能になってしまう可能性があったことが、あまりにも軽々に忘れられている。そうでなければ、なぜ、原発施設の稼働年数を伸ばしてまで、原発再稼働という愚挙を犯すことができるのか。もう10年以上も前の悲劇は、忘れてしまったのだろうか。

そうした状況下（原発が攻撃された場合）にあって、軍拡や反撃能力がいったいどれほどの防衛力強化になるのか。外交力を駆使して、周辺諸国との相互不可侵平和協定を結ぶほうが、よほど現実的な平和戦略だろう。現に、2002年秋（小泉訪朝）には、日朝交渉（平壌宣言）でそうした和平実現へ向けた戦略を練っていたはずである。

しかし、アメリカの圧力で、そうした日本独自のアジア戦略は頓挫した。残ったのは「ニチベイ」だけ。安倍首相（当時）に至っては、トランプ米大統領（当時）相手に「日米は100％一緒」だと言い切った。そこには、忖度はあっても外交交渉の余地はない。風貌の異なる岸田首相も、結局は、安倍政権と同じだった。アメリカの意向を忖度し、日本の政策に反映させ、国会審議も不要。見事なまでに、日本は「第二の満洲」である。

戦時に流行った「欲しがりません、勝つまでは」という小学生が作ったとされていた艱難辛苦を鼓舞するスローガンが、実は、大人のでっち上げだったことが分かったのは、戦後数十年後のこと。歴史上犯した失敗や虚偽や隠蔽、あるいはそこで弱者が被った不条理の諸々についても、究明する姿勢は忘れられがちである。

では、対米従属という言葉こそポピュラーだが、その状況がもっと可視化されなければ、実態は分からない。その実態については、まるで大手メディアは報じない。それを報じるのはタブーなのだ。そこで、日本の権力にしがらみを持たない海外の有能な論客の分析を読むことが重要になる。その分析は対米従属の具体的展開を可視化する。

一例を挙げれば、2009〜2012年、自民党政権に代わって登場した民主党政権の瓦解こそ、その真相を教えてくれるものはない。日本の政治構造を熟知するターガート・マーフィーの論説では、日本はアメリカの同盟国ではなく、保護国だったと認識する。

当時の民主党切っての権力者であり同党代表だった小沢一郎がアメリカを怒らせたのは、実際の有事に対応する戦力としては、在沖縄米軍よりも横須賀を母港とする米第七艦隊が有効で、沖縄の海兵隊の重要度は劣ると公言したことだったと言う。しかも、小沢は日本の安全保障体制はこれまでの「アメリカ中心主義」から「国連中心主義」に移行すると言った。さらに、小沢は2009年12月には大訪中団を率いて北京を訪問、大歓迎を受けた。

この一連の民主党政権の離米行為がアメリカの憤りを沸騰させ、検察が小沢政治資金問題捜査に乗り出すという背景になったと説明する。こうした政治力学から検察出動を読み、そこに、「小沢憎しの感情で凝り固まった大手メディア」（マーフィー前掲書（下）、290頁）が加担。こういった筋書きが、日本人の手で描かれることはないだろう。マーフィーはこう言う。「自分たち（ジャパン・ハンズと親密な関係をもつキャリア官僚——引用者）を鳩山に使われる身だとは考えておらず、総理大臣配下の名目的な上司たちが決めた政策を実施することが自らの任務だとは思っていないのだ。高級官僚らは、鳩山と彼が象徴するすべてを『日本』に対する脅威と見なした」（同右、291頁）。

マーフィーは、そもそも日本のキャリア官僚は政治を超越した存在で、それは明治期からの政治的遺産だと言う。小沢や鳩山といった民主党政権は、彼らに指示する形式的上司ではあっても、実質的権力者だとは見なされず、それはファーストネームで呼び合う親密で実質的な上司であるワシントンだったと、喝破する。だからこそ、小沢や鳩山といった民主党政権幹部の政治資金問題の違法性が執拗に問題視され、疑惑の目を向けた検察が摘発し、大手メディアのセンセーショナルな喧伝でもって、同政権を葬り去るまで世間は燃え上がったのだ、と。

マーフィーの言う、日本の対米従属構図とは、ワシントン⇓高級キャリア官僚&大手メディア&対米投資に熱心な大手財界人⇓政治家、という明白なフローチャートを提示し、この意思伝達経路に妨害が入るときは、検察と大手メディアの強力な結託でもって、当該者は攻撃され、排除される。恰好の例が、民主党政権における小沢と鳩山の失脚だった。その証拠としてマーフィーが言うように、「アメリカ中心主義」から「国連中心主義」へ、日本は移行すべきだという小沢発言が、アメリカのジャパン・ハンズを激怒させ、クリントン国務長官との緊急会見直後、小沢の政治資金問題への捜査が、検察の手で始まった（同右、288頁）。こうした日本に驚くほど造詣の深いマーフィーが読むような小沢追放劇の背景を説明する大手メディアや識者が日本にいただろうか。

## 4　日本の情報空間の闇

マーフィーの日本官僚観は、長い間、日本の権力論を説き続けてきたオランダのウォルフレンとも符合する。ウォルフレンは、日本では、「時の権力保持者から完全に独立した文筆家および知識人社会は存在しない」と言う（『日本の知識人へ』窓社、1995年、26頁）。その歴史的背景として、戦前の社会統制を推進した神経中枢は内務省で、戦前戦後の官僚制には、制度的断絶がなく、官僚の社会に対するコントロール維持は、学者が手助けすることで成立する、と。しかも、「官僚の旧敵（軍や財閥——引用者）を除去し去ることによって官僚による統制を強化した」と（同右、22~23頁）。

ここには、日本の知識人が官僚と結託しながら権威を維持してきたと読む、ウォルフレンの日本知識人認識がよく表れている。なるほど、戦後は軍部も財閥も解体したが、無傷で残った官僚パワーと協力し合い、一種の権力を維持したのが日本の知識人だった、と。GHQも、自己の占領政策を実現するために、官僚制を利用し、その権力温存を可能にしたというわけである。そこで、識者が片腕として協力し、戦後の権力者としての地位を維持するうえで貢献した、と。先に紹介した、清張が、日本の警察機構に着目したGHQの慧眼に驚きながらも、その敗戦直後の認識を記したことを思い出す。あるいは、マーフィーが分析した、検察による政治家摘発の恣意性とも、符合する。

日本の識者が専ら、官僚と二人三脚で日本の情報空間を主導してきたとすれば、ウォルフレンの言うように、「権力から独立した識者」の不在は、哀しいながらも、納得できる。ウォルフレンにインタビューした西山俊一が記すように、「多くの知識人は自らの仕事を権力が評価してくれることを喜ぶ」（同右、95頁）。

東京裁判が茶番だったと観る点で、多くの識者は一致する。ただし、多くの日本人以外は、である。芝居の渦中で打ち合わせのようには行かず、日米合作の茶番工作が破綻しかけたときに、それは顔を出した。１９４７年12月の東京裁判渦中の法廷で、弁護人に対する東條英機の供述内容が、検事側の意向によって、一週間後に変更されるという珍妙な事態が起こった。まさに舞台裏が見えてしまった瞬間だった。東條供述の訂正前後の変化は決定的だった。法廷での検事の質問は「戦争を行なえというのは天皇の意志であったか」というものだった。東條は、慌てた裁判長から修正を求められ、訂正した。

１９４７年12月31日、当初の法廷での東條発言は、「日本国の臣民が、陛下のご意見に反してかれこれするということは、ありえぬことであります。いわんや日本の高官においてをや」（ブルマ前掲書、２８５頁）だった。ところが、その一週間後の１９４８年1月6日、東條発言は修正されて、「意志に反したかも知れませんが、とにかく私の進言、統帥部その他責任者の進言によって、しぶしぶ御同意になったというのが事実でしょう。そして、平和御愛好の精神は、戦争が始まる最後の一瞬に至るまで陛下は御希望をもっておられました」（同右、同頁）。

もちろん、東京裁判における検事の意思を決定づけたのはマッカーサーの意向だった。戦争責任問題に対するマッカーサーの認識が、「東條が天皇をだました」という事前に出来ていた筋書きに沿った裁判だったという勇気ある発言をした日本人は歴史家の豊下楢彦《とよしたならひこ》だった（『昭和天皇・マッカーサー会見』岩波現代文庫、２００８年）。

天皇が初めて新聞記者相手に謁見に応じたのは、１９４５年9月のマッカーサーとの会見の2日前、ニューヨーク・タイムズ特派員のクルックホーンだった。質問は対米開戦（真珠湾攻撃）の決意と天皇の意思との関係だったが、その結果は、直後に同紙が一面トップで報じた、「ヒロヒト、インタビューで奇襲の責任を東条におしつける」という大見出しだった。この天皇免責の論理は、「すべての責任を東条にしょっかぶせるがよい」という東久邇発言が示すように、宮中周辺の合意となっていて、敗戦直後でも、すでに日米合意のシナリオとなっていたことが窺われる。クルックホーンの天皇謁見は、天皇・マッカーサー会見の2日前であって、こうした筋書きは出来ていた可能性が高い（同右、8〜9頁）。まさに、天皇免責とは、占領する側とされる側の合意だったのである。

だが、東條にすべての禍を押し付け、自己弁明を図った筋書きには、日本の高官にも批判があった。9月2日のミズーリ号での降伏文書調印を行った全責任者・重光葵《しげみつまもる》外相だった。だが、重光の正論は退けられ、9月半ばには重光は辞職。「元帥と話の出来る外相」として吉田茂が抜擢された（同右参照）。吉田登場の歴史的文脈が分かる。

こうして、東京裁判自体が、多少の軋轢はあれ、日米共同の茶番だったという解釈が定着するのは、「日米合作」「日米共同演出」という芝居だったことを、内外の政治家や歴史家の多くが知っているからだ。ブルマが喝破したように、「最高位の〈神輿〉を一切関わりなくしておく取引が行なわれた」（ブルマ前掲書、284頁）ことは、欧米の政治家や識者のなかでは周知と見なすべきだろう。

このような法廷陳述の変化が国内における戦争責任問題として、具体的に問われることはなかった。「一億総懺悔」という表現自体が、こうした責任問題を一蹴し、「皆で反省しよう」と叫び、「無責任の体系」が広がった。こうした政治的談議に疑問を挟む識者もなく、ときとして声を上げれば、生命の危機が迫りかねないとなれば、戦争責任と言うだけで「自虐史観」と罵倒されかねない空気になった。

日本における官僚機構の驚くべき巨大な権限は、戦前ならば軍部や財閥と分け合っていた権力中枢が、戦後は官僚機構の一人勝ちになり、通常の先進諸国の官僚機構に比べ、統制色の濃い財界も、あるいは官僚出身者の多い政治家も、実質的に官僚と権益を共有する人々が多いからだ。さらに、大手メディアも識者も官僚とつながり、利害を共有するとなれば、官僚トップに鎮座するキャリア官僚こそが実際の権力を掌握する。

そこが、マーフィーの言うように、アメリカの支配下に置かれれば、対米従属の政治力学が日本の中枢を動かすことが分かる。たしかに、1976年のロッキード事件での田中角栄逮捕も、2009年以降の民主党政権追い落としも、さらには、2023年末の安倍派&二階派の政治資金キックバック疑惑も、その先頭で指揮をとるのは、いつも検察官僚だった。

しかし、その背景に、対米従属の可視化を具体的に説く日本人はほとんどいない。例外的に、2023年末に突如として発覚した政治資金裏金問題の陰には、派閥解消を狙ったアメリカの指示があったはずだと言ったのは、元外交官の天木《あまき》直人《なおと》、フリージャーナリストの加治康男くらい。ほとんどの日本人は、戦後政治力学の真相を語らない。

それが無知からなのか、それとも無関心からなのか、あるいは恐怖からかはともかく、日本における政治談議を支配する空気は、昔も今も、日光の三猿である。一般庶民には、そうした権力の内奥を知りたいという欲求そのものがない。だからこそ、唯一の日本の権力構造を知るには、一部の例外を除いて、海外識者の知恵と分析が頼りなのだ。

かつてティム・ワイナーの労作『ＣＩＡ秘録（上）（下）』（文藝春秋、２００８年）の出版後、朝日新聞が大々的にインタビュー記事を掲載したが、その紹介記事には、同書に描かれていた日本の岸信介と米ＣＩＡの生々しい関係がまったく記されていなかった。だからこそ、マーフィーの言うように、「階層性を通じて社会秩序を維持すること」を最重要視する朱子学の哲学がいまも日本人を呪縛すると言えるのだ。その意味で、１６０３年が１８６８年よりも、日本人の思考を縛るうえでより強力と見るマーフィーの慧眼に頷かざるをえない。

たしかに、ウォルフレンのいう知識人は日本には稀。だからこそ、日本社会や日本人の深層に迫った稀有な日本人として、辺見や清張の史観を、本書では好意的に取り上げた。かれらの史論を好意的に眺める認識は少数派だが、その論説を記憶し、歴史に残し、論評を加える意義は十分にある。

否、清張には多くの読者がいるじゃないかと反論を受けそうだが、それはミステリー作家としての清張であって、数々の史論によって日本の真相を抉《えぐ》った歴史ノンフィクションの清張作品を好意的に眺める読者は多くはないだろう。むしろ、清張を批判的に眺めた大岡昇平や三島由紀夫に同調する向き（＝清張を文学者ではないと貶めた権威筋）、あるいは辺見作品を罵倒した作家の阿川弘之に同調する「上から目線」が少なくないのではないか。

とはいえ、ウォルフレンの痛烈な日本権力批判にも、数名のエスタブリッシュメントが手紙で激励してくれたと言う。その一人が、オランダ出身のウォルフレンだから、「蘭学の再来」（マーフィー前掲書（下）、２１４頁）だとユーモア溢れる激励の手紙をくれたという。筆者の場合も、好意的な応援メッセージの多くが元キャリア官僚やフリーのジャーナリストからだった。専門の近い経済学者からは、「内幕モノばかり書く奴」「学者とは言えない」との非難も受けた。だが、社会的には孤立無援ではなかったし、ある紙面では「日本のウォルフレン」という嬉しい評価も受けた。

少し横道に逸れたが、敗戦直後の日米のやり取りについて、日本の旧権力者たちが、いかにGHQがやってくる前に、戦争責任問題から目を逸らし、天皇の免責をいかに実現するのかについて、躍起に奔走していたことが分かる。しかも、そのような思惑は、日本で抵抗なく統治を実現させたいマッカーサーの思惑とも一致していた。この両者の合意を抜きに、東京裁判は語れない。勝者による一方的裁断ではなかったのである。

天皇論に詳しいアメリカの歴史家ハーバート・ビックスは、この日本敗戦前後の日米の思惑について、とくにマッカーサーと天皇の意図について、どう認識するのだろうか（以下、ビックス『昭和天皇（上・下）』講談社学術文庫、2005年）。アメリカ側がとった心理作戦とは、日本人の士気を挫《くじ》き、降伏を早め占領準備をさせるために、「軍部指導者のみに責任があり」、天皇も国民もともに騙されていたという筋書き。GHQは「ブラックリスト作戦」と名付け、軍国主義者だけに責任を負わせ、天皇は〈御輿《みこし》〉にすぎなかった、と。ビックスはこう言う。

「占領開始の当初、『国体』護持を目的とする日本側の防衛戦略とマッカーサーの占領戦略は一致していた。当時、双方がお互いの考えを理解していたわけではなかったが、それにもかかわらず、双方とも、天皇が心配していたまさに同じ問題に関心を寄せていた」（ビックス前掲書（下）、

231頁)。

両者の会見前に、概ね両者の狙いは一致していたというのは、実に興味深い。だからこそ、会見の2日前に、ニューヨーク・タイムズ紙やUP通信社社長のヒュー・ベーリーの天皇謁見を準備し、天皇メッセージ(真珠湾攻撃は、東條を始め好戦的軍国主義者の暴走)を、事前にアメリカ国民に知らせたかった。かくて9月の天皇・マッカーサー会見におけるマッカーサーの狙いとは、つぎのものだった。そのデモンストレーション効果は予期したように、否、予想を超えて甚大だった。ビックスの読みはこうである。

「一枚の写真によって、国民は敗戦の持つ苦痛に満ちた政治的意味合いを思い知らされた。国民が写真のなかに見た天皇は、現人神《あらひとがみ》ではなく生身の人間《モータル・ヒューマン》であり、その傍らには彼よりも年長で、いまや彼を屈従させている人間が立っていた。天皇が敗戦国をみごとに象徴していたのとは対照的に、マッカーサーはじつにくつろいだ雰囲気で立っており、勝利が彼にもたらした自信に満ちあふれていた。この一枚の写真によって、天皇は日本の共同体のアイデンティティの中心から退き、さらに国民を過去の呪縛《じゅばく》から解きほぐす小さな一歩が踏み出されることとなった」(同右、238頁)。

かくて、敗戦前後における占領する側とされる側の思惑は、天皇免責で一致し、天皇・マッカーサー会見前後で、その予想通りに、ことは進んだ。唯一の計算違いだった東條の裁判渦中での失言は訂正させ、やはり予定通りにことは進んだ。つまり、日米トップの思惑が戦争責任問題の一点に集中し、両者の思惑が敗戦受諾の前後で一致していた。

時の経過とともに、こうした日米相互の交渉の生々しい経緯は、すでに忘却の彼方に過ぎ去った。その証拠に、東京裁判史観と言うと、だれもが勝者が敗者を一方的に裁いた不当な裁判だったという意味合いで使う。両者の思惑が一致したという点で、猿芝居だったという史実はほとんど忘れられている。こうした内実を詳細に記したノンフィクションは、海外の多くの英語版読者（その多くが歴史家や政治家や高級官僚）は、当然知っているだろうが、日本のキャリア官僚も大手メディアも識者も一切受け付けない。

つまり、日本人がいかに情報に疎いかは一目瞭然。しかも、世界中の膨大な読者がこうした情報から、「日本の真相」に通じることとは対照的である。日本語での情報は多くのタブーに囲まれ、こうした真相そのものが倦厭《けんえん》される。ウォルフレンの言うように、日本には権力から独立した知識人はほぼいないからだ。先に記した、敗戦直後にＧＨＱが日本人を見て読み取った、国家権力による監視機能の強靭さゆえの日本人の従順さ（＝権力への怯え）は、いまも引き摺る。それは、換言すれば、マーフィーの言った１６０３年以降の朱子学の説く階層性の呪縛と言える。

かつてバンコクに滞在した折、インテリは英字紙を読み、大衆はタイ語紙を読むという階層性に驚いたことがある。したがって、タイを代表する新聞は、いずれも英字紙（The Nation, Bangkok Post）だった。母国語で書かれた情報といったら、芸能、ゴシップ、スポーツ、天気予報、事件・事故といった類いだった。母国語で国際情報が語られることはないと、知り合いが笑っていた。それはインドネシアでも同様だった。

母国語で主要紙が発行される東アジア圏の諸国は、日中韓の三カ国。だが、日本語で発信される情報は急速に劣化しつつある。「報道の自由度ランキング」で、日本の大暴落が続いている。そうした今だからこそ、海外から発信される日本情報を読む必要がある。急速に激動する世界において情報孤児にならないために。すでに戦後12年後の1957年の時点で、文部省は家永三郎執筆の教科書に対する検定不合格理由をこう述べていた。「過去の史実により反省を求めようとする熱意のあまり、学習活動を通じて祖先の努力を認識し、日本人としての自覚を高め、民族に対する豊かな愛情を育てるという教育目標から遠ざかっている感が深い」（ブルマ前掲書、324頁）。

旧来の天皇観が一気に爆発したのは、1989年の天皇崩御のときだった。ブルマは、著名な文芸評論家だった江藤淳がつぎのように述べたことに注目した。「天皇の『戦争責任』論のごときは、いうまでもなく皇室を『人民欲望の府』と化し去るための内外の策謀の所産であった」（同右、416頁）。また、政治評論家の加瀬英明が、「神話と日本の成立は一体なのだ。日本を建国した神々との血のつながりによって、天皇は神性を帯びている」（同右、417頁）と語ったことに驚かされた。

ところが、『朝日新聞』読者投書欄に掲載された73歳の機械工（熊谷徳一）が記した反論もあった。「天皇制が覇道へと転化して日本の民族史上最大の惨禍を招いた。保守権力は改めて伝統の王道を求め人民主権に対抗する」（同右、419～420頁）。ブルマは、リベラルな知識人がなぜか公には沈黙を守ったことを、「日本のゾラが『われ告発す』を書くことはなかった」（同、419頁）と、評した。横並び意識が支配するこの国では、19世紀末のフランスを代表するような作家エミール・ゾラが軍部の腐敗を告発、弾劾したような筆致は、20世紀末の日本に、見ることはなかった。

重要な問題であればあるほど沈黙を守り、大過なく過ぎゆく。日本的しがらみのない外国人識者は、真実を知りたいという人間の精神がどこかに宿る。そうした真相を活字で遺し、著作を綴る行為は、官僚制とつながることで手に入る諸々のメリットを捨て去る覚悟が要る。人間としての良心や正義感に共感を覚えるような識者は少ない。もちろん、建前は別。「思想の自由なきところには民主主義はない」(同右、326頁)。

情報を伏せてインサイダーとしてのエリート意識を享受するか、それとも知識人としての沽券にかけて、リスクがあっても正義や真相を追おうとするのか、それは当該本人の覚悟次第だろう。本島等長崎市長に対して抗議文を送った41歳の神主が記した反論、「日本人のすることではない」(同右、411頁)という台詞はよく聞く。「そんなに日本が嫌なら日本から出て行け!」といった台詞だ。

戦争責任論だけでなく、為政者の姿勢を批判すれば、途端に猛烈な反論を受ける。たとえば、新型コロナワクチンに疑問を投げれば、すぐに「陰謀論」だという反論が聞こえる。2024年正月の能登半島地震への支援で現地入りした野党政治家に、邪魔だという批判が飛んだ。内部告発や内部通報という言葉こそあるが、それを実行することは、膨大なエネルギーが要る。横並びでなかったために、叩かれるという風潮はどこでもありふれた光景だろう。イジメ、パワハラ、セクハラ、アカハラ、場所の如何を問わず、そうした人権侵害のハラスメントが横行しているのは言うまでもない。

一例だけ挙げれば、2022年に亡くなった近藤誠医師は、癌手術や抗癌剤治療や定期的健康診断の無効性を主張し続けたせいか、手術を避けたい患者には大人気だったが、慶応大学での昇進は成らなかった。大学や医師会という狭い共同体のなかで、徹底して疎外され、排除されながらも、主張を曲げなかった近藤医師の人生に、拍手を送りたい。

# 第6章
# 人間とは何か

## 1　説明不能な日本

戦前の最高権力者だった昭和天皇が、敗戦から30年後の１９７５年10月31日、記者会見で戦争責任についてロンドン・タイムズ記者に問われたときに、こう答えた。「そういう言葉のアヤについては、私はそういう文学方面はあまり研究もしていないのでよくわかりません」と（『朝日新聞』１９７５年11月1日付）。歴史家の井上清は、この天皇発言を「ブラックユーモアのきわみ」と言い、「国民に対してこれほども無責任で不誠実な君主が世界史上にほかにあるだろうか。私はその例を知らない」と評した（『天皇の戦争責任』岩波現代文庫、２００４年、３０６頁）。天皇の暴言に対して、国民的な反応は何も起きず、メディアも騒がなかった。

そして、井上はこう振り返った。「国体護持すなわち天皇の地位・生命の維持、これ以外に裕仁天皇がもとめたものはなかった。国民を一刻も早くいまの惨禍から救うために降伏を急ぐという考え方は、天皇にも皇族にも大臣たち大将たち、重臣たちのただ一人にも、一瞬もなかった」（同右、３０５頁）。

ところが、天皇の記者会見から13年後、重篤に陥った１９８８年12月、「天皇にも戦争責任はある」と発言した当時の本島等長崎市長は、天皇崩御の1年後、１９９０年1月に右翼団体幹部に銃撃されて重傷を負った。「一木一草に宿る天皇制」（ハルトゥーニアン）の蓋いが剝がれた瞬間だった。日本社会における「菊タブー」は重い。

対照的に、戦争責任をめぐるドイツの場合はこうだ。辺見著の「角川文庫版のあとがき」に紹介されてある、かつてアウシュビッツ収容所で看守として働いていた94歳という元ナチス親衛隊の罪を問い、禁固5年という判決を言い渡した判事の言葉、そしてそれを受けた被告の言葉は、人間としてせめてもの救いである。

判事が正義という言葉を吐き、そして被告は70年前のことを告白、謝罪した。判事はこう言った。「たとえ七十年が過ぎ、被告の年齢が九十四歳であっても、この裁判は曲がりなりにも社会がなしうる精いっぱいの正義である」。それに対して、被告は犠牲者らに「申しわけない」と謝罪し、収容されていた人々がガス室に送られ、収容所内で焼却されていたことを知っていたことを認めた（辺見同右、２３７頁）。

一方、かつて戦時に中国人捕虜の殺害（刺突訓練）を指示していた皇軍の元少尉が１９９０年の戦友会での発言を、辺見が紹介する。戦後45年経っても、反省や謝罪、あるいは後悔どころか、あるのは不遜な驕りと差別だった。「もともと中国人という人種はなにかにつけて程度が低く、彼らはその日その日をなんとか過ごすための粗末な食いもんと衣服と家さえあれば満足している民族やからな。われわれ日本軍が中国にいた頃も、共産党が天下をとってる今でも、それだけはちっとも変わらんわけや」（辺見前掲書（下）、33頁）。

酒席で本音が思わず漏れたにせよ、その人間性のあまりの崩壊ぶりに耳を塞ぎたくなる。反省や謝罪は微塵もない。そこでの会話に、戦後ドイツの立ち位置との相違があまりに際立つ。とはいえ、こうした差別的な会話は、日常のそこかしこにありそうだ。

日本人は歴史にいったい何を学んだのだろうか。否、なぜ学ばなかったのか。戦時を覆った「暴支膺懲」の精神は、人間性を疑うような「上から目線」という「差別感」だが、それは戦後80年近くもたった今日でも健在である。中国のみならず、アジア蔑視はちょうど欧米へのコンプレックスの裏返しだが、経済力の没落が続く今も、そうした先入観はなかなか払拭されない。

緊張高まる東アジア情勢に対しても、「戦う覚悟」といった宣伝が躍るのも、アメリカの軍産複合体の戦争戦略を知らないまま、一方では中国嫌いといった根強いアジア蔑視、明治以降の「脱亜」の繰り返し。目を覆うばかりの中国蔑視は、中国の圧倒的な経済力や軍事力への不安の裏返しでもある。中国の存在感が大きく、しかも、その影響力はG７を始め、先進各国の政治経済力や存在感を上回ることを、認めたくない日本人の深層心理の現れにちがいない。劣等感に起因する憎悪ほど、怖いものはない。

## 2 「オメルタ(マフィアによる沈黙の掟)」

黒澤明監督と並ぶ日本映画を代表する巨匠として名高い小津安二郎監督も、実は、固定化されがちなイメージとは異なる断面があることを突いたのは、辺見だった。それは、小津が1939年の中国戦地から帰還直後の談話。筆者は、小津の映画作品をあまり知らないが、俳優・笠智《りゆうち》衆《しゆう》の朴訥《ぼくとつ》で寡黙な演技が記憶に残る程度である。辺見は小津の言葉を引く。「かうした支那兵を見てゐると、少しも人間と思へなくなつて来る。どこへ行つてもゐる虫のやうだ」(同右(下)、33頁)。

小津の受けた国際的な称賛ぶりは周知だろう。小津の生誕120年、没後60年の2023年には、「世界のOZU」を讃える様々な祝賀が催された。同年10月の東京国際映画祭では、小津の魅力を語るシンポジウムが開かれた。どこにも、小津作品の賞賛こそあれ、辺見が語るような疑惑はない。それは、「小市民的」「日本的」と評されがちな小津映画の評価を覆す、日本の庶民の精神に宿る深い陰影が覗く。小津が兵士として戦線で採集したエピソード「撮影に就ての《ノオト》」に、辺見は小津の深層心理を問う。

「娘をニッポン兵に強姦された中国の老いた母親が、抗議のために兵営にあらわれる。……部隊長が静かに丁重に対応する。老婦人の言いぶんに、ふむふむと耳をかたむける。……部隊長はわかりきったことを百も承知で平然としてやりのけ、老婦人にゆっくりと近づいて、犯人はここにいないむねをおだやかに告げる。そうですか。かのじょがうなずいたしゅんかん、部隊長はギラリと軍刀をぬいて、いきなり袈裟がけか脳天からたけ割り。血が噴きだす。それを尻目に部隊長は無表情で血のりをぬぐい、兵士らに解散を命じる」（辺見前掲書（上）、230頁）。

ここに描かれている、まるで柔術の間合いのごとく、老婦人への静かで丁重な対応から始まり、今度は一変して、問答無用の一刀両断を老婦人に浴びせる瞬間の部隊長の振る舞い。それは笠智衆演じる、朴訥な「小市民的」風情を脱ぎ捨てたかのような豹変ぶりだ。小津作品のイメージをかなぐり捨てる。

そこに、辺見は、「『皇軍』とそれを生んだ天皇制ファシズムの底知れない美学」（同右、232頁）を発見し、ここまで残酷と凄惨に徹しながらも、そうした舞台の前哨戦として静謐《せいひつ》な対応という、対照的な静と動という芝居の場面を創って見せる小津とは何者だろうか、と問う。小津映画には、反戦も戦争への郷愁も、懐古趣味もなく、戦争に関して討論することの「意識的で徹底的な排除」だと、辺見は言う。「さあ、ねぇ……」「うーん、ねぇ……」「いやいや……」といった、小津映画の常套句に続くのは、「負けてよかったんじゃないか……」というひとりごと。ここには、「小市民的」生活感覚が滲み出る。

ところが、辺見が発見したのは、寡黙で安穏な日常性をテーマに多くの作品を残した小津映画の内部に潜む「くぐもった狂気」、「沈潜した暴力」の爆発。無味無臭で退屈な日常が隠蔽する非情で暴力的な魔性。小津の回答は「言わぬが花」、と辺見は読む。辺見が記す筆致は、圧倒的多数が語る称賛に満ちた小津評を一蹴して、読み手に迫る。

このような辺見の記した小津評は、饒舌な小津映画論を展開した蓮實重彦（『監督 小津安二郎〔増補決定版〕』ちくま学芸文庫、２０１６年）にも、あるいは小津の作風を引き継いだような作品（渥美清演ずる「寅さん」シリーズ）を創作した山田洋次監督のコメントからも、窺えない。戦時の惨劇すら日常生活のなかに落とし込む作風、朴訥で寡黙な主人公という小津映画定番の主人公が演じる常套の光景は、実はそうした狂気や獣性を隠蔽する盾だったのではないかと辺見は問う。

辺見は、小津が具現化して見せた戦後精神を、「『戦争』という大テーマにかんして、すわりなおして討論することの、意識的で徹底的な排除」「どこか他人事」「判断停止」「判断保留」等々と評しながら、「危うい静謐と癇症《かんしょう》、どこまでも残忍で胆汁質の情動――それらの病性を小津作品の陰画面に感じる」（同右、２３２頁）と問う。日本的小市民の牧歌的で日常的な美学に潜む恐ろしい獣性を炙り出し、ファシズムのなかで、人間性が麻痺し、突然に忘れたように噴き出す狂気の爆発に、言葉を失う。

この小津論を読みながら、筆者は、ジャニー喜多川による性犯罪問題との類似を思い出した。被害者の平本淳也は、「一番やっぱりひどいのは『死ね』『生きる資格がない』『消えろ』というのは毎日のように届きます」（テレビ朝日、２０２３年9月22日）と訴える。

しかし、この問題は同年10月に開いた第二回目の記者会見で思わぬ展開を見せた。「子供たちも見ていますから」と言って静粛を要請する井ノ原快彦《いはらよしひこ》ジャニーズアイランド社長の言葉は、そもそも児童性加害という犯罪に手を貸した犯罪者が、それを問い詰める側に逆上するという主客転倒ぶり。仏フィガロ東京特派員のレジス・アルノーはこう言う。

「報告書では〝喜多川システム〟が完全に解明されることはなかった。つまり、誰が彼に少年たちを提供したのか？　誰が被害者を黙らせたのか？　誰が？　誰が？　メディア業界でこのことを知っていて、しかも、報じずに無視したのは誰なのか？　子どもたちの魂が殺され、夢が打ち砕かれたにもかかわらず、国民全体が見て見ぬふりをできたのはなぜか？　こうした疑問は未解決のまま」（「東洋経済online」２０２３年9月1日）。

現代を眺めれば、イラク戦争でもウクライナ戦争でも同様の事態が、つまりは、「軍産複合体」の危険性に警鐘を鳴らしたアイゼンハワー米大統領の予言が蘇る。にもかかわらず、誰も「言わぬが花」を決め込み、無邪気に「ニチベイ！」と繰り返す。

アイゼンハワーが鳴らした警鐘に立ち戻って考えるのは、左翼的でも非国民的でもなく、敢えて言えば、正義感である。アメリカという国民国家の中枢に、軍産複合体という怪物がいて、その利害が国民国家をリスクに晒すという警鐘は、絶えず戦争を仕掛けてきたアメリカの思惑を理解するうえで欠かせない。その代弁者こそネオコンだといえば、ただちに陰謀論だという反発が返ってきそう。では、開き直って、「あなたはアイゼンハワーに陰謀論者だと言えるのか？」。「軍産複合体」批判も、アイゼンハワーの言葉だからこそ恐縮して拝聴するが、イラク戦争もウクライナ戦争も、それが「ニチベイ」批判だと察した時点で、「言わぬが花」になる。いずれも、辺見の言う「ヌエ的ファシズム」、清張風に評すれば「部族的官僚政治」、アルノーの評する「オメルタ（マフィアによる沈黙の掟）」に共通するだろう。

このように評される日本的風土に「絶望的反抗」を試み、呪わしい過去の再来に警鐘を鳴らし続けたという点で、辺見の著作は評価されるべき金字塔なのである。サルトルも清張も没し、時代を評する著名な知性や文豪のほとんどを失い、アカデミズムもジャーナリズムも存在感を失った。辺見著に応答した徐京植《ソキヨンシク》は、辺見の言う「ヌエ的ファシズム」は、「思考停止」と「自発的隷従」の心性に支えられたものだと断じた。

ワシントンポスト紙の掲げる社訓「民主主義は暗闇の中で死ぬ（Democracy Dies in Darkness）」という言葉は、先に引いたブルマの言った「思想の自由なきところには民主主義はない」に通じる。知性なき暴言が蔓延っても、喧噪に巻き込まれないように「日光の三猿」を決め込む日本的風土は、そもそも民主主義という思想と相容れない。

あるいは、ハンナ・アレントが提起した問題につきあたる。大人の場合は合意に基づく支持であって、服従というのは子供か奴隷の場合を言う。したがってナチスの場合は、その共同体にいる大人は、服従ではなく支持したのだと説いた（前掲『責任と判断』75〜78頁）。日本の戦時期に、あるいは戦後も、政治問題をタブー視し、無条件に為政者の政策に従う人々は、アレントの言う、「支持」なのか「服従」なのか。

南京攻略や真珠湾攻撃成功に満面驚喜し、支持しない人々に「非国民」と罵倒する人々、あるいはジャニーズ事務所の記者会見に「ＮＧ記者」というレッテルを貼って発言を封じ込む人々、「言わぬが花」を決め込む小津映画の主人公等々。いずれも、アレントの言う「自分で考える責任を回避した瞬間」、徐の言う「思考停止」と「自発的隷従」だろう。

これまで、江戸時代以降の上意下達社会のなかで、明治近代以降も、戦後も続く日本的風土を批判的に眺めてきた。とはいえ、望みが見えるとすれば、「戦後日本」という言い方がまだ生き残っていること。普通は、第二次大戦に参戦したどんな諸国でも、「戦後」なる表現を21世紀も使っているのは日本だけにちがいない。

ところが、戦後70年以上も経ってもなお「戦後」という言葉には意味合いも実感もある。歴史的に共和制を知らない日本では、江戸時代は「葵の御紋」が、明治以降は「錦の御旗」が権力を揮《ふる》うも、庶民には何の権利も自由もなかった。ところが、戦後はGHQからの「贈り物」と揶揄《やゆ》されながらも、民主主義も「法の下での平等」も、実質形骸化しているとはいえ、制度的には存在する。

だからこそ、「戦後」という言葉に込めた近代特有の理念に共感する人々が、なお払底してしまったわけではない。「非国民!」「アカ!」と誹謗中傷されても、怯まない人々は、昔に比べ増えた。それは「戦後」の賜物である。戦前ならば、そうは行かなかった。2・26事件で先陣を切った、幾多の大臣や高官等々を次々に殺害した陸軍皇道派ですら、宮城に入るやいなや怯んでしまい、たとえ清張が読むように、宮城占拠戦略という確たるシナリオがあったにしても、実行に移す気力や胆力は残っていなかっただろう。

そして戦後は、マッカーサーと天皇の並ぶ一枚の写真から始まった。「アマテラスのアンクル・サムによる代替」(ハルトゥーニアン)を狙ったアメリカの意図は成功し、21世紀の現在も、「ニチベイ!」の大合唱が響く。

## 3　世界を知らず、己も知らず

中東での戦闘勃発直後、中国の王毅外相は、パレスチナ問題は中東紛争の核心であり、問題の核心はパレスチナ人に対する「正義」が否定されたことだと述べた。たんにハマスのイスラエル攻撃だけをテロと断じる主張とは異なる。同時に、この数年、王外相は中東和平のために、パレスチナとイスラエルとの話し合いを中国で行ってもいいと提案した。

国連のグテーレス事務総長は安全保障理事会で、ガザ地区のハマスによるイスラエル襲撃を明確に非難しつつも、「何もない状況から急に起こったわけではない」と発言。「パレスチナの人々は56年間、息のつまる占領下に置かれてきた」と表明した（BBC, *News Japan*, ２０２３年10月26日）。

ガザ地区の生活を素描したサイードの声が遺る。

「ガザ地区は巨大な監獄です。海を除く三方を電気を通した鉄条網で完全に囲まれているのですから。爆撃、家屋の取り壊し、農地の破壊、そして村と農耕地を隔てる壁の建設、若者の拘留、こうしたことすべてが、パレスチナ人に屈辱をあたえ、パレスチナ人を迫害する手段なのです」（サイード『文化と抵抗』ちくま学芸文庫、２００８年、２５５頁）。

イスラエルのパレスチナ人への対応には、言葉を失う。「拘束を受けた人びとのなかには、インクで腕に印をつけられた者もいます。ユダヤ人がナチスによって印をつけられたように。いまやイスラエルは核兵器保有国であり、気前よく供与されたアメリカ製の最新型兵器で武装した強国です。ところがこの国が敵視しているのは基本的に非武装の市民たちなのです。彼らが自衛するというのは、おかしなことです。わたしのみるところ、それは非武装の市民に対するテロであり、たんなる殺人なのです」(同右、192頁)。

さらに、米中外相電話会談では、中国側王毅外相は、「問題解決には、独立したパレスチナ国家の樹立とパレスチナとイスラエルの平和的共存が必要だ」と説明し、「アメリカが建設的な役割を果たすべき」だと述べた。これに対し、ユダヤ系アメリカ人のブリンケン国務長官は「中国と意思疎通し、協力を強化する用意がある」と応じた(TBS News, 2023年10月14日)。ここには、米中両国が外交を繰り広げ、トップに立つ政治家が相手側と交渉を行う姿勢がある。一方、ハーバード大学で、30以上の学生団体が共同で、パレスチナ支持の声明が上がった。ユダヤ系が支配層に多いアメリカで、イスラエルの暴力に反発し、公然と批判する声が、アメリカのハーバードを始め、多くの大学生から続々と上がった。ハマスの非人道性ばかりを責め、イスラエル支持を叫ぶ日本の大手メディアの主張との差は明らかである。

「戦後」とはいったい何だったのか。日本人の主権者としてのアイデンティティを育まれた唯一の例外的時代が「戦後」だったという意味で、80年近くも「戦後」が定着したのではないか、と筆者は読む。「新たな戦前」とは、形骸化しつつある主権者の立場を投げ捨て、かつての「臣民」に戻ること、「贈り物」の賞味期間は終わったということか。

「臣民」は意見も主張もなく、ただただ上位の権威に服従し、その意に沿って動くことしか知ら

親指を立てて悦に入る安倍首相（当時）は「731」の意味を知っていたのだろうか？（航空自衛隊松島基地視察にて、2013年5月12日）

ない。江戸時代、藩に所属する武士も農民も町人も藩主の意向に従う以外の選択肢はなかった。まさに、風土として染みついた上意下達の家父長制ばかり。

そう考えれば、「戦後」に国民主権をＧＨＱから付与された時代が、日本の長い歴史において、いかに唯一の例外的時代だったことかが分かる。日本近代を、西欧近代とは異なり、「脱中世」の勢いなき近代だったと評する理由はここにある。西洋のルネサンスのように、中世的価値観を逆転させる思考様式の変容は、どこにもない。

「戦後とは何だったのか？」と問い直したとき、２０１３年５月、当時の安倍首相が戦闘機に乗って、親指を立てて無邪気に微笑む写真ほど、戦後を象徴する一枚はない。日本では、「部隊の存在すら知らない日本人の立場からすれば、『なぜ韓国人は写真一枚で日本を批判するのか』と疑問に思っただろう」（『毎日新聞』２０２３年10月22日付）という記事と、「『マルタにされた死者に対する冒とくだ』」と、韓国で炎上したインターネット上の声との温度差は歴然としている。戦前に対する牧歌的な郷愁は、７３１部隊すら知らないことに象徴される、無知ゆえのなせる業だった。無知ゆえの傲慢ほど恐ろしいものはない。

ヨーロッパで快進撃だったヒットラーに惚れ込み、中国戦線の連戦連勝を続けた破竹の勢いだった皇軍に、つい「有頂天」になった近衛と同じである。河村たかし名古屋市長が「南京大虐殺はなかった」(２０２３年２月)と言うのも、戦時の皇軍が犯した具体的侵略の記憶が風化し、皇軍批判はすべて「自虐史観」だと一笑に付すれば、議論はそこで終わる。

ここでは、サイードが引用した、チェコの作家ミラン・クンデラが語った「記憶の重要性」に目を留めたい。クンデラ曰く、「権力に対する人間の闘いは、忘却に対する記憶の闘い」(サイード『文化と抵抗』ちくま学芸文庫、２５３頁)だと。まさに、戦時の加害者として犯した罪過を封印し、何の痛痒も感じないのか。

今もハルビンに残る731部隊施設跡

今も、ハルビンに７３１部隊施設跡が残る。こうした残骸跡を指して、どうして「でっち上げ」だと罵倒できるのか。仏ル・モンドは記者ブログで、「ドイツのアンゲラ・メルケル首相がナチスのハーゲンクロイツの書かれた機体に笑顔で乗るようなもの」と評した韓国の政治家の発言を引きながら、日本の戦後謝罪について批判的な論説を載せた(J cast ニュース、２０１３年5月16日)。「云々」を「デンデン」と読んだ安倍は、こうした情報を何も知らず、戦後を過ごしたのではないか。

「７３１」と記された飛行機に搭乗する首相、片や、今もハルビンに残骸が遺る「731」の残骸は、あまりにも対照的である。時代の残照を無邪気に無視する者を宰相に担ぐ日本と、その傲慢な忘却に、記憶を突き付ける残骸跡。この映像の対比は、あまりにも衝撃的である。

一方、ロシアによるウクライナ侵攻では、侵攻開始後わずか1週間で広島市議会が平和的解決を求める決議案を可決したが、イスラエルのガザ地区攻撃については沈黙を続けた広島市に対して、「平和を象徴する広島市がなぜ沈黙を貫いているのか」という鋭い疑問を文書で投げたのは、広島市立大大学院生のユダヤ系アメリカ人、レベッカ・マリア・ゴールドシュミット（37）だった。質問状提出後、「広島市には、平和に対する責任を行動で示してほしい」と訴えた（『毎日新聞』2024年2月14日付）。一方、世界は第3次大戦勃発を防ぐべく、米中首脳会議を筆頭に、各国の首脳や高官が真剣な交渉を繰り返す。そこには、戦争や紛争拡大を防ぎ、自国の利害確保といった交渉や協議が行われている。

かつて1980年代、ジャパンマネーの勢いを目指して、多くの外国人労働者が日本に雇用機会を求めてやってきたちょうど逆バージョンだ。日本人は超円安の日本を諦め、活気のある海外を目指す。腕のいい野球選手がメジャーリーグを目指し、あるいはサッカー選手が有名な欧州リーグを目指し、さらには成績優秀な高校生が日本の大学ではなく海外の著名大学に進学するように、多くの日本人が就学機会や雇用先を海外に求める。

ちなみに、ドイツ銀行の為替調査グローバルヘッド、ジョージ・サラベロスは日本円を、新興国通貨で過去10年間のパフォーマンスが最も悪い2つの通貨トルコ・リラやアルゼンチン・ペソと同じ部類に属する、と言う（Bloomberg, ２０２３年11月3日）。経済力で日本のわずか5分の１程度の通貨と、為替取引規模で米ドルとユーロに次ぐ日本円が同列なほど、日本円は信用を失墜。つまり、「ニチベイ」以外はすべて思考停止。与党も野党も、政治家の面々の国会談議を聞いていると、政治的な無気力さは市場にも反映し、日本円を買うという投資意欲を殺ぐ。政治力学如何は、市場力学に反映するのである。

## ４　「和」というイデオロギー

戦時の日本人の罪について映画監督の伊丹万作《いたみまんさく》（伊丹十三の父で大江健三郎の義父）が戦後２年目の１９４６年に遺した論考「戦争責任者の問題」が、何とも心に沁みる。

「だますものだけでは戦争は起らない。だますものとだまされるものとがそろわなければ戦争は起らないということになると、戦争の責任もまた（たとえ軽重の差はあるにしても）当然両方にあるものと考えるほかない」。伊丹はこう続けた。

「そして、このことはまた、同時にあのような専横と圧制を支配者にゆるした国民の奴隷根性とも密接につながるものである。それは少くとも個人の尊厳の冒瀆、すなわち自我の放棄であり人間性への裏切りである。また、悪を憤る精神の欠如であり、道徳的無自覚である。ひいては国民大衆、すなわち被支配階級全体に対する不忠である。我々は、はからずも、いま政治的には一応解放された。しかしいままで、奴隷状態を存続せしめた責任を軍や警察や官僚にのみ負担させて、彼らの跳梁を許した自分たちの罪を真剣に反省しなかったならば、日本の国民というものは永久に救われるときはないであろう」（『伊丹万作エッセイ集』筑摩叢書、１９７１年。ただし引用元はブルマ前掲書、４２２〜４２３頁）。

この伊丹の主張は、一人一人の日本人の胸に突き刺さる。たとえば、２０２３年に社会問題化された風潮に、「宗教二世」「カルト二世」問題があった。寄付を強要され、果ては資産を没収された旧統一教会の被害者に始まり、「エホバの証人」内部での「排斥」という深刻な人権侵害問題等々、多様な宗教関係者がその過酷な実態について声を上げた。

よく「嫌なら宗教を辞めればいい」と考えられがちだが、宗教の場合は、当該宗教者以外に人間関係をもたない場合、内部では信仰を捨てたとして叩かれ、脱退すれば「カルト」として非難され、安心して話し合える場や相手がなく、孤立しがちだ。転職という逃げ道が残っている会社員と比べ、そうした逃げ道がない分、苦痛も倍増する。なかには、信者として残った家族内でも排斥され、行き場を失ったという悲劇が報じられている。

しかし、考えてみれば、家父長制的風土の色濃い日本では、会社員や学校から宗教関係者に至るまで類似した事件が頻発する。２０２３年に大騒動になったジャニーズ事務所の性加害問題、歌舞伎界や宝塚歌劇団やプロ野球球団のイジメ問題、さらには自動車販売・修理会社ビッグモーターの保険金不正請求問題、そして２０２３年末に露わになった安倍派や二階派による政治資金の裏金キックバック問題等々、共通するのは家父長制的階層構造のなかでの支配・服従だった。

「和」世界は、不和だらけなのである。地肌を露わにした、変わらぬ戦前とは、ウォルフレンが繰り返し言う「日本主義的なイデオロギー」にほかならない。

欧米から眺めた神道観や日本観はどうか。歴史家ポール・ジョンソンは、日本とは、「つぎつぎに流行を追う姿」に「先史時代以来ずっと近代人」だったと皮肉な評価を下す一方では、「日本の文化的基盤はまったくなんの影響も受けてはいない」という日本文化の継続性や孤立性を見出す（前掲『現代史（上）』２６６頁）。要するに、一方では無類の「新しいモノ」好きでありながら、いずれも一過性であり、時間が過ぎると「昔のこと」だと忘れてしまう。評論家の加藤周一が評した、まさに「現在主義」は生きているのである。

１９９９年、スコットランドでは、英国からの独立運動が盛んだった。宗教の相違に基づく過去の怨念（イングランドはプロテスタント、スコットランドはカトリック）は、けっして忘れられてはいなかった。日本の場合は、江戸時代のキリシタン弾圧への怨念とでも言えば、一笑に付されるだろう。先に言ったように、西海の島々が21世紀に世界遺産に指定され、観光需要が高まると歓喜する光景に疑問を挟む日本人はほぼいなかった。そんな過去は忘れ、神輿を担いで「ワッショイ、ワッショイ！」。

イングランドによって処刑されたスコットランドの女王・メアリー一世を偲び、プロテスタントに対するカトリックの怨念は今も続く。「血まみれのメアリー」（Bloody Mary）と称されるカクテル（ウォッカのトマトジュース割り）は、メアリー一世に因んだ名称だと言われる。

英国スパイ役で一世を風靡した初代００７役を演じたショーン・コネリーが、スコットランド独立運動に熱心だったという報道は興味を引く。007はもちろんフィクションだったが、スコットランド独立運動はノンフィクションである。晩年に見せた、コネリーのイングランドに対する溜まった怨念が溢れ出た瞬間だった。

ポール・ジョンソンは、戦前の日本には階級闘争がなく、「確固たる法制度」もなく、正義と不正、合法と不法、法と無秩序を分ける一線もなく、宗教も、仏教や儒教からキリスト教まで利用したと評する。しかし、「どこから見ても日本独自のもの」だったと観る神道は、「古代の太陽神や太陽女神、原始的な先祖崇拝、神の統治といった概念にまでさかのぼる未開人の神」（ジョンソン前掲書、269~270頁）だったと喝破した。

それが、明治維新後に、国家宗教の装いが施されて、1900年には神社が内務省の管轄下に置かれ、「神道は原始的ですたれかかっていた少数者の信仰から、近代的な全体主義国家お墨つきの宗教へ変身をとげた」（同右、270頁）と読む。

法治社会という近代性をかなぐり捨て、西洋からは技術的、工業的なテクニカルな物質的生産力増強を学びつつも、西欧近代を産出したメンタリティは無視、先祖代々の素朴な風習「未開人の神」だった神道を明治維新後は国家宗教として祀り上げ、天皇制を神格化するための武器に仕立て上げた、と。だからこそ、そこには、仏教も儒教も、さらにはキリスト教とすら共存しながらも、他方では神道だけは日本の軸心なのだという構えを可能にするのだと、ポール・ジョンソンは観る。

たしかに神道の軸心は、「八百万神《やおよろずのかみ》」とも称されるアニミズム（＝ラテン語で精霊）、あるいはシャーマニズム（呪術・祈禱）とも言える。邪馬台国を率いた卑弥呼の時代から、天皇の代替わりをまるで古代風の神格化の装いでもって演出される現代皇室の儀式まで、通奏低音として脈々と続く音色には、シャーマニズムが浮遊する。ポール・ジョンソンの説明を読むと、全共闘相手に、「君たちが天皇制さえ受け入れてくれれば一緒にやれるのに」と嘆いた1969年に東大に乗り込んだ三島由紀夫の光景に重なる。

たしかに、戦後流行った思想を振り返っても、「市民社会論」「実存主義」「マルクス主義」「フェミニズム」「構造主義」「ポストコロニアリズム」「ポストフォーディズム」「オリエンタリズム」等々、夥しい数の西欧発の新しい思想・哲学が流行し、それぞれ一世を風靡したが、結局は根付くことはなく、21世紀に入って気が付いたら、かつて戦前に奏でられた「神国日本」が復活し、闊歩していた。

モノを言えずに多くの人々が犠牲を強いられた過去に甘美な郷愁を抱く旋律は、軍事ファシズムの時代だけでなく、21世紀の今日も、まさに満開ではないか。政治家や教育関係者からも、戦前の教育勅語にもいいところがあったという発言がよく聞こえる。

かつて喧々諤々と奏でられたポストモダン論議も、気がつけば、封建制というプリモダンに先祖帰りしていた。この日本の主要思潮の推移が、岩波文化の最前線の担い手だった大塚信一と堀切和雅の観察眼によく表れている（『岩波書店の時代から』筑摩選書、2024年）。かつて岩波という権威筋から発信された戦後民主主義が力を失い、虚しく先祖帰りしていく時代の葬送曲を聴いているようだった。しかし大塚や堀の限界は、対極にあるいわゆる「大本営発表」を担ぐ「勝ち馬」たちの相貌が、換言すれば情報戦の現場が見えず、まるで自壊したようだった。

本書で綴った骨子で言えば、なぜ岩波は清張の版元とならなかったのだろうか。大衆の欲情や怨嗟に通じた清張史観は、岩波流エリートの教養文化とは異質。換言すれば、どちらも権力を批判するものの、活字文化の権威に君臨した岩波文化人と、最後まで大衆のルサンチマンに拘泥した清張の視点はどこまでも違った。同じ時代を生きた丸山眞男と清張はどれほど相手を意識していただろうか。丸山は、家父長制下の「抑圧の移譲」という名台詞を遺したが、抑圧を受ける一方の下々の連中が暴徒と化して「下からのファシズム」に逆転する相貌は見えただろうか。『砂の器』にあるハンセン病者を村から追放する者たちも、２・26事件で著名な政治家を虐殺する兵士も、いずれも下層の大衆だった。

さらに言えば、「新たな戦前」と評されるプリモダン回帰の世相にあって、没後30年以上の今もって、なぜ清張が多くの人々を惹きつけるのか。岩波文化は一世を風靡した権威だったが、怨嗟や憎悪といったルサンチマンを抱く大衆の相貌は見えなかった。筆者は岩波文化人と清張の視点のズレをこう読む。

先のターガート・マーフィーが喝破したように、朱子学とは１６０３年の江戸幕府開闢以来の、階層性重視の社会秩序維持の重要性を説くイデオロギーだった。そして、「明治維新のファン」だった司馬も、「明治維新のイデオロギーが朱子学」を「基本的な背骨」にしたことに、「欠点」を見出す（『「昭和」という国家』ＮＨＫブックス、１９９９年、１５８頁）。そして、戦前の「教育勅語は朱子学そのもの」（同右、71頁）と言った。

教育勅語は1890年に発布されたが、司馬は、それを聞いた当時の伊藤博文は「また儒教に戻るのか」(同右、72頁)と訝り、司馬自身も「当時のひとびともおそらくうんざりしていただろう朱子学が、教育勅語としてもう一度戻ってきた」と、「圧搾空気は別に求めるべきだった」(同右、72〜73頁)と言う。そして、主人のために命を捨てた赤穂浪士や楠木正成《くすのきまさしげ》といった滅私奉公的な人物像を評価しなかった福沢諭吉を、司馬は評価したのである。

たしかに、21世紀になっても、自前で考える自立した個人は少ない。どこもかしこも、会社や学校や役所の別を問わず、そして宗教であれスポーツであれ、皆が所属の共同体に埋没したまま、そのなかでの上司—部下、先輩—後輩、親分—子分、長老—信者といった階層構造のなかで、自己判断を放棄したまま。かつて皇軍を評して言った「無責任の体系」は健在である。

要するに、上意下達の家父長制は、あるいは国家や会社や集団の原型をまるで疑似家族であるかのように捉える認識は、戦後も強力に残った。親子から上司部下や先輩後輩に至るまで、たとえ違法だったとしても仲間内なら許される、まるで法治国家のイロハ(=「法の下での平等」)すら根付かなかった。

これを世界観にまで広げれば、その変わらぬ視野狭窄ぶりが目立つ。イスラエルとパレスチナとの衝突をめぐる国際連合緊急特別会合が開かれた2023年10月、人道的休戦決議案に対して、賛成したのは大多数の121カ国、反対はアメリカとイスラエル、そして日本は棄権した(『日本経済新聞』2023年10月28日付)。そうかと思うと、同年11月には岸田は、今度は中国を念頭に置いたフィリピンとの安全保障協議に出かけ、おそらくアメリカの指示通り、中国封じ込め政策に余念がない。かつて日中友好の先頭に立った宏池会《こうちかい》政権だが、首相本人には何の自覚もない。英BBCのように、ハマスをテロリストと呼ばない勇気は、日本の大手メディアにはない。

ハマスの放ったロケット弾がイスラエルの罪なき人々を襲った暴力性の背後には、イスラエル建国以来、何十年という不条理を強いられてきたパレスチナ人の積もりに積もった憤りがあるという原点を無視することはできない。しかも、バルフォア宣言等々の矛盾するような中東政策の張本人・英国のBBCという国営放送がそうした「異論」を呈する勇気に驚く。「過去に目を閉ざす者は結局のところ現在にも盲目となります」というドイツのヴァイツゼッカー大統領（当時）が1985年に吐いた名演説を思い出す。つくづく日本には「民意」というものがない。どこもかしこも権威や権力を忖度し、追随する一種の「疑似民意」ばかり。司馬でさえ嫌悪した朱子学は、21世紀まで生き残った。

有事になれば、米軍の指揮下、自衛隊が前線を担うだろう。韓国における有事の指揮権を韓国軍と在韓米軍のどちらが握るかが議論されるといったことは、到底、日本では考えられない。自衛隊の指揮下で在日米軍が動くということはありえない。そして、有事に際して、その自衛隊を指揮して動かすのは、日本の首相や防衛大臣ではなく、在日米軍だろう。ほとんどの国民は、そういう事態を何ら不思議に思わないだろう。

「戦後日本」という表現がかくも長く生き残ったのは、一種の数少ない「民意」の抵抗だった気がする。戦前の君主制とは異なる「戦後民主主義」の独自性を込めた精いっぱいの抵抗。だが、そのメッキが剝げてみれば、戦前という岩礁が根を張っていた。

作家の池澤夏樹は「元号」についてこう述べる。「いくたび元号を変えようとも、変わらない陰の元号がある。『戦後』。日本国憲法の上に日米安保条約がある」（『朝日新聞』2019年6月5日付）。たしかに、どの元号の名称も、「戦後」の存在感には勝てないかもしれない。公文書での元号表記が強制されても、「戦後」はなくならなかった。不思議な感覚がする。「昭和な人」「令和時代」と言うが、戦後日本で一番勢いがあったのは、「昭和」の時代だろう。

ただ、元号の歴史的出自は知っておきたい。それは、天皇制、日本、元号が、ワンセットとして存続してきたという歴史的事実である。それは、けっして事実かどうか分からないような神話の時代にまで遡る必要はない。このことを明確に述べたのは、思想家の藤田省三だった。藤田はこう言う。「それらは共通の意図によって貫かれた同一の歴史的変動の結果として作り出されたものに他ならなかった。具体的には『律令国家』と呼ばれている歴史的建築物の象徴的側面としてそれら一組みの諸称号の体系が必要とされた」（藤田『精神史的考察』平凡社選書、1982年、206頁）。いかなる制度や名前であれ、その発生には、歴史的事情を背景にした歴史的作為が、つまり為政者の意図があることを教えてくれる。

しかも、かつて元号改変は高頻度であり、それについての藤田の解釈も興味深い。「元号は、変動の含意とくに政治的変動の含意を持った全ゆる事象に対して、絶えず過剰な程度にまで応答的に改められるのを常としていたのである。ただ、その応答の在り方が、装飾過多と過剰不安へと変質させられた政治的な呪的交感を核心としていた」（同右、212頁）。つまり、元号の出自も、元号の改変も、いずれも、その背景には、激動する政治力学に発する世情不安に対して、過剰不安と呪的対応があったというわけだから、古代ヤマトから今日の日本近代に至るまで、日本の皇室にシャーマニズムの影響を見出した清張史観と符合するのである。

## 5　消えた「大人」

皇軍の歴史的残虐性を記すことは、戦後直後には疑問視されることすらなかったが、20世紀末頃に自虐史観だという言い方が流布し始めて、叩かれる風潮が強まった。時代の豹変ぶりをこう評したのは、堀田善衛の戦場体験を綴った小説『時間』（岩波現代文庫、2015年。初版は1955年）の文庫版に寄せた辺見庸の解説だった。

河村とは逆の政治的発言で思い出すのは、「天皇に戦争責任あり」と発言した本島等長崎市長が銃撃されたときのこと。事件は1990年1月だった。発言は1988年12月、天皇崩御後の1年後に銃撃事件は起きた。この事件の社会的意味合いは、天皇について否定的発言をすれば、戦後44年後であっても、命を落とす危険性があったということ。崩御前後の自粛ムードを吹き飛ばした衝撃的事件だった。

長崎県五島出身のクリスチャン本島が言うのは、幼少期に学校の教師から言われたのは、本島の祖父が刑事に言われた言葉と同じだったと言う。それは、「キリストと天皇陛下とどっちが大事だ、キリストか、陛下か」だった、と（ブルマ前掲書、412頁）。

先に引いた伊丹万作の戦争責任論エッセイに共感できる人々、あるいは本書で度々引用した辺見庸の南京大虐殺前後の時代認識に共感できる人々は、いったいどれほどいるだろうか。あるいは逆に、「反日！」「陰謀論！」とレッテルを貼って一笑に付す人々が少なくないのかもしれない。21世紀の現代、もはや、前近代に後戻りしつつあるような逆風が吹きすさぶ。剝き出しの暴力やヘイトが日常的になり、近代や戦後日本の理念も吹き飛んでしまった。１９４６年に映画監督の伊丹万作が懸念した、「個人の尊厳の冒瀆」「人間性への裏切り」「悪を憤る精神の欠如」は、日本のどこにもありふれてはいないだろうか。

本書は、民主主義や平和主義、さらに「法の下での平等」を望ましい戦後的価値だと捉える立場から、作家の辺見や歴史家の清張の論説に学びつつ、日本的風土の歴史的相貌を描いてみた。辺見や清張の歴史論に共感を覚える向きは、いったいどれほど残っているのだろうか。逆に、前近代や封建制に郷愁を覚えるようなエネルギーは蘇っているのだろうか。

「**Democracy Dies in Darkness**（民主主義は暗闇のなかで死ぬ）」というジャーナリズムのあるべき気概を掲げるワシントンポスト紙に、学ぼう。「ノーモア・ヒロシマ」「ノーモア・ナガサキ」の願いを踏みにじった「広島ビジョン」を発した岸田首相に、ガザ住民虐殺を辞めないイスラエルに、人間としての憤りを忘れてはならない。

サルトルが発した、時代への究極の異議申し立て、つまり蘇るアンガージュマンの心意気は、人類に向けた最後の警鐘であるかのように、ちょうど「炭鉱のカナリア」のごとく、鳴り響く。歴史を颯爽と走り抜いたサルトルの遺した粋な言葉を嚙み締めたい。「金持ちが戦争を起こし、貧乏人が死ぬ」。

では、混迷を極めるこの世界史的危機の時代にあって、いったい、どのようなアイデンティティをもって、生き抜くことが重要なのか。「わたしは日本人」意識か。それとももっとローカルな「わたしは大阪人」「わたしは九州人」「わたしは東北人」といった地元意識か。あるいは、「わたしは東大卒」「わたしは京大卒」といった学歴、それとも所属する会社、役所、学校、宗教団か。

ドイツで生まれ、教育を受け、そしてフランスに住み、その後アメリカに移住した経歴を有するユダヤ人ハンナ・アレントは、「わたしはどこの国にも所属したくない」と言い、だからこそ、ホームシックにかかる移民の感情が理解できないと言う。では、アレントにとって、アイデンティティとは何か。ナチスの第三帝国に言語で抵抗したデンマークへは特別の共感と感謝があると言う。それは、デンマークこそが、ユダヤ人を含めデンマークへの外国人の「亡命権」を認め、難民追放というナチスの要求を断った国だったからだ。デンマークは、ナチスに対して言語という「非暴力」で抵抗し、「デンマークの領土にいたほとんどすべてのユダヤ人を解放するという偉大な事業をなしとげた」と（アレント前掲書、プロローグ）。

これは、1975年4月、コペンハーゲンで行われたソニング賞（ヨーロッパ文明の進歩に傑出した貢献を行った男性または女性に授与される）受賞の席で、アレントが語ったもの（同右）。ユダヤ人であり、ナチスの残虐さを体験しながらも、ただのナチス批判だけでなく、ナチスに協力的なユダヤ人批判の筆致も遺したアレントならではのアイデンティティ論だろう。だからこそ、アレントはドイツ出身でヨーロッパの文化的影響も受けてはいるが、ドイツへの帰属意識もなく、移民が抱く郷愁も理解できないと言う。ユダヤ人難民についてのナチスの申し出を蹴ったデンマークの勇気に、感謝と敬意を表するアレントの原点を見る。

アレントのアイデンティティ論は、どこにも属さない「デラシネ（根無し草）」と呼ぶにはあまりにも逞しい。サルトルやアレントに共通するのは、権威や権力に一切媚びず、怯まず、一生を自らの思想や哲学を通して、言葉でもって歴史観や世界観を著わし、時代の権力や不条理と戦ってきた、つまり本当の数少ない知識人だった。

そのアレントが繰り返し叫んだ格言が、「過去は死なない、過ぎ去ってさえいない」という言葉。その理由を、アレントは、「わたしたちが生きている世界は、いかなる瞬間においても過去の世界だから」と言う。しかもそのような歴史の再現の多くが、「身からでたさび」だという痛烈な皮肉（まさに、チャルマーズ・ジョンソンの言う**blowback**）を投げかけ、「歴史の教訓」を発見する（同右、485~486頁）。

歴史の教訓について、どんな幻想に陥ることもなく、碩学の鳴らした警鐘から学ばなければならない。しかも重要なことは、かれらがやって来る過去と言うのは、一般的な過去を語っているのではなく、特定された過去。それはアレントの言う過去はアウシュビッツであり、そして辺見の場合は南京大虐殺。しかも、危惧されるような第三次世界大戦が勃発し、東西両方で核ミサイルが飛び交うような事態が勃発すれば、それ以上はないほどの修羅場、地獄図が出現することはほぼ間違いない。そうなれば、人類に未来はない。

1995年には、文藝春秋発行の雑誌『マルコポーロ』がナチス・ホロコーストはなかったという論説を掲載した結果、アメリカのユダヤ人団体から猛烈な抗議を受け、同誌は廃刊に追い込まれ、同社社長は引責辞任に追い込まれ、編集長は解任された事件があったことを思い出す。「マルコポーロ事件」として、歴史に刻まれた。

このときも、2023年に大騒動に発展したジャニーズ事務所の性加害事件同様、外圧こそが事件を社会問題化する引き金になった。「マルコポーロ事件」が大手出版社・文藝春秋社長の辞任に発展したのは、ひとえに外圧で、内外企業による同社への広告掲載の一斉引揚という経済的制裁も大きな痛手だった。

とすると、アレントや辺見が鳴らす警鐘に耳を傾けるどころか、大袈裟だと言って一笑に付される可能性はどれほどだろうか。つまり、こうした論説を読み返せば、日本の読者はどういった反応を示すのだろうか。辺見著に応答した徐京植は、辺見の言う「ヌエ的ファシズム」批判は、「思考停止」と「自発的隷従」の心性に支えられた日本人の多数派には支持されないのではないか、と言う。どんな深刻な事件であれ、「ウッソー！」と済ませてしまう風土だから、と。

興味深い解説がある。かつて占領直後、乗り込んできたマッカーサーは、日本人は12歳だと言った。それに対して、度々引用してきたブルマはこう言う。「私には、十二歳でありたがっている国に思える。もっと幼くありたいのかもしれない。なにも心配はなく、責任や画一化を押しつけられることもまだない、あの黄金時代にとどまりたいのではなかろうか」（ブルマ前掲書、473頁）。

「幼児性は、日本だけだとは言わないまでも、日本に顕著な文化的特性なのではないか、とつい考えたくなる。戦後の日本人の幼児性には多少参る。日本中どこへいっても、可愛い子ぶりたい女性たちがさえずり、大通りにはディズニーランドふうの店が並ぶ。『テレビタレント』がふざけ散らす。ダークスーツのサラリーマン軍団が地下鉄の吊革にぶらさがって、少年漫画を読みふける。昔の寮歌がいまだに泣き上戸に愛好され、大人はいつまでも乳離れできない」（同右、同頁）。

このブルマの日本文化評は１９９０年代を念頭にしたもの。しかし、その後30年、このような「日本文化の幼児性」はもっとひどくなっていないだろうか。歴史を知らないことも、政治を語れないのも、まったくポピュラーになってしまった。たとえば、こんな感じの反応か。「南京大虐殺？　ウッソー！」、「アウシュビッツ？　難しそう！」、「７３１？　何の数字？」等々。

日本の高等教育の空洞化も関係する。ウォルフレンやブルマが繰り返し言った、日本人の驚くばかりの幼児性。幼児に、戦場の現場を教えることは無理。「侵略」も「虐殺」も「惨殺」もその脳裏にはない。「７３１」もただの数字。こんな話題をしようものなら、「あなた、反日？」と言われそうだ。そもそも「７３１」や「横田空域」について、学校で教わることはないだろう。テレビやネットを席巻する話題に、そうしたテーマが登場することもほぼない。国会議員ですら、国会でこうした論議はしないのだから。

在任時、安倍外交を評して、「地球儀外交」という呼び名もあったが、アメリカにもロシアにも、日本の主権を封印して、ただただ媚びただけ。作家の適菜収《てきなおさむ》の言う、無知と無恥が合わさった、まさに夜郎自大だったと評するのが相応しい。ただもちろん、本人はそうは思わなかっただろう。トランプと親しいゴルフ仲間になれば、軍事的危機のときにでも、アメリカは救援にやってきてくれると思ったというのだから（『安倍晋三の正体』祥伝社新書、２０２３年参照）。まさに、マッカーサーが言った「日本人は12歳」が妥当だろう。

戦時を振り返って、戦場での経験を自身の言葉で語った皇軍兵士の体験談をブルマから引こう。こうした戦場の体験談を伝える活字がめっきり減ってきた（その理由は保守化という世相も、体験者の高齢化もある）だけに、目を見張る。教育や報道の重要性を、つくづく痛感する。中国に侵攻した皇軍兵士の経験談を聞こう。

「女たちを、やっているあいだは人間とみなしていたが、いざ殺す段になると、豚同然に扱った。私たちはそのことを恥とも思わなければ、罪の意識もなかった。そんな意識があったら、あんなことはできなかったよ。村へ入るたびに、真っ先にやったのは食べ物を盗むことだった。それから女を連れてきて犯し、最後には男も女も子供も皆殺しにした」（ブルマ前掲書、２１３頁）。

あまりに生々しい兵士の体験談に、背筋の凍り付く思いがする。

「忘れもしない最悪のときは、老人とその孫の男の子を殺したときのことだ。子供を銃剣で刺すと、祖父がまるで孫の命を少しでも長らえさせようとでもするように、その子の血をすすりはじめた。私らはその様子をしばらく眺めていて、それから二人とも殺してしまった」（同右、２１４頁）。

この体験談は、１９９２年、京都近郊の小さな町に住む東史郎（当時81歳）が語ったものである。しかも、東はこの体験談を日記として書きとめ、立命館大学に新設された戦争記念館に送った。学芸員に勧められて記者会見まで行ったことで、人生が一変したと言う。

戦争体験者からは、「懲罰もの」「殺すと脅す脅迫状」、「支援を表明する手紙」が届いたそうだ。戦場記憶を語った東史郎は、「天皇は臆病だった、誰よりもいちばん臆病だったので、責任から逃げた」「偽の偶像だ」（同右、２１７頁）と言いながら、「この国じゃ、真実を話すことはむりなのだ」と結んだ（ブルマ同右、２１８頁）。案外、言葉を弄する者よりも、言葉で取り繕わないだけ、訴えるものが伝わってくる。

現在も、大勢の大衆が知らないうちに、「ワッショイ！　ワッショイ！」と囃し立てる喧噪舞う表舞台の裏では、粛々と、戦争に向けた策謀が進んでいるのではないかという危惧が拭えない。そうしたシナリオが醸し出す空気は消えない。

辺見やアレントの言う不気味な過去とは、ファシズムであり戦争である。しかも、そのなかでも、アレントが力説した人々の思考停止状況があまりにも似る。アレントが繰り返し説いた、エルサレム裁判でアイヒマンが見せた究極の性癖とは、「思考停止」。途方もない数の人間を殺害した張本人の一番の性癖が上司の命令に従っただけだという「思考停止」ならば、現在、こうした状況に陥っている日本人は、どこにでもたくさんいる。

アレントは、繰り返し、「自分で考える責任」を叫ぶが、辺見が問い続けたのも、そうした惰性で動く日本社会の瑕疵《かし》だった。その結果の崩壊について、辺見は警鐘を鳴らした。現在の為政者を代表する岸田首相も、ただ官僚作成の原稿を棒読みするだけ。清張が繰り返した「神輿」、アレントの言う「思考停止」なのである。

そもそも首相の記者会見そのものが猿芝居である。質問事項は事前に提出させ、回答は事前に準備された書面を読むだけ。ホワイトハウスにせよ、大統領と記者団の質疑応答は真剣勝負だろう。インタビューにしても、記者が大統領にぶっつけ本番で、質問に大統領が回答するといった風景は、珍しくないが、日本ではまずありえない。

第7章

# 「民主主義は暗闇の中で死ぬ（Democracy Dies in Darkness）」

## 1　会社主義の顚末

かつて中国で集中講義をした折、中国は「社会主義」、日本は「会社主義」、よく似た文字だが、まったく違うと説明したら、学生が大笑い。筆者は中国語を話せず、筆談だとお互い意思疎通が可能だった。似ているようで異なるようで、日中比較はなかなか興味深い。英語で喋って、黒板に漢字を板書するのが、いい意思疎通の方法だった。ときどき分からないときは、英語のできる学生が通訳してくれた。

かつてロンドンから辛口の日本評を発信し続けた森嶋通夫は、本家中国の儒教のなかの徳目「忠」は、「個人の良心に対する忠義」のことだが、日本的儒教の「忠」は最高徳目に位置するものの、専ら、「組織」や「上司」に対する「忠義」を指す、と喝破した。この森嶋の指摘は日本的忠義の何たるかを教えてくれる。日本では、「良心に対する忠義」という言い方は、ピンとこない。日本では「忠義」を向ける相手は、自らの「良心」ならぬ、専ら、所属する御家や上司である。「お家大事」「会社大事」の日本的価値観は、滅私奉公の封建制的価値観の一翼だと評しうる。戦前ならば、「お家」と言えば、文字通り、親子関係を主軸とする家族だろう。

そこでの家族とは、あくまで「親子」という血縁が主軸だったが、家族という共同体の構成員同士はけっして対等ではなかった。そこでも「和」という、日本的特徴を象徴する伝統的理念は、けっして平等の和気藹々とした人間関係を指すものではなかった。家父長制とは、組織内の、共同体内の序列が重要なのだ。

古代聖徳太子の時代から、「和」とは階層序列に順じた秩序維持だった。戦前は、親が子供を売り飛ばすことはポピュラーだった。娘は花街に、息子は商家の丁稚奉公に、口減らしとして売り飛ばされた。この事例だけでも、家族の構成員は、平等な関係ではなかったことが分かる。戦前の家族とは、徹底的に父親の権力下に統制された家父長制だった。

一転して、戦後の「イエ」を象徴する会社は、疑似家族である。構成員に血縁関係はない。しかし、戦前の「家族」同様、まるで会社は親子・兄弟姉妹であるかのように、「お家」に対する帰属意識を抱き、会社への雇用契約としてよりも、まるで家族でもあるかのような意識（滅私奉公）で働く。そこには、雇用された労働者意識も希薄で、自立した市民像もない。会社員は、会社と契約で勤務する労働者だが、意識はそうではない。とくに、大企業の会社員であるほど、「同じ釜の飯を食った仲間」という意識が根強い。

転職すれば雇用条件が劣る。定年まで働く「終身」雇用がポピュラーだった。労働組合もいつも労使協調という「和」の精神。意識的には、役員も新入社員も、「同じ釜の飯を食った仲間」である。まさに、「共同体的資本主義」だった。そこには、労使対立とかストライキといった「不和」は想定しがたく、労働組合委員長から役員に転じることも、よくあった。したがって、会社を跨った産業別労働組合は育たず、専ら、企業内労働組合だった。その意識は、江戸時代の藩意識に似る。会社という「ムラ社会」が「イエ社会」とも呼ばれた所以である。企業の序列を三菱グループで考えてみよう。

三菱グループは、同グループの親睦会である金曜会トップの御三家（三菱重工、三菱ＵＦＪ銀行、三菱商事）を頂点とする日本最大の企業グループ。歴史でこそ江戸時代発祥の三井や住友に劣るが、売上高や時価総額では、日本最大の企業グループ。東京駅前にある丸ノ内のビジネス街はまるで三菱村のごとく、多くの三菱系企業が本社を構える。三菱という血縁主義の強固さ、その三菱プライドには驚くばかり。一例を挙げれば、三菱ＵＦＪ銀行の歴代頭取のほとんどが三菱出身で、合併相手だった旧三和や旧東海出身者の名はない。さらに興味深いことに、グループ内部の階層序列が厳しい。御三家のみならず、世話人会、金曜会、三菱広報委員会と続く階層序列は「和」の世界の真相を教えてくれる。しかも御三家には交替がない。

とはいえ、三菱も元々は土佐の岩崎家という地方の下級武士出身で、幕末期の長崎でトーマス・グラバーとの接触を機に成り上がった。戦後は、商業資本の色合いの濃い三井系（三井物産や三井不動産等々）を尻目に、三菱は重工業に強かった。東京のビジネス街を象徴する丸ノ内（その最大地主が三菱地所、三井系は日本橋）に本社を置く企業が続出し、２００８年のリーマンショックでは、多くが対米投資に尻込みするなか、倒産危機に陥ったモルガンスタンレーへの大型出資で注目を浴びた。港区高輪にはそのゲストハウスである非公開の瀟洒な開東閣《かいとうかく》を構える。

先に見た「司馬史観」が人気を集めた所以は、たとえば、司馬が描いた幕末志士の自由奔放さにあった。それが、地方出身者が都会での帰属先として会社を発見したことを二重写しに捉え、「竜馬」像と重なった。筆者は司馬人気の所以をこう読む。

しかし、都会の会社は、自由奔放に振る舞える場所ではなかった。そこには、故郷にあった序列と同様、企業内にも企業間にもヒエラルキーがあったからである。御三家という三菱トップの傘下のどの企業であれ、グループ内の序列は厳しかった。同じ三菱というアイデンティティを抱くにせよ、その濃淡はある。筆者の知る三菱出身者は、定年退職後も、徹底した「三菱」意識で、なかには、「三菱」と取引していただけの下請け企業ですら、「三菱」意識の強かったことに、驚いたことがある。逆に、三菱に吸収合併された企業出身者には、「負け組」意識が漂う。ただ、この限界は、三菱という権威が通用する場に限られる。たとえば、海外に行って、三菱を知らなければ、「So what?」と返ってきて終わりだろう。

ところが、この共同体的資本主義は、大きな変質を余儀なくされている。「終身」雇用どころか、短期や有期で雇用を変わる非正規労働者が増えたからである。同じ仕事場でありながら、派遣、契約、パート、アルバイトといった多様な雇用契約の人々が働く。正規社員はその一つにすぎない。正規社員は店長だけという職場も少なくない。非正規職員には、退職金もボーナスもなく、様々な保険・保障もない場合が多く、年末の確定申告ですら、年末調整で済む正社員とは異なり、年度末に自ら税務署に足を運んで確定申告を行わなければならない。その待遇差は明らかである。つまり、三菱で働きながらも、所属は三菱ではない労働者が増えたのだ。

同時に、経費節減のため、仕事を外注（outsourcing）する企業も増え、自社内だけで労働者も工程も完結しない場合が急増した。たとえば、従業員への給与通知を外注すれば、自社内の経理部署の経費は節約できる。コンサルティングや資料収集も、外注に回すほうが安価。守衛も警備員も清掃員も、いまでは外注している企業が圧倒的。大学構内を巡回して警備しているのは、セキュリティ会社から派遣された従業員だった。昔、大阪の市立大学で働いていたころ、守衛も運転手も、皆、公務員だった時代とは異なる。

流通産業が最も分かりやすい。たとえばAmazonで注文した商品を運ぶのは、請負先の配達業者である。請負先業者がAmazonの包装紙に包んだ荷物を運ぶ。同じ宅配業者と言っても、自社便をもつ日本企業と、外部に委託するAmazonでは、企業活動の仕組みが異なる。消費者からの注文を受けた企業（これもAmazonではなく受注を委託した別企業）は、請負企業に運送を委託すればOK。

フード・デリバリーに至っては、自社員がわざわざ配達する店舗は少数派。Uber eatsのような配達員をギグワーカー（gig worker、gigというのは日雇い、単発の意味）と呼ぶ。かれらは、料理店から配達を指示され、消費者に配達する業務を件数や時間制で受ける。カタカナ英語で言えば、なんとなくハイカラに聞こえるが、「日雇い」と言えば、かつての山谷《さんや》や釜ヶ崎を思い出す。好ましいニュアンスやイメージに粉飾するために、カタカナ英語を使うことが増えた。

さて、ビジネスの現場では、企業買収も盛ん。株価次第では、外資系による買収も、外資系ファンドによる株主提案もまったくポピュラー。企業の値段は、株価×発行株式枚数だから、経営者は株価に神経質になる。かつての日本的経営では取締役会議が最高の意思決定機関であり、株主のポジションはそれほどではなかった。同じグループに属する株式の相互持合いとは、相互に経営上の異議を挟まないからだ。いまや、企業番付は、かつての売上高や預金額といった規模ではなく、経営の健全性を判断する時価総額や収益性が重視され、自己資本比率（equity ratio）やROE（1株当たり利益）がポピュラーになった。

したがって、日本人株主はあまり会社側提案とは異なる提案はしないが、外資系ファンドは経営収益を向上させるため、積極的に独自の提案を行い、株主総会で決戦する場合が増えた。会社経営をめぐる経営者と株主が対立する場合も多くなった。かつての株式の相互持合いも昔ほどポピュラーではない。もしも、外資系ファンドが大株主の場合、その提案を拒否すれば、株式を売却されて会社の存続が危ぶまれ、危機に陥ってしまいかねない。渋々であれ、当該ファンドの要求を呑む。「モノ言う株主」という表現が当てはまるのは、そういった文脈においてだ。

真山仁の経済小説『ハゲタカ』がNHKで放映されて大きな話題を集めたのは、2007年だった。外資系ファンドが経営難に陥った老舗企業を買収するという筋書きだったが、その買収そのものの評価についての真山の見解は微妙だった。真山の焦点が、買収したファンドの冷徹さにあるのか、情に流されて経営失敗した買収された方に責任があるのか、分かりづらかった。

日本企業の抱える不良債権を破格の安値で買収し、経営に乗り込んできた外資ファンドによって殺到したＭ＆Ａ（企業買収・合併）に対する著者の立ち位置の微妙さは、Ｍ＆Ａに対する社会的評価が定まっていないからだ。したがって、ファンドや買収への認識が定まらず、ハゲタカファンドや企業再生ファンドといった対照的な好悪のイメージだけが先行するようになった。

要は、戦後日本の基本だった会社も労働者も、そしてその意識も大きな変容を余儀なくされている。成長も所得も上がらなかった平成期（１９８９〜２０１９年）の「失われた30年」が終わったと思ったら、２０２０年以降は新型コロナ禍パンデミックの猛威が襲い、次いで２０２２年２月にはウクライナ戦争が勃発。そのうえ、列島中で頻発する自然災害、とりわけ予想される大地震到来の不安も消えない。

結局、「失われた30年」を上回るような、不吉な予兆に満ちた時代が始まった。疾病や地震や戦争の不安があるうえに、所得は増えず、税金は増え、物価も上がるとなれば、誰だって、明るい展望を抱く向きは少ない。当初は所得倍増を謳っていた岸田首相も、次第に、資産倍増へ主張を変え、国中に投資ブームを巻き起こした。福祉や介護を削られた高齢者にとって、「長生き」という台詞が、けっして幸福を意味しない。高齢者の言う「穏やかに逝きたい」という呟きほど、哀しいものはない。否、若者世代の死因1位が自殺というデータを併せて考えれば、この国で幸福に暮らす人々を探すことは容易ではない。

「日本を出たい」という若者の切実な声も聞こえてくる。低所得のために将来への展望が持てず、結婚できない若者が増え、出生率が下がり、移民受入国としての魅力も失い、高齢化で自然死者数は増え、そのうえ自殺者も少なくなく、人口減は必至。未曾有の財政赤字（ＯＥＣＤで最大）で、行政サービスは低下、しかし税金は鰻上り、控除も削られ、給与や年金は頭打ちで、物価上昇率を勘案した実質賃金は下がる。意気が上がらないのは当然だろう。

ところが、鰻上りに上がるのは防衛費という名の軍事費。しかもその軍事費増額は、バイデン米大統領の岸田首相への指示（命令？）だったことを、公開の席上、カリフォルニアで暴露される始末（２０２３年6月）。だが、国内からは反発も抗議もなく、日本は自治権も抵抗権も奪われた、まるで「保護国」という名の、実質は植民地ではないか。元外務省キャリア官僚の孫崎亨《まごさきうける》は、この状況をこう評す。

「日本の防衛費増額がアメリカの指示によるものであれば本来、内閣がひっくり返るような話である。だが、日本国民は騒がない。日本国民の多くは『アメリカの指示に従って動く国』を当然と見なしている。まさに世界に冠たる『隷属国家』だ」（「日刊ゲンダイdigital」２０２３年6月29日）。

大手メディアの最前線で報道に従事する人々に、独立心はない。「給料も高く、安全性もあり、自分の特権意識も満たされるエリートサラリーマン記者の高い自意識」（加治康男、公開ブログ、２０２３年6月21日）が、権力とインナーサークルにいるエリート意識だとすれば、権力批判といった権力監視の使命は、とんでもないだろう。

２０１１年３・11で、膨大な震災対応費を捻出するための外貨準備（米国債）売却でさえできなかったことが記憶に残る。巨大な保有米国債はニューヨーク連銀に預託されているが、危機対応のための財政資金捻出目的でさえ、売却できず、まるで上納金ではないか。一方では「絆」と題されたアメリカの人道支援が大々的に喧伝され、米国債売却不可についての報道はほとんどなされなかった。いま聞こえるのは、１９３０年代の日本が中国相手に陥った「暴支膺懲」という不遜な気分に似る。しかし、中国の経済力は２０１０年時点で日本を抜き、今やはるかに上回り、アメリカに迫る。かつて、政治思想家の丸山眞男の評した「抑圧の移譲」という空気が当てはまる。庶民の言葉に言い換えれば、「八つ当たり」ということか。

## 2　野蛮な「イエ社会」

「文明としてのイエ社会」という言い回しは周知だ。だが、「和」の内実がけっして平和でも仲良しでもなかったように、「イエ社会」の真相も、「文明」には遠い。逆に、「野蛮」だと喝破したのは、評論家の関曠野《せきひろの》だった。日本とは、文明の根幹であるはずの礼節を欠く、「辺境の蛮族」だと言う関の主張はすこぶる興味深い。

「集団主義」とは、「制度的な権威の前にトーテム信仰よろしく事大主義的にはいつくばり恭順の意を示す」もので、「間柄主義」は「個の自立を否定して仲間うちでべったりと相互にもたれ合う」、いずれも、本来の「礼と仁の秩序」に対立する概念だと切り捨てる。これは、儒教が元々説いた意味合いを変質、もしくは逆転させた日本的罪過として、関は問題視する（関『野蛮としてのイエ社会』御茶の水書房、１９８７年、45頁）。

では、日本的思想が切り捨てた元々の儒教とは何か。「文明 **civilization** とは何よりも礼節 **civility** の体系から成る」と言う。それは、「人々の平和な共存と共生の知恵」であって、「人間と人間の間の具体的な正義」を指し、だからこそ、孔子は「君子は和して同ぜず」と説き、荘子は「君子の交わりは淡きこと水の如し」と説いたのだと。これは「社会における個人の自由を保証するため」の「精妙な生の技術 **art de vivre**」だったと結論づける。かくて、「礼と仁の秩序」は「人を文明人とするための訓練」として創出されたと言う（関前掲書、44〜45頁）。

関は、「集団主義」や「間柄主義」でもって、個人を否定し、集団でのもたれ合い、なれ合いを醸成し、それをまるで「イエ社会」が育んだ日本的文明ででもあるかのように正当化し、江戸時代の「藩」と戦後の「会社」に共通する「イエ社会」だという共通点で括ってみせた日本のインテリの瑕疵に矢を放つ。

元々の儒教の原点は、個人の自由を保証するための、哲学的英知だったにもかかわらず、そうした儒教の原典には学ばず、変質させてしまった日本的解釈を、「辺境の蛮族」として断じる。しかも、日本民衆の「伝統的な体質」を、こう評す。

「日本人は過去一千年にわたり、何かうまい話はないかと絶えず目をキョロキョロさせ、うまい話がありさえすれば他人を押しのけるために何のためらいもなく暴力に訴えてきたのである。その意味で我々日本人は、本質的にはいまなお辺境の蛮族であり、絶えず時流に乗り羽振りと威勢のいい者につき従う機会主義と順応主義、そして暴力礼讃の思想は、この民族の骨の髄にまでしみこんでいる」（同右、42頁）。

筆者も日本で齢を重ねた高齢者として人生を振り返ったとき、関の評するような日本人観は容易に思い当たる。マルクス主義全盛の頃は左翼的、そして自由主義やアメリカ風ブランドが流行すれば、苦もなく乗り換え、挙句の果ては、「左翼叩き」に熱を入れ、ただただ役職のステップアップという出世に奔走する連中の何と多かったことか。

そうした長い戦後を振り返るまでもない。２０２４年という年明け早々、能登半島地震で被災された多くの人々が住む家屋も失い、路頭に迷い、生活再建に困難を極める高齢者の光景が飛び込んできた。そうかと思えば、原発事故の懸念も、志賀原発が運転停止だったことでかろうじて難なきをえたものの、どんなに危機一髪でも、原発再稼働への姿勢は崩さない。そうかと思えば、ウクライナ支援、台湾緊張への軍事的警戒等々、戦争に向かう体制整備は急ピッチで進む。

その一方では、テレビやネットを覗けば、相変わらず、芸能やバラエティ、あるいはスポーツやグルメで一杯である。戦争か平和かの瀬戸際に立たされても、そうした情報は限定的で、いかにしたら戦争を止められるかについては、まったく情報も知恵もない。

関の言う「辺境の蛮族」という言葉はまさに言い得て妙で、あるいは伊丹万作監督の敗戦直後の遺言が相応しい。宗教と言えば、いつも「困ったときの神頼み」。何の神様でもいい「八百万《やおよろず》の神」。「それでも地球は回る」と当時の権力者だった教皇相手に叫んだガリレオのような、肝の据わった識者は不在。「一億総嫌中」と称される世相は、かつての「暴支膺懲」の再版か。「日光の三猿」こそが、庶民の処世訓となって、21世紀の今日も引き摺るような風土ができてしまった。そもそもの出発は、徳川幕府が島原の乱というキリスト教信者の頑強な抵抗・一揆に震え上がった末の対策として作った日光東照宮の教えだった。

ここには、西洋近代を象徴づける「信仰の自由」「思想の自由」を求めた時代の息吹はない。カトリックとプロテスタントの対立も、イスラム教のスンニ派とシーア派の対立も理解できず、ただただ祖先を敬い、自然を愛で、自然の万物に精霊（八百万《やおよろず》の神）を見出し、開祖不明の一種のアニミズム的感覚から脱せない。だからこそ、ただ祈禱師（シャーマン）を「神輿」に担ぐシャーマニズムで十分だった。関の言う「辺境の蛮族」という性格付けは、まんざら的外れとは言えない。換言すれば、何の信仰もない風土には、ひたすら権力への服従を説く独裁権力による強制こそが、階層秩序を固定化させた封建制が根付いた。２６０年以上にわたって、江戸幕府が権力を維持した一因だろう。

清張も朱子学を評する。幕府の御用学問こそが朱子学で、武家は、家来が主に忠義を尽くす滅私奉公、町人も奉公人は主人に忠義を尽くす西鶴の人情もののように、「朱子学、これは統制のために上から下までぴしっときめてしまうのに、非常に都合のいいものであった」と（松本清張、前掲『歴史をうがつ眼』１２３〜１２４頁）。

しかしながら、一旦、外圧がやってくると幕府はあっという間に崩壊してしまうほどに脆弱だった。権威と権力の象徴だった「葵の御紋」は瞬く間に、急ごしらえだった「錦の御旗」に道を譲った。振り返れば、７世紀の聖徳太子以来の律令政治のモデルも、隋や唐といった大陸からの文明吸収だった。16世紀の戦国時代を終焉させたのも、キリスト教や鉄砲伝来という、ともに西洋からの外圧だった。そして、幕末もそうだった。

したがって、西洋近代のルネサンスのような脱中世の勢いを欠く日本近代だったことにも頷く。それは、明治近代も戦後日本も同様。才能に恵まれたはずの三島由紀夫にせよ、最期は作家としてではなく天皇主義者として自害した。筆者は、当時の文化を象徴するような存在だった三島には作家としての最期の矜持を示してほしかった。しかし、ウォルフレンの言う、「権力から独立した知識人不在」を証明して終わったのである。

とはいえ、徳川も戦前昭和も、そうした権力を維持する仕掛けが多々あったことを忘れてはならない。徳川は、大名には参勤交代させ、妻子を江戸（多くが「山の手」で、商人や町人が住む「下町」とは分離）に居住させ、謀反を起こさないように監視し、庶民には五人組で連帯責任を基本とし、関所で移動をチェック、さらに奉行所では与力や同心が住民の一揆等々、不忠義な行動に眼を光らせた。

そのうえで、「日光の三猿」という問答無用の服従ぶりを民に強い、徳川家を東の「アマテラス」（東照宮）に祀り上げ、何重にもわたって縛りをかけなければ、支配が維持できないほどに、そのうえキリスト教を禁教にし、怯え切った用心深い為政者像が反面では真理だった。戦後も、ありもしなかった虚像「水戸黄門」でもって、繰り返し、「お上」の人道性を喧伝し、権力の正統性を説いた。「この紋所が目に入らぬか」という台詞が成り立つのは、紋所という権威・権力に喝采を上げる庶民がたくさんいるおかげである。

アメリカの刑事モノ「刑事コロンボ」と比較すれば、文化や風土の明白な相違が分かる。事件を追うコロンボは、あくまで犯罪者が駆使するロジックを推理し、上下階層ではない。「お上の恩情」といった姿勢はない。「水戸黄門」と「コロンボ」には、日米の文化風土の相違が横たわる。コロンボは、犯罪者の犯罪動機を解くプロ。黄門様はいつも、悪代官を懲らしめる裁く側にいて、筋書きは初めから決まっている。

ウォルフレンによれば、徳川支配の最初の百年間は、「東照宮が神道の一番重要な神社であり、歴代天皇が先祖に参拝する伊勢神宮と人気を競い合った」と言う。まさに、東西のアマテラスが人気トップを目指して競合する時代だった、と（ウォルフレン『日本／権力構造の謎（下）』ハヤカワ文庫、106頁）。

このような神社創設の背景として、ウォルフレンは、信長や秀吉同様、「成り上がり者」だった家康も、「統治を正統化するための精神的拠り所が必要」であり、「徳川家によって作り上げられた警察国家が続いた二世紀半」（同右、同頁）だったと江戸時代を観る。いまや、神道の序列では伊勢神宮に差を付けられてしまったように見える東のアマテラス東照宮に祀られる家康は何を思うだろうか。それにしても、ウォルフレンの政治から文化にまで広がる博識ぶりには舌を巻く。

戦前昭和では、悪名高き特高が1925年の治安維持法で国民の思想を監視、自由な見識を吐露する社会的空気は短命だった大正デモクラシーで終わった。ときの体制への恭順・服従以外は一切認めない狭隘性と独裁性こそが権力の特徴で、大杉栄から三木清に至るまで、数多い異能の論客が犠牲になった。これも、あいつもこいつも虐殺しなければ支配が維持できないほどに自信喪失だったと言える。

ウォルフレンは、こうした過去の制度的強圧が現在はないにもかかわらず、日本には権力に怯えない独立した知識人が不在だと言い、逆に、嬉々として権力になびく識者ばかりだと嘆いたが、何百年も続いた歴史的な習い性とでも言うべきメンタリティだろうか。どんなアンダークラスの大衆であっても、権力・権威への恭順さは根強い。「和」の社会にあって、裁判や訴訟なんてとんでもない。所属する共同体のトップこそ、忠義の対象であって、共同体内の係争は、法ではなく話し合いという「和」でもって調整する。自分で思考する独立フリーランスのような人間は、例外中の例外である。

だからこそ、ここで参照したような海外の文献を読み漁ると、一般的に教科書や歴史書からは得られない情報満載に驚く。日本の権力のカラクリを明かしてくれるノンフィクションを遺すのは、いまだにタブーの多い日本人が描くにはリスクが大きい。しかし、そうしたカラクリを描いたノンフィクションは、幼稚で陳腐な番組でいっぱいの日本のテレビやネットや新聞の報道を見慣れた目からすれば、興奮すること必至だ。

## 3　つくられた「幼児性」

ブルマの言う「日本人の幼児性」は、権力によって恣意的に作られたもの。幼稚な情報ばかりがテレビ、紙誌、ネットといった媒体のどれをも席巻していれば、誰だって、影響を受けることは避けられない。ブルマは、かつて坂口安吾の言った、日本人は「歴史の前ではただ運命に従順な子供であった」(『堕落論』)を肯定的に引く。

たしかに、マッカーサーは「日本人は12歳」だと言い、ブルマは「12歳でありたがっている」と言った。ウォルフレンは、そうした日本人の幼児性が、どのように作為的に創られたのかを説明する。ウォルフレンは、出来上がったシステムには、元々創始者の狙いや作為が作用していると観る。制度には作った側の作為や狙いがあって、そうした人為的に作られた制度こそが、意識や思考様式を生み出し、それが風土となると考えられる。

たとえば、現在の企業内組合の源流を遡れば、戦意高揚をはかるために、戦中の1938年から40年にかけて大日本産業報国会と称される協議会が次々に作られ、「企業大家族主義」を標榜する全国組織が全国的規模でできたこと。しかも、これを指導したのは内務省で、その意向に従わない企業は内務省管轄下の警察によって強制処分される覚悟さえ要ったという。しかも、この内務省の手本はナチスの労働政策だったというから、驚くばかりである(『日本/権力構造の謎(上)』ハヤカワ文庫、164〜165頁)。

昨今の自民党政権に擦り寄る労働組合・連合の姿勢の源流は、そもそも1938年の戦意高揚を促す国策にあった。労働者に戦意高揚を促すために、政府主導によって組合が統合され、しかも警察(特高が業務に当たった)が指導し、そのスローガンが「企業大家族主義」だったというのだから、経営者に異議申し立て一つできないまま、労働者の属性すら失った組合になってしまった、その歴史的経緯を思い知る(同右参照)。

そもそも、企業という枠を超えた労働組合という思考がなかなか育たなかった。「○○社」への帰属意識はあっても、社を超えたアイデンティティは育たなかった。むしろ、かつての藩の延長線上に会社を位置づけるほうが自然。「〇〇藩」という属性と「〇〇社」という属性は相似で、どちらも「イエ意識」を共有する。先に述べたように、そうした認識は、「文明」なのか「野蛮」なのか。

かくて、「従順な中産階級」から成る日本では、「忠誠は支配権をもつ者への盲従」であり、「忠誠の倫理観は、本質において、服従の倫理観である」と説明するウォルフレンは、中世ヨーロッパでは領主と騎士のあいだの忠誠心とは、神の名において騎士が領主を見捨てることができる互恵的関係だった、と言う（同右、350〜351頁）。

ところが、日本では対照的に、上司―部下、親企業―子会社の零細企業のあいだには互恵ではなく一方的関係、つまり「統率者の命令には絶対服従が要求されるという特徴」（同右、350頁）がある、と。同じ封建制だとはいっても、互恵的か一方的かで関係が異なる。その相違の背景には、神という絶対的存在の有無が、つまり「世俗の権力には限界があるという概念」（同右、410頁）の有無だと言う。西欧にはキリスト教があったが、日本には世俗の権力を凌ぐ神はいなかった。主人と家来の主従関係が、二者関係で結ばれるのと、神の仲介の下での互恵的契約だと認識されるのでは、雲泥の差がある。

では、日本人の幼児性についてはどうか。日本の大衆文化における際立った特徴は、「政治的な想像力を駆り立てる内容はすべて抜いてある」（同右、360頁）点だとウォルフレンは言う。この点は、ブルマの見立てと同じ。しかも、日本のサラリーマン文化の差支配を一手に行っている企業体として、ウォルフレンは「世界最大の〝広告代理店〟電通」（同右、３６２頁）を挙げ、「サラリーマン文化の演出者《プロデューサー》」「影のメディア・ボス」（同右、３６０～３６２頁）と評する。

その理由は、日本の全テレビ・コマーシャルの三分の一の直接責任者であり、ゴールデンタイムの実質的に独占的決定権をもつからだと。その傘下には膨大な数の映像プロダクション等々がいて、広告主ですら電通を通すことになっており、「スポンサーの選定と放送番組の内容の大部分を電通が握っている」（同右、３６２頁）と言うウォルフレンは、その番組作りの方針をこう評する。

「日本のテレビ番組は平均精神年齢八、九歳に合わせている。日本で日々の娯楽の質を決定するうえで主要な役割を果たしているのは電通であり、電通はほとんどすべてのものを最低レベルまで下げるのに成功している。頭の働きを鈍化させる芸能娯楽を作り出す機関は他の国にも存在するが、今ここでわれわれが検討しているのは、ほぼ完全に他者を締め出して、大衆文化の質の向上を抑制したり拘束できるだけの力を持つ組織」（同右、３６４頁）だと言う。

しかし、日本がどんなに権力者に好都合なシステムだとはいえ、ウォルフレンの興味深い視点は、「人脈」（コネ）によって結ばれた強力な非公式なネットワークを支配階層だと呼ぶにせよ、そこには支配的な頂点がなく、つねに派閥ごとの対立・抗争が絶えないこと。政界、官僚、財界、学界、ジャーナリズム、そして芸能界にせよ、いずれも階層ごとの序列こそ厳しいが、その全体を統合する組織には欠けると言う。

天下統一した江戸時代でさえ、外様大名は幕閣にはなれなかったが、比較的自治権に近い裁量は持ち合わせていた。戦前のファシズムにせよ、陸軍と海軍、統制派と皇道派、内務省と軍等々、いずれも利害が相反し、対立・抗争は日常的だった。筆者も、何度も指摘してきたが、「和」の世界は、どこもかしこも「不和」だらけ。逆に、「不和」だらけだったからこそ、「和」が提唱されたと考えるべきだろう。

かくて戦後も、日本の明白な支配階級は「官僚、財界人、自民党員の一部」（同右、241頁）から成るものの、その「〈システム〉の中心は空洞」（同右、277頁）であり、支配階級とはいえ、派閥や利権を相互に調整するアドミニストレーター（管理者）にすぎなかったと、ウォルフレンは観る。

第二次大戦における戦争責任問題における茶番劇、ロッキード事件における田中角栄逮捕、民主党政権登場時の小沢一郎追放、次いで鳩山由紀夫失脚も、いずれも大きな外圧が働いたというのは、機密情報を公開するウェブサイトのウィキリークスを始め、海外の文献では周知のことだろう。とくに、米軍横田基地での通信傍受に、通信傍受のプロとして携わっていたエドワード・スノーデンの秘密暴露も周知だが、現場に精通した情報通の暴露であれ、社会的な問題には発展しなかった。多くの著作で警鐘を鳴らした「日本人は大丈夫か？」と何度問いかけても、外務省を始め政府や高級官僚も、市井の庶民もともに「日光の三猿」に徹したのである。

何も知らないのは日本の庶民くらい。小沢や鳩山の失脚がアメリカからの圧力だったことは日本では周知ではない。もしくは薄々は気づいていても口に出せないのは日本の識者や大手メディア。別に陰謀論の信奉者でなくても、海外の日本研究者なら常識だろう。結局、ティム・ワイナーの

「岸政権は米CIAの産物」とか、スノーデンが告発した米軍基地の盗聴現場、あるいは、マーフィーの説いた民主党政権転覆劇、そしてウォルフレンが明かした日本支配層の支配システムにせよ、海外識者が明かした数々の具体的で深刻な現実素描が、実際の日本というシステムを動かすことはなかった。

日本の深刻な政治的スキャンダルの舞台裏の真相を知らないのは日本人だけなのかもしれない。「12歳の子供」には、大人の陰謀を理解することは無理。そうした政治力学を語る日本人には、「陰謀論者」「反日」と罵倒すれば、その発言は易々と封じることができるだろう。

## 4 「731」残党から韓国激震までを読む

この内外の情報乖離を象徴するような事例が、先に挙げた戦闘機で笑顔を見せる安倍首相（当時）の光景。多分、安倍や安倍を迎えた周辺の面々は、「731」の意味合いを知らなかったのだろう。ペスト菌や炭疽菌やチフス等々、「マルタ」と称された人体実験を遂行したとして悪名高い731部隊は、現在、ユネスコへの世界遺産申請が準備されていると報じられている。しかし一方では、この残党の多くが、GHQとの秘密裏の交渉で戦犯解除されたこと、日本の戦後の医療行政や医学界において指導的立場に就いていたことを知らないどころか、最近はその「悪魔」のごとき所業自体を、否定する論調も少なくない。

ただ、ウォルフレンの言うように、幼児性いっぱいの情報が席巻する日本では、支配階層に属する人々も、そうした幼稚な情報に巻き込まれるだろうと推測される。日々、そうした幼稚な情報ばかりを眺めていると、歴史書や哲学書を読む気力は失せるだろう。

しかし、トップの石井四郎始め、数多い731部隊所属の医師や技師が、戦後の大学や研究所や薬剤メーカーに潜り込み、医師や医学研究者や職員として活動をし続けたことはあまり知られていない。かれらは、731部隊の研究データをこっそり持ち帰り、それをアメリカ側に提供する見返りに、戦犯容疑という訴追を免れ、戦後も「731」については黙秘しながら生き続けた。

したがって、かれらは裁判で裁かれることもないどころか、戦後も、日本の医療行政や医療現場や教育現場で知らぬ顔して、理事長や社長、あるいは学長や教授として、日本の枢要なポストに座り続け、罪を贖罪するどころか、現役として生き延びた。作家・森村誠一の筆致で一躍周知になった、まさに「悪魔の飽食」と称するのが相応しい。

しかも最近の研究では、一歩進んで、「20世紀最大のスパイ事件」と称されるゾルゲ事件の主役ゾルゲは、1937年時点で、日本のハルビン郊外の軍研究所で細菌兵器の研究を行っていたことを情報として摑んでいたらしいこと、そうだとすれば、ソ連の諜報団はアメリカより4年早く、731部隊に気づいていたことになる（加藤哲郎『飽食した悪魔の戦後』花伝社、2017年）。

しかし、アメリカもソ連に遅れたとはいえ、1941年にはハルビン郊外の731部隊の人体細菌研究については知っていて、原爆研究とともに細菌兵器研究がどの程度、日本軍で開発されていたのか、その実験データや開発の最前線を知りたかった。その点は、20世紀にパックス・アメリカーナの覇権を築くうえにも最重要な課題だったし、厚木基地に乗り込んできたマッカーサーが、着くや否や、「石井はどこに居るか？」が最初に発した言葉だったとも言われるから、GHQが731部隊の情報を入手したかったことが明白だ。

加藤は、731部隊でインテリジェンス担当だった企画課長で、結核・梅毒研究担当医師として人体実験にも関わった二木《ふたき》秀雄《ひでお》の生涯を追う。二木は、1945年8月に、故郷の金沢に731部隊「仮本部」を設営、1946年8月に東京ジープ社設立、雑誌や単行本の出版に携わる。1950年には日本ブラッドバンク社（後のミドリ十字）設立。1992年9月、84歳で死去。2012年5月、遺族が多磨霊園に墓碑建立。

要するに、二木秀雄は、「GHQ、厚生省、政界・財界に食い入って、七三一部隊全体の隠蔽・免責・復権の過程を助け、隊友ネットワークを作り、石井四郎の精神、七三一部隊の事業を守ろうとした。情報戦の観点からすれば、石井部隊のインテリジェンス担当で、ネットワークの結び目、ノード（中心点、結節点――引用者）の一つに徹したかに見える」（加藤前掲書、45頁）。加藤は、二木を「『飽食した悪魔』の典型」（同右、44頁）だと評した。

ここで重要なことは、731部隊の残党が日本全国の医療機関や病院や大学・研究所等々に散らばったこと、しかも、たとえば大学では金沢大、京大、東大といった大手の主要大学医学部に太い人脈をもっていたこと、しかもそれが1950年の日本ブラッドバンク社（後のミドリ十字）創業にも携わり、朝鮮戦争に参戦する米軍兵士への血液供給の役割を担ったということも驚きである。旧731部隊の復活も、朝鮮戦争特需の恩恵の故だった。

たとえば、元731部隊の幹部たちは、「七三一部隊での研究実績をもって、戦後の医学界に復活し、地歩を築いた」（同右、44頁）。加藤は、つぎの著名な幹部の転職先と肩書を挙げる。「第一部第一課（チフス）の田部井和は京大医学部教授、第二課（コレラ）の湊正男は京大医学部教授、第三課（生理学）の吉村寿人は京都府立医科大学長、第六課（病理学）の岡本耕造は京大・東北大医学部教授、石川太刀雄は金沢大学医学部長、第八課（ウィルス）の笠原四郎は北里研究所、内藤良一はミドリ十字会長という具合」（同右、44〜45頁）。こうした名簿を見れば、戦後医学界の奔流に、旧731部隊の残党として身を隠したのではなく、現在進行形のエリート医学者として鎮座したことが分かる。しかも、こうした名簿リストは全体の一部にすぎない。

731部隊の米軍との関係は、戦犯訴追を免れただけでなく、その後も、戦争協力のための血液売買に携わった。否、1980年代に大きな薬害社会問題になったHIV（ヒト免疫不全ウィルス）薬害問題に、ミドリ十字の非加熱薬剤が重大な要因として取りざたされた歴史を振り返れば、この731部隊が携わった犯罪は、戦前のみならず、戦後も長きにわたって引き摺る重大な問題だったことが分かる。

もっと大きな視点も必要。日韓の歴史問題でいつも重要な争点になる慰安婦問題だが、二木が石井の下に派遣されたのは1938年、盧溝橋事件や南京事件の翌年。二木の金沢医大での梅毒研究は、「関東軍の731部隊への要請にピッタリだった」。それほどまでに、強姦が増大して、皇軍内に性病が蔓延し、軍紀が脅かされたというのだから、その解決の一つが731部隊による性病研究だったということが窺える（同右、45頁以下）。「梅毒スピロヘータが専門」の二木は、まさにその軍の要請を受けた中心人物であり、人体実験を繰り返した張本人だった。

加藤の記述によれば、二木の当時の研究室跡が、敗戦時に爆破されたはずだが、なぜかその骨格が遺され、世界遺産登録の一つとなっているという。加藤は、「七三一部隊二木秀雄の亡霊は、生き続けている」と記す（同右、77頁）。

同時に、加藤は、いかに日本の医学界や医療行政の中枢が、戦前の731部隊の細菌研究を源流としたものであったかを抉り出し、疾病治療といった人道的な医療の顔からは遠い、戦争や殺人兵器の最先端に関わった時代が戦前戦後に跨って続き、しかもそれは国策として遂行されたという過去の歴史を振り返ることの重要性を教えてくれる。

同時に、石井や二木にしろ、金沢医学界に人脈を有する鬼子であったと同時に、戦後も金沢文化の一翼を担った関係に眼を止めれば、731部隊の仮本部（野間神社）を置いた金沢のもつ歴史的相貌の裏面史が垣間見える。

兼六園や金沢城、そして武家屋敷等々で、とくに2015年春の北陸新幹線開通後は利便性も高まり、観光客に人気の金沢だが、それに政治的対立と言えば内灘闘争が浮かぶが、敗戦前後から731部隊復活のインテリジェンスが展開され、敗戦後早々にGHQとの交渉にあたったノウハウを練った最前線だったという裏面史は忘れられてはいないだろうか。

石井が731部隊という家父長制トップなら、二木は差し詰め参謀役だった。石井には、亡くなる1年前の1958年8月、「房友会」という旧少年隊員相手に、「第七三一部隊の任務は、一口にいって日本国家を救う研究機関であった。……国家を救う研究機関七三一部隊に勤務していたことに誇りを持って頂きたい」(同右、373〜374頁)という講演発言が遺る。実質的な遺言だった。

天皇制やA級戦犯から731部隊まで、占領目的のアメリカの狙いは、戦前日本の支配層の中枢のうち、自らの戦後の日本支配に都合のいい素材を揃えて封印し、利用した可能性が高いと観ることができる。医療と情報をつなぐ結節点に731部隊が存在し、戦後も、そのような性格を引き摺ったがゆえに、人体実験を繰り返した「飽食の悪魔」の末裔だったという歴史の教える闇は実に深い。この研究に携わった、作家の森村誠一から研究者の常石敬一《つねいしけいいち》、そしてジャーナリストの青木冨貴子《あおきふきこ》や歴史家の加藤哲郎まで、この闇を明らかにする膨大な研究履歴に、心から敬意を表したい。

ブルマの言うように、「一つの歴史的事実も、見方と位置によってずいぶん違って見える」(ブルマ前掲書、219頁)。2023年10月に起こったハマスによるイスラエルへのロケット攻撃は、イスラエル側はテロだと言うが、長年狭隘なパレスチナという土地に強制的に封じ込められてきた方からすれば、パレスチナ解放を目指すインティファーダ(民衆蜂起)だった性格を否定できない。そう言えば、「反ユダヤ主義か?」と言う反論が返ってくることが予想されるとき、第三者の正当なスタンスとは何なのか。

長年、パレスチナ系アメリカ人として人文学上の顕著な業績を上げてきたサイードは、「俗悪なおためごかしによって誤った二部法」(サイード『人文学と批評の使命』岩波書店、2006年、98頁)を批判しながら、「わたしたち」とは誰なのか、その「二部法」の陥りがちな落とし穴を問う。ときは2001年9・11後のイラク戦争のこと。

「『わたしたち』とは誰のことなのか。……わたしたちは、大量破壊兵器保持のかどで（どちらにせよそんなものは見つかっていないが）イラクを起訴しようといきりたっているが、ニュースキャスターが現国務長官に、『わたしたち』は同一基準を適用してイスラエルに兵器について問い合わせるのかと尋ね、それになんの返事も返ってこないときに、『わたしたち』とは誰なのか？」（同右、99頁）。

なるほど、サダム・フセインには執拗に大量破壊兵器保有の有無を問い質すにもかかわらず、同じ質問がイスラエルに向けられることはない。しかし、これが不平等だとも不正義だとも批判されない。常識の落とし穴を、サイードは語る。そして、このサイードが想定するような問答がたとえテレビで演じられたとしても、誰も答えられないだろう。

この間、イタリア映画の名作『ひまわり』（1970年）が繰り返し放映され、ウクライナの悲劇が奏でられる。主演マルチェロ・マストロヤンニとソフィア・ローレン演じるヒロインの戦時による哀しみの別れの情景が、一面に咲くひまわりの映像と合わさって、観客に戦争の悲劇やウクライナの哀しみが同情を誘う。ヘンリー・マンシーニの音楽「愛のテーマ」が、かつての哀しみの映像が現下の悲劇と重なり、ウクライナの時代を越えた苦悩が演出される。

映像や文字による文化情報の役割は大きい。一方、ここでも少し紹介したが、トッドのようなウクライナ悲観論はなかなか報道されず、プーチンの失政やロシア軍劣勢ばかりがテレビ報道では報じられ、なかには鈴木宗男のようなロシア通の政治家はバッシングされ、防衛省関係者等々による勇ましい戦闘論ばかりが報じられ、まるで戦況はウクライナ有利でロシア不利のような報道が日々報じられてきた。

情報というものは、表に出てきているのと裏面史との乖離は大きい。イラク戦争でも、米空軍ミサイルの先端技術満載の攻撃力ばかりが喧伝されたが、結局、米軍は統治に失敗し、「第二のベトナム」に終始した。グローバリズムの宣伝隊長のような『レクサスとオリーブの木』（草思社、2000年）の著者トーマス・フリードマンは、イラクは「ほとんどのアメリカ人がなにも知らない国」だと言う（サイード『文化と抵抗』ちくま学芸文庫、265頁）。そこから引き出すサイードの結論は、「実質的になにも知らない国に対して戦争をしかけようとしている」（同右、266頁）アメリカ社会の背景には、「知識人階級全般の失敗」があり、「国民の分析力」の「鈍化」と「麻痺」がある、と喝破した（同右、264～266頁）。アフガニスタン戦争でもタリバン政権の在米資産を凍結して米軍は逃げた。結局、無数の爆弾だけを落として統治に失敗し、最後は逃げ出すのが共通する。しかも、イラク人を殺傷し、貴重なメソポタミア文明の誇る古代遺産を壊滅させても、恬《てん》として恥じなかった。

イラクは世界最古の文明であるメソポタミア文明で、7000年以上も前に遡る「文明の発祥地」。シカゴ大学のウィリアム・ポルクは、「古代ギリシャ人がメソポタミアと呼んだ地域は、今日われわれが文明生活と考えるものが始まった場所である。つまり、あの地域で人々は初めて哲学や宗教について考え始め、……何よりも重要なことには文字を発展させた」（チャルマーズ・ジョンソン『帝国解体』岩波書店、2012年、48頁）。

しかもキリスト教徒なら誰もが知っている旧約聖書の創世記に記されてある大部分は、この地域について記されている。バビロニア、シュメール、アッシリア等々、メソポタミア以外も高頻度で出てくる著名な土地ばかり。この人類最古の豊富な遺産が米軍の爆撃で、そして銃撃戦で、あるいは略奪で、博物館や資料館は消失してしまった（同右、49頁）。

ボストン大学考古学者ポール・ズィマンスキーは、「過去五〇〇〇年間における文化の最大の惨事」だと評し、一方の空爆によって貴重な歴史遺産を破壊した側のラムズフェルド国防長官等の米政府高官は、「無関心、いや、ほくそ笑みともいえる反応」で、同長官に至っては、「自由な人々は間違いをして罪を犯す自由もある」と嘯いた（同右、49〜50頁）。

日本では、先のウクライナの惨事には関心が向くが、他方のイラクでの惨事には無関心を決め込む。人類最古の遺産が消失してしまったという事実を、なぜ大手メディアは大きく報じなかったのか。それとも、宗教に関心の薄い日本人には関係ないのか。アメリカ人のチャルマーズ・ジョンソンは、舌鋒鋭くアメリカ政府の暴挙を批判する。

「全人類の古代遺跡の破損ということでは、アメリカ政府はタリバンよりはるかに重大な罪を犯しているばかりでなく、米軍の占領に対するイラク人の態度を考える際に、そのアメリカの罪のことを考えようとする者はアメリカにはほとんどいないのだ。しかし、アメリカ人が思い出したがらないことを、他国の人々はいやというほどに思い起こすことだろう」（同右、57〜58頁）。

チャルマーズ・ジョンソンの記述で、日本ではなかなか見られない論述に、韓国の民主主義への高い評価がある。朴正熙大統領暗殺の1年後の1980年、陸軍司令官だった全斗煥はソウルや光州での民主化運動を弾圧で叩き潰したが、1988年のソウルオリンピックをへて民主化を進め、1993年の総選挙で軍人ではなく、民間人だった金泳三大統領が生まれた。

金は、全と盧泰愚を、1979年の軍事的政権奪取と光州大虐殺の罪で起訴し、韓国の最高裁判所は両名を有罪（全は死刑、盧は禁固22・5年の判決）とした。その後、1997年12月、新たに大統領に選ばれた元平和運動家の金大中は、この二人を特赦した。この事実について、ジョンソンは、「単に形式的なことしかしない日本の最高裁判所には想像もできないこと」（同右、71頁）と言い、「韓国は本物の民主主義を育てた」と高く評価する（同右、同頁）。

要するに、チャルマーズ・ジョンソンは、軍事独裁政権を民主化でもって崩壊させた韓国民主勢力のパワーをきわめて高く評価する。それは、2024年12月の尹《ユン》韓国大統領が発した戒厳令を、わずか6時間ほどで撤回に追い込んだのは、何よりも民主主義を支える民意のパワーだったことに現れている。筆者は、ソウルの国会周辺で緊迫した軍と民の深夜の興亡が続くなか、韓国民主主義の成熟が本物だと感じた。換言すれば、自力で民主主義を勝ち取った民衆のパワーにほかならない。この深夜の戒厳令騒動を、相変わらず、「親日」「反日」で語る日本人識者の力量不足には、耳を塞ぎたくなる。

2009年に日本の民主党が政権奪取しながらも、沖縄の基地移転問題の混乱や政治資金規正をめぐる不透明さを根拠に、たちまちにして政権返上を余儀なくされた背景には、マーフィーの言うように、アメリカの対日圧力（民主党叩き）があったことは今や明白である。にもかかわらず、日本の大手メディアや識者は沈黙を続けるばかり。むしろ、民主党から政権を返上させて登場した安倍政権が史上最長の内閣だったことの意味合いは、そうした政治に対する徹底した無関心の民意を考慮しなければ、理解できない。

否、政府の言うことに服従する以外は、民意なるものがない。民意が政治を動かすという経験も知らない。したがって、韓国が民主化を実現したとはいえ、民主化そのものへの関心が薄い。血生臭い凄惨な犯罪だった光州虐殺の首謀者を裁判にかけ有罪判決が下されたにもかかわらず、かつて軍事政権から暗殺されかかった金大中が大統領として特赦を与えるという展開のダイナミズムにも驚く。つまり、韓国の民主化勢力の力量と展開には、予想できなかったようなドラマが続いたのだ。

片や、チャルマーズ・ジョンソンは、「政府によって上から下に向かって国民に押し付けられた憲法と、国民自らが築いた憲法で政府を構成するような場合の憲法とでは、威力と権威に大変な違いがある」(同右、68頁)というハンナ・アレントの法治論を引きながら、「日本では、独立した民主主義が発展せず、アメリカの冷戦期の従順な衛星国、それも極端に柔軟性に欠ける政治組織を持つ国」(同右、69頁)だと評した。

戦後の岸信介復権も、日米安保も、そして21世紀の民主党分裂も、その背後には、アメリカの圧力が存在したことを、同書は見逃さない。チャルマーズ・ジョンソンの遺書となったこの著書には、そうしたアメリカの非民主的で傲慢な政策のために、世界中が被った人権侵害の数々に対する内幕を知る立場からの説明と謝罪になっている。沖縄普天間基地についても、アメリカ内に移し、「六五年間も辛抱してくれた沖縄住民に感謝すべきだ」と訴える(同右、147頁)。

韓国民主化のきっかけが１９８８年のソウルオリンピックだったことは、あまりにも堕落し、腐敗しきった２０２０東京オリンピックが見せた汚辱の数々と比較するとき、ため息を禁じえない。ブルマが言った「幼児性」、あるいはウォルフレンが告発した広告代理店の工作成功の故なのだろうか。どんなに韓国の民主化の力量が、チャルマーズ・ジョンソンの評するように、目覚ましいものだったにせよ、それを報道する大手メディアがなければ、誰も気づかない。そうした方向で語る識者がいったいどれほどいるのだろうか。

アジアを見下す差別意識から脱しえず、アングロサクソンへの憧憬が拭えない日本の病理は続く。どことも対等で民主的な関係を知らず、変貌する世界を理解せず、存在感をなくす日本の立ち位置に驚く。かつて対米最優先だったＡＳＥＡＮですら、米中対立に巻き込まれないように用意周到な外交姿勢が鮮明になっている景色とは対照的。かつての反共軍事同盟は、経済共同体への変貌を遂げたのである。

しかし、日本で流布する情報空間では、ＢＲＩＣＳやＡＳＥＡＮや中東諸国のダイナミックに変貌する外交どころか、隣の韓国の軍事独裁を自身の手で葬り去った民主化勢力の健在ぶりですら、周知ではない。日本の情報空間を占拠する国際政治力学といえば、相変わらず、「ニチベイ」「Ｇ７」「アングロサクソン」が三大キーワードだろう。

２０２４年12月の韓国の戒厳令で出動した兵士相手に、素手で追い返す女性の姿に、韓国民衆の民主主義を担う逞しいエネルギーを見た。もしも日本でこうした事態が起きれば、逆に、抵抗する市民に襲い掛かる民衆が想像される。そこにあるのは、「民主主義のエネルギー」ならぬ、

「草の根ファシズム」「下からのファシズム」ではないだろうか。民主主義を自力で勝ち取った市民のエネルギーがどういうものかを教えられた。日本が韓国に敗けたのは、序章で見た1人当たりGDPという経済力だけではなかった。

## 5 「法治」なき社会を生きる

そもそも、日本には、法制度そのものが根付いていない。法律に対する需要そのものがまったく貧弱である。20年前に流行になったロー・スクール（法科大学院）構想を思い出す。全国津々浦々の多くの大学で設立された法科大学院は、法曹のプロを多く輩出することによって、法治社会をしっかり根付かせるために、有効な制度改革として喧伝され、好意的に語られた。それは、まさに突然に湧き起こった一大ブームと評しうるものだった。

しかし、結果は大失敗だった。倒産した法科大学院一覧は以下である。2011年度 姫路獨協大、2012年度 大宮法科大学院大、駿河台大、明治学院大、神戸学院大、2014年度 東北学院大、大阪学院大、2015年度 白鷗大、獨協大、東海大、関東学院大、大東文科大、新潟大、信州大、龍谷大、島根大、広島修道大、香川大、鹿児島大、久留米大、2016年度 國學院大、東洋大、神奈川大、山梨学院大、静岡大、愛知学院大、中京大、京都産業大、熊本大、2017年度 成蹊大、名城大、2018年度 北海学園大、青山学院大、立教大、桐蔭横浜大

(*Business Insider*, ２０１７年7月21日)。制度開始後7年間で35校が倒産した。

法律家というプロを増やしても、それを受け止める社会的需要がなく、社会的に根付かなかったのは、なぜか。たとえば、法律相談ひとつとってみても、弁護士に手数料を支払って法律事務所に相談に行く一般市民がどれほどいるだろうか。知り合いの弁護士によれば、多くの法律事務所で受ける相談内容の上位は、どこもかしこも、離婚と相続の揉め事だという。

需要がなければ、供給過多は値崩れを起こすだけ。司法試験には合格したものの、就職先がないという司法試験合格者の話をよく聞く。「宅弁」といって、自宅で弁護士業を開くという報道も耳にする。筆者は大阪時代に著作権裁判を原告として闘った経験があるが、それを知って驚き呆れ、腰の引けたような周囲の反応に、いかに裁判が根付かないかを思い知らされた。「裁判沙汰」というだけで、白い目で見られる。

要するに、法律とか訴訟という行為そのものが、一般社会において、ほとほと需要がない。法科大学院という制度改革は、現実社会を知らない者の妄言（画餅）だったとしか、言いようがない。揉め事の仲裁に、法的処理を行う風土そのものがない。それは、身内の「恥」を晒すことになるからだろうか。建前は「法治」だが、実際は「人治」というような実態はここかしこにある。

卑近な話だが、大学から大学院へと大学の名称変更になれば、それによって教員の収入が大きく上がるという裏事情も、大学改革のモティベーションだった。なぜならば、大手では、大学院手当が結構大きく（これは大学によって大きく異なる）、大学院になれば、当該大学院手当は本俸に組み入れられ、したがって、本俸の何倍と計算するボーナスや退職金を合わせると、総合所得は一気に跳ね上がる。これを教えてくれたのは、躍起になって、法科大学院設立に動いていた教員だったが、かれらは、この無惨な失敗の残骸を前に、どう思っているのだろうか。いつものことだが、だれも責任を取らなかった。法科大学院の誕生は、法治社会の浸透に何の関係もなかった。

上下関係にばかり配慮する、権威や権力への過剰忖度と盲従が、日本で支配的なメンタリティだろう。逆に、権威も権力もない相手は、無視するだけ。国際関係でも、アメリカには過剰に忖度し、韓国には一切の忖度をしないという関係からは、どちらを相手にしても、外交や交渉は生まれない。いわば「面従腹背」のような強かな外交手腕は期待できない。アメリカには何も言えず、韓国には何も言わせないとなれば、そこに交渉によって問題の打開策を探るという余地はない。外交のダイナミズムが生まれないのは当然だろう。

軍事政権を打倒した韓国の華々しい民主化の成功に、拍手喝采を送った日本人がどれほどいるだろうか。ところが大統領の自殺や逮捕だとか慰安婦問題といったマイナス・イメージだけは、大手メディアが繰り返し報じる。これも、サイードの言うオリエンタリズム。西欧で氾濫する歪んだイスラム報道の、日韓版だ。

法律談議に戻ろう。どの法律事務所のホームページを開いても、右記の2つ（離婚と相続）が多く説明されている。しかし、多くの相続人が弁護士を抜きに、相続財産の分配をめぐって揉めたとしても、法的係争には入らず、身内の当事者同士の話し合いで、あるいは協議もしないまま決着させる。親の最期を看取った子供がすべての遺産を独り占めするという話もよく聞く。

そこには、最低遺留分云々は、法的権利としてはあったとしても、法的な係争にならない場合が少なくない。身内の痴話《ちわ》喧嘩を法的に処理することには、躊躇があるからだ。あるいは、弁護士よりも手数料の安い司法書士や行政書士を使う手もある。ある日突然、司法書士事務所から遺産相続放棄を要求する書類が送られてきて終わり。肉親同士であればあるほど、遺産というカネをめぐるドロドロした憎悪が覗く。

悲しいかな、実は、そういう筆者も同じだった。突然、実姉の意を受けた司法書士事務所から相続放棄請求書が送られてきて、受諾書に署名と捺印をして返送した。身内であるがゆえの並々ならぬ憎悪と執着は、他人同士の比ではない。選択肢は絶縁だった。

筆者は苦い経験を思い出した。かつての古巣だった大阪市立大学経済研究所の2003年に至る数年の崩壊劇で、抵抗どころか最も熱心に店仕舞いに動いたのは、そこの教員たちだった。まさに、内部から自壊したのである。「僕らはただの教員にすぎず、文化人じゃないから」とある教員が教えてくれた生々しい「動機」が記憶に残る。清張の描いたルサンチマンが溜まるのは大衆もインテリも同じだった。

不思議と、自らの哀しい経験も、時間が経つと冷静になれる。晩年に、満洲引き揚げという壮絶な地獄図を生々しく語ったなかにし礼は、「これを言えずに死ねるか」という覚悟を見せた。時代を共有したとはいえ、同じ時代を眺める視点も認識も異なれば、自画像も異なる。自身の経験談をどのように総括するか。それが脳裏にため込んだ情報によって異なるのは、仕事もプライベートも同じだろう。

さて、情報の偏在という点では、戦後最大の疑獄事件と称されるロッキード事件もそうだ。最新研究では、ジャーナリストの春名幹男の労作によれば、田中角栄による政治資金規正法や外国為替管理法違反よりも、その背後には、元首相の岸信介や右翼運動家の児玉誉士夫《こだまよしお》といった元A級戦犯や中曾根首相（当時）も絡んだ人脈が暗躍しただろうと、読む。

しかも、かれらの背後で指揮を執ったのは、日中外交や日ソ外交、さらには中東石油外交といった田中の強引な自主外交手腕を前に、米中首脳会談という歴史的舞台の実現に奔走した自らの功績を台無しにされたことを恨みに思っていたキッシンジャーの存在が浮かぶ。キッシンジャーの狙いを岸につないだのは、米ＣＩＡだと考えられる。おそらく、それはキッシンジャーが米大統領補佐官として世界の数々の諸国で遂行してきた裏工作（一例がチリ・アジェンデ政権転覆）と同様だろうと読む。この国際政治力学の攻防を抜きにして、ロッキード事件も角栄逮捕もなかっただろうと（春名幹男『ロッキード疑獄　角栄ヲ葬リ巨悪ヲ逃ス』角川書店、２０２０年参照）。

同じロッキード事件を扱った真山仁『ロッキード』（文藝春秋、２０２１年）が、角栄を追い詰めた世論に、真相を求めたのは、まったく異なる。「今太閤」と一時は角栄を持て囃した世論が、角栄が逮捕されるや、一転して糾弾する側に回った。まさに「機を見るに敏」「勝ち馬」に乗った、真相を知らない世論の豹変ぶりだった。春名の推理した、キッシンジャーを始めアメリカの国際政治力学は「主犯」から外された。否、それは、真山独自の推理だったと言うよりも、真山のインタビューに応じた多くの日本の官僚エリートの総意を真山がまとめたという関係だったと認識すれば、創作されたシナリオの意図がよく分かる。

日本は戦前の問題を処理していないと言われるが、それは日韓や日中といった歴史問題だけでなく、最も良好な関係だと思い込んでいる日米関係においても、相手の相貌を実は知らない。ウォルフレンの言うように、日本にはそうした政治力学を批判的に語る識者（つまり知識人）はほとんどいないからだ。舞台裏の真相に迫る本格的評論は、専ら、日本の家父長制的呪縛から自由な海外識者の筆致に頼るしかない。ウォルフレンは、日本における法律がいかに西欧とは異なるものか（法治主義の欠如）を縷々《るる》と説明する。最大の日本の法的特徴は、「実質的にすべての民事紛争提訴案件が、示談か、判決前におこなわれる調停によって決着がつけられる。この慣習は、すくなくとも、当局が和解によってことを決着するよう民衆に強いた徳川時代にまでさかのぼる」（前掲『日本／権力構造の謎（上）』428頁）と言う。

なぜ日本では、和解が重視されるかという点について、ウォルフレンの説明はきわめて興味深い。「〈システム〉が調停のほうを好むことの政治的理由としては、日本の和解交渉では一般的によく知られていることだが、ほとんどの場合、力の強い論争者が有利になるということである。こうして現状が維持されるのである。多数の訴訟が起こされ、もしそれらに対して、論理的で公正な結論が出されれば、〈システム〉はひとたまりもなく崩壊してしまうにちがいない」（同右、429頁）。だからこそ「訴訟手続きが開始されてからでも、原告は和解に切り換えるよう強い圧力をかけられる。裁判官はほぼ例外なく、時間と費用の節約になるから、示談・和解にするようにと訴えつづける。……裁判に訴えてことを解決しようとするのは、倫理的に劣る態度だとするところが、裁判官たち自身にもある」（同右、431頁）。

和解といえども、原告と被告の言い分が公正に裁断されるのではなく、権力を持つ側に有利な和解案で調停されがちになる現状を、鋭く衝くものである。日本では、なぜ裁判自体が忌み嫌われるのか、その理由がよく分かる。「喧嘩両成敗」という風土は依然として続いているのである。

ウォルフレンが注目する法制度の日本的特徴は、司法官僚が全体を掌握するということ。ウォルフレンはこう言う。「最高裁事務総局の司法官僚群が日本の司法全体を監督している。裁判実務に携わる裁判官ではないこうした官僚が、裁判官の任命、昇格人事、給与の決定、解任を牛耳っている」(同右、434頁)。つまり、「法の番人としては最高の地位にある判事も、官僚にはかなわない」(同右、同頁)。事務局も判事も司法官僚だということは、換言すれば、医師免許だけはもつものの医療現場を知らず、にもかかわらず医療行政に携わって医療行政全体を支配するという関係に似る。

しかも、日本の検察の場合、起訴したうちの有罪判決率が99・8%だという驚くべき高率に着目し、ウォルフレンは、「検察官が事実上の裁判官である……。日本の検察権力の優位性は、一九二〇年代から受け継がれている。当時は、まるで裁判官が検察官の召使のように考えられるほど、検察が司法界を支配していた」(同右(上)、442〜443頁)と読む。

99・8%という数字の意味することは、ウォルフレンの言うように、「検察が事実上の裁判官」だということ。かくて、一般庶民は、自らの身を守るために、法を頼みにする姿勢をとることを諦め、「地元の〝ボス〟や国会議員、暴力団員その他の〝始末屋〟の役割の説明がつく」(同右、450頁)と言い、だからこそ、「法の庇護を受けない国民」(同右、419頁)にとっては、

「なによりも重要なのは人脈だ」(同右、450頁)となる。そうした人脈こそが「法による保護に代わるもの」(同右、449頁)だからである。これが、日本における法世界の役割に関するウォルフレンの認識である。21世紀初頭に一時はブームを極めた法科大学院が、ときが経ってみれば、「法治社会」創造の熱意がすっかり冷めてしまった。この国に法治への需要がないのは、戦前も戦後も同じである。

ウォルフレンやマーフィーやチャルマーズ・ジョンソンは、けっして日本叩きの論客ではない。日本に精通するがゆえに、日本の行方を憂い、警鐘を鳴らす。ターガート・マーフィーは言う。アメリカのウォール街やシリコンバレーやアメリカの研究大学や研究拠点が世界の主導権を依然として握っている。それは米ドルが基軸通貨であり、アジアは製造業やサービス業の拠点だという分業関係による、と。だからこそ、アメリカは世界の司令塔であり続け、軍産複合体の維持に必要な費用を賄うことができた、と(マーフィー前掲書(下)、356頁)。マーフィーは日本の歴史に驚くほど造詣の深い、「日本と恋に落ちた」と言うほどの親日家だけに、その認識は重い。「今の日本はアメリカの同盟国ではないし、過去に一度も同盟国だったことはない。それよりむしろ、日本はアメリカの保護国に近い存在と言っていい。国内統治に関してはある程度の裁量権を与えられているが、すべての重要な外交政策や安全保障上の問題、そして既存システムの改変につながるような経済政策の問題の扱いについては、必ずアメリカ政府の意思に委ねなくてはならないからだ」(同右、271頁)。

あるいはこうも言う。「アメリカは本来、日本のことなど気にもかけていない」し、「アメリカのエリート層は日本を『軍事資産』としてしか見ていない」（同右、351〜352頁）。

しかし、大きな歴史的変貌として、500年間にわたる西洋優位の終焉が近づいており、「東アジアが人類史の中心に復帰することはもはや確実」（同右、360頁）だと、マーフィーは言う。「ニチベイ」以外は何の尺度も有しない日本の識者とは対照的である。日本の識者は、アジアにあってアジアを知らずどころか、アメリカですらよく分からない。

日米安保によって日本はアメリカに守られると思う人々が少なくないが、一旦、台湾有事や日本有事が勃発したら、オフショア戦略を基本とするアメリカが無条件で参戦してくれるはずがない。武器援助だけで、実戦はアジア人同士でというアメリカの本音での筋書きをまったく考慮できないのが、日本の政治家や官僚や識者や大手メディア。かれらは、梯子を外される可能性を想像すらできず、そしてそのときにはどうするかも考えたこともない。ただただ、「ニチベイ！」と叫ぶだけ。

日中戦争の最中にあって、一方では蔣介石の細君の宋美齢を始め、米中協力への交渉が粛々と進んでいた1930年代の国際政治力学、そして日本には何の相談もなく、ニクソン訪中による米中首脳会談が遂行された1972年の衝撃的歴史事実を振り返るべきだ。慌てた日本は、同年、田中角栄の訪中実現によって日中国交回復に漕ぎ着けた。そうした変貌著しい国際政治力学のダイナミズムこそ、本来の知識人が伝えるべき情報だが、日本の政治家や識者のほとんどが、国内の政治力学こそフォローするが、国際政治や外交を論じることはほとんどなくなった。次の「勝ち馬」を狙った政局は語れても、政策は語れない。とはいえ、権力のインナーサークルにいるという自身の優越感、他者への差別感はいっぱい。

日本の最高裁に対しては、保守派の元産経記者・高山正之から、「法の番人ではなく米国の番人」（『週刊新潮』2023年11月30日号）という皮肉な評が上がるほど、権威というオーラに包まれてはいるものの、その存在感は薄い。作家の赤坂真理は、原発を止められない判決しか書けない最高裁の無力ぶりを、皇居との相似形としてこう評す。「最高裁判所は皇居を向き、しかし皇居は空っぽだ。天皇とは、アメリカによって責任を免除され生かされた存在なのだ」（「この国の貌《かたち》が見える特異点」『世界』2025年1月）と。この国の思考停止ぶりの理由を見抜いた見事な評である。

## 6　鳴り響く警鐘

2024年は、正月早々能登半島を襲う震度7の激震で始まった。2023年の数々の地域紛争がより深刻化し、第三次世界大戦に発展する危惧も迫る中、その不気味な予言を一笑に付すことはできない。政治経済学者の植草一秀の言う政府評は、財政のメカニズムに通じた元大蔵省キャリア官僚だっただけに、的を射る。国内にはできるだけケチって、カネを使わず、海外へは湯水のごとくカネをばら撒く政府とは、いったい何なのか。

「日本の首相は海外に出かけると兆円単位、1000億円単位の財政支出を海外諸国にバラまいているが、そのようなバラマキをする前に、日本国民の窮状に際して思い切った財政支出を実行するべきだ」(植草メルマガ、2024年1月3日)。

「ウクライナでは国民に何の相談もなく追加で6000億円もの支援を約束し、誰も開催を望んでいない大阪・関西万博に建設費だけで2000億円を超える資金を投下しているのに、地震対策に予備費から40億円しか資金を投下しないというのでは一揆が起きておかしくない。……2020年のコロナ騒ぎに際して政府は73兆円の補正予算を編成した。ワクチンだけで4・7兆円、病床確保だけで6兆円もの財政資金を予算計上した。40億円とは桁が3つも違うのだ」(植草メルマガ、2024年1月6日)。

高頻度で繰り返す震度5前後の地震に、能登半島の震災に遭われた方々はどんなに不安だっただろうか。政府の初動の遅さはいつものこと。植草の批判はもっともである。戦後79年目にして、日本の為政者は変わらず、そして流れる情報空間(テレビやネットを問わず)も相変わらず喧噪と幼児性を免れず、庶民は権力批判を封じた「日光の三猿」に徹した。

たとえば、2024年1月、ウクライナを訪問中の上川陽子外務大臣は、NATOの基金に日本円で約53億円を新たに拠出したが、ネットに載ったある匿名記事には能登半島地震に対する政府支出約47億円と比べて、次のように述べた記事があった。

「これまでも岸田政権は、『ばらまきメガネ』と揶揄されるほど、海外への支援や援助を続けてきた。2023年はおもなものだけで、2月にはフィリピンに年間2000億円を超えるインフラや情報通信網整備資金の支援を表明、3月には、『グローバルサウス』と呼ばれるアジアやアフリカなどの新興国・途上国に、インフラ整備のため2030年までに官民で約11兆円を投じると発表。さらに5月には、ガーナに約735億円、12月にはイスラエルとイスラム組織ハマスの武力衝突で観光業に打撃を受けたエジプトに、最大約338億円の支援を表明した」（「SmartFLASH」2024年1月8日）。

日本在住の日本人に未来はあるのかどうか、誰もが不安にかられる。2013年、ゼロ戦の神風特攻隊を英雄的に描いた映画『永遠の0《ゼロ》』が大ヒットし、「感動した」という声は、当時の安倍首相のみならず、多くの人々から聞かれた。しかし、マーフィーは、同映画に厳しい批判を投げたアニメ映画監督の宮崎駿《みやざきはやお》の言葉を「問題の核心」だと言う。

「今、零戦の映画企画があるらしいですけど、それは嘘八百を書いた架空戦記を基にして、零戦の物語をつくろうとしているんです。神話の捏造をまだ続けようとしている。『零戦で誇りを持とう』とかね」（マーフィー前掲書（下）、374頁）。

1930年代に人々を戦争に駆り立てた懐かしいメロディが聞こえそうだ。皇軍兵士の圧倒的多数の死因が実は餓死だったこと、戦意高揚の「露営の歌」を作曲した古関裕而から、『戦線』（初版は1938年に朝日新聞社より、2006年に中公文庫で刊行）というおぞましい従軍記を遺した従軍作家の林芙美子まで、数々の人気のあった有名人が作った甘美で雄弁な歌や活字が人々の戦意を鼓舞したことを忘れてはならない。

先に引いた、戦時における日本人の瑕疵を評した映画監督・伊丹万作の敗戦直後の的を射た論説が胸に沁みる。その遺言を噛み締めながら、歴史的風土に呪縛された日本社会は身動きできない。そうだ。『永遠の0』は現代版『戦線』なのだ。

敗戦直後を知らずとも、わずか13年前の2011年3・11、東北を襲った大震災が東日本を壊滅寸前に追い込んだことも風化しつつある。東京からも、放射能の危険に怯えた大勢の人々が、西へ西へと脱出した。事後談として、多くの文献が原子炉爆発による東日本壊滅の可能性が大袈裟ではなかったことを知る。当時を忘れた庶民のなかには、「あれは民主党政権だったから起きた」という戯言を信用する人々もいる。

再稼働に向かいつつある日本の原発の耐震性は大丈夫なのかという不安が襲う。元通産官僚で評論家の古賀茂明はこう言う。今回の能登半島地震で、志賀原発は停止中だったとはいえ、震度7の大揺れにどう耐えられたのか。

「日本の原発は、民間のハウスメーカーが販売する耐震住宅よりもはるかに耐震性が低い。たとえば、三井ホーム、住友林業の耐震性は、各々最大約5100ガル（ガルは加速度の単位、大きいほど強い揺れを示す）、約3400ガルに耐える設計になっている」「一方、たとえば、四国電力の伊方原発の耐震基準は650ガル、高浜原発は700ガルと、日本の原発の耐震性は民間住宅の数分の1しかない。北陸電力志賀原発も建設当時は490ガル、その後600ガルに引き上げられ、現在は1000ガルということで安全審査を申請している。……日本では2000年から20年までの間に、1000ガル以上の地震が17回、700ガル以上は30回起きていた。つまり、原発の耐震基準を超える地震はごく普通に起きるのである」（AERA dot. 2024年1月9日）。

こうしたデータを示した説明にも、「左翼だ！」「朝日は信用できない」といったステレオタイプな幼児性剝き出しの誹謗中傷が少なくなかった。これも、ウォルフレンの言う「大衆文化を最低レベルに貶めた」広告代理店の手腕に依るのか、あるいはブルマの言う「日本人の幼児性」に依るのか、伊丹万作が嘆いた「国民全体の文化的無気力」のゆえか。

グーグル日本法人元社長の辻野晃一郎は、「家は耐えても原発が壊れる」地震国日本のイカサマが、国の競争力を落とすと、強い警鐘を鳴らす（辻野メルマガ、2024年2月9日）。

「グーグルは巨大データセンターを現在千葉に建設中ですが、原発や火力で作られた電力は購入しない方針のため、再生可能エネルギーに特化した電力会社とPower Purchase Agreement（PPA）と呼ばれる長期契約を結ぶことになります」「福島の原発大災害が、日本のエネルギー政策の大転換を促す最初の警告だったと捉えれば、日本政府は結果的にその警告を無視しました。そのため、世界のエネルギー転換の波に乗り遅れ、もともと強かった太陽光発電や風力発電などの分野における国際競争力を失ってしまいました」。

時間が過ぎてみれば、志賀原発は、2011年3・11のメルトダウンを起こした福島原発の過酷事故を一歩手前で食い止めたという衝撃的報道が目立つようになった。正月早々の震度7の激震にとどまらず、その後も何度も続く震度5以上の大きな揺れに耐えられず、電源設備が破損し、配電不能になり、油漏れが起きていた。究極の原因は、「原発の耐震基準は民間住宅より遥かに低いこと」にある（辻野右メルマガ参照）。

しかも、同原発を稼働させる北陸電力ときたら、1999年に起こった臨界事故を8年間も隠蔽していたという過去の瑕疵も報道された。科学技術情報サイト「*Science Portal*」（2007年

3月15日）はこう言う。

「1999年6月18日、定期検査のため停止していた志賀原子力発電所1号機の原子炉から89本ある制御棒のうち3本が引き抜かれ、原子炉が臨界（再稼働）の状態になった。誤操作によるもので原子炉自動停止信号が発生したが、3本の制御棒が引き抜かれる原因となった最初の誤操作による影響などから、すぐに制御棒が挿入できなかった。3本の制御棒が挿入され、臨界状態が収束するまで15分を要した」。

こんな無能な電力会社が無責任にも、活断層が敷地内にないと強弁し、なぜ再稼働しようと企てるか、政府も北陸電力も、誰も納得のいく説明をしない。岸田首相の能登半島地震後の年頭の記者会見（2024年1月4日）でも、「今回の事故で原発再稼働は無理だと分かったのではないか？」と問う記者の質問には何も答えなかった。

当事者の北陸電力が、原発事故に拘泥する理由を、「北陸電力は東日本大震災から1度も稼働していない志賀原発に維持費や人件費として6100億円をつぎ込んでいるからだ」と、松久保《まつくぼ》肇《はじめ》（原子力資料情報室事務局長）は言う（ビデオニュース・ドットコム、2024年2月14日）。

「安全、安全」と繰り返されても、住宅よりも低い耐震基準だという原発の耐震性は信用できない。そうした最低限の安全基準に、当事者も政府も、テレビや新聞といった大手メディアも、今回の事故に、3・11再来の可能性を危惧すべきだ。だが、3・11の教訓なんて、なきがごとく。野党も大手メディアも、さらにはもしも事故があったら最も被害をこうむるはずの住民ですら、まるで関心がないように見える。

2011年3・11のメルトダウンという過酷事故からすら何も学ばず、何の手も打たないとなれば、既存の老朽化した原発は頻発する大地震にとても耐えられそうもない可能性が高い。そして過酷事故では一番の被害者であるはずの庶民も声を上げなければ、つまり日本滅亡の可能性は大袈裟ではない。いずれにも共通するのは、「今だけ、カネだけ、自分だけ」という無責任さ、ハルトゥーニアンの評した「わかっちゃいるけどやめられない」という姿勢だろうか。「フクシマ原発事故の教訓に学び、原発から決別するのが賢者の行動だ。愚者の日本は滅亡に向かってひた走る」（植草メルマガ、2024年12月22日）という植草の鳴らす警鐘が不気味に唸る。

## 7　官僚制は民意を無視する

格差社会はすっかり定着し、かつての「一億総中流」という時代を記憶の果てに追い遣ってしまった。代わって、格差を象徴するような、「上級国民」「アンダークラス」という嫌な言葉が、存在感を得る。一方には税金で何から何まで賄ったうえに、所得とはカウントされない潤沢な経費を自由に使える人々がいて、他方にはその日暮らしでやっと生活する大勢の人々、ボランティアの「子供食堂」で食事にありつく子供たちがいる。

老いも若きも、この国に暮らす圧倒的多数の庶民は、今の生活や健康に、そして将来に展望が持てない。「長生きしたくない」という生活に困窮する高齢者の声が聞こえる。災害等で生命の危ういときの一番の頼りが、ボランティアであり義援金だというのでは、あまりにも寂しい。「経済大国」の富はどこに行ったのだろうか。

２０２４年１月の能登半島地震後の復興の遅れが周知になるなか、半年後の同年７月初頭に同地を訪れた岸田総理は、「能登地域への旅行費用を補助する復興応援割について、補助率を７割とする方針」（２０２４年７月１日、ＭＲＯ北陸放送）を表明した。

あまりのピンボケぶりに驚く。まだまだ崩壊した家屋の復興すらならず、居住や食料や水道水にさえ困る被災者が大勢いるなかで、復興支援の中味が旅行費用支援だった。ＮＨＫが輪島市の70代の女性被災者の声を、「自宅は準半壊と判定され、すぐに住むことができる状態ではなく工事を待って避難を続けています。半年は、長くも短くも感じる複雑な時間でした。友人にも会いたいのでできるだけ早く輪島に戻りたいです」（ＮＨＫ、２０２４年７月１日）と報じた。政府はこうした被災者の声をどう聞くのか。

日本における官僚制度がいかに強靭なのかについて、ウォルフレンが挙げるエイズ・ウィルスの事例は衝撃的である。日本の血友病患者の約半数が、エイズ・ウィルスに汚染された血液製剤の輸血によって被害にあったが、その許認可権をもつ行政サイドの厚生省（現在の厚労省）は何ら法的責任を問われず、新聞も責任追及をしなかった。同様の問題が勃発したフランスやドイツでは、政府高官が投獄される事態になったこととは対照的な展開だった（ウォルフレン前掲書（下）、３９８頁）。

エイズ発症の原因は、輸入血液製剤がエイズに罹患《りかん》し、それを輸血したために起こったものであり、したがって、その許認可権をもつ厚労省の責任は免れないという正当な論理はどれほど根付いただろうか。ある知人が言った。「エイズって、いやらしい遊びをする人の病気でしょ」って。無知とはなんとも恐ろしい。

日本では輸血拒否というだけで、「宗教？」と即座に問われ、まるで犯罪者でも見るように、病院側から診療を拒否されて終わり。そこには、輸血が深刻な由々しき疾病を引き起こした過去の経験はまるで頭にない。筆者の大学院時代の恩師は、血液癌の白血病に苦しみながら、病床で、「きっと輸血が原因なのだが、証明できない」と悔やみながら他界した。筆者は、輸血の恐ろしさをまざまざと知った。もっと言えば、戦後日本の医療行政の中枢には、戦前の731部隊の生き残りが脈々と生き続けていたという呪わしい事実など、ほとんど脳裏には浮かばない医療関係者がほとんどだろう。

現在の新型コロナワクチン疑惑に対しても、「デマだ！」「陰謀論だ！」という感情的な誹謗中傷は聞こえるが、接種後に亡くなった被害者家族の深刻な訴えでさえ、「論証不可能」として、社会的に真摯に取り上げられることはほとんどない。とはいえ、あまりに不自然なほどに多すぎる新型コロナワクチン接種後の死者数増加や深刻な後遺障害増加に対して、医師や学者といった専門家からワクチン疑惑の声が次々に上がった。ついに、2024年1月23日には名古屋市立大学薬学部で、新型コロナワクチンは薬害だという趣旨の講義が開催され、そこで後遺症を患った患者や家族が講義するという画期的な取り組みがあった。しかも、それが地元のCBC放送局のカメラや記者が報道し、さらに、全国ネットのTBSが取り上げ、このニュースは全国に広がった。薬剤の専門家で医師でもある同大学教授の粂和彦《くめかずひこ》は、CBC（中部日本放送）のインタビューに対して、「薬害という分類に、少なくとも歴史的にはされるんではないかと考えます」と答えた。

日本だけではなく世界でも多くの科学者がコロナ禍ワクチンへの危惧について、声を上げる。フランスの遺伝学者アレクサンドラ・アンリオン＝コードは、ワクチン接種による免疫機能の劣化について、様々な学説やデータを検証しながら、こう言う。

「ワクチンを接種した人にとって免疫応答に不安があることや、接種回数を増やすとリスクがあること、さらには高齢者や基礎疾患のある人にとってもワクチン接種は危険である」（『コロナワクチン　その不都合な真実』詩想社新書、２０２３年、26頁）と警鐘を発し、「注射後の動きを追跡すると、私たちの身体全体が恒常的な慢性炎症状態と、免疫の疲弊に陥っていくのがわかる」（同右、１４１頁）と加えた。ワクチンが、疾病と戦う免疫機能を阻害するということだ。しかも、女史は、同ワクチンの薬剤機能としての疑惑だけでなく、異常に短期だった臨床試験期間や、法外な価格で買い手に販売され、売り手、すなわちファイザー等の製薬企業は法外な利益を得たという事実を訝る。

要するに、「大本営発表」とは異なる知見は、徹底的に無視される。軍靴の足音が聞こえる昨今だが、軍事ファシズムが覆った戦前同様、いろいろな新興宗教が咲き乱れ、行き詰まった「この世」の救済を祈禱する世相もそっくり。ただ、以前との決定的な相違は、外からの風が、世界や日本で起きている舞台裏の真相を教えてくれること。「ニチベイ」一辺倒だった面々も、トランプに米大統領が変わり、安穏とはしていられないはずだ。誰もが、国際社会の風向きがどうなるのかに息を潜めている。

「あなたは祖国のために戦えますか?」。戦場に誘う声がここかしこから聞こえる時代だが、ぜひ、サルトルの言った「金持ちが戦争を起こし、貧乏人が死ぬ」という至言を、あるいは、軍産複合体(**military-industrial complex**)の脅威について警鐘を鳴らしたアイゼンハワー米大統領(当時)の歴史的演説を思い出そう。

清張は、「下からのファシズム」の時代相貌を描いたが、逆に言えば、日本には「下からの民主主義」「草の根民主主義」の風土が弱い。どんな庶民であれ、「上から目線」でもって、統治者側の視線を倣うだけ。だからこそ、新入社員も、「同じ釜の飯を食べた」仲間意識に浸り、労働者意識は薄い。多くの公務員も、納税者に奉仕する公共サービスを提供する労働者という意識は弱い。専ら、中央政府や地方自治体の指示通りに動く徴税マシンであって、納税者にとっては「お上」なのだ。とくに、地方に行けば行くほど、公務員の社会的地位の高さには、たとえ給与はそれほどでもなくても、驚くことが多い。

階層とは一般的には所得や資産に裏打ちされる。金融資産&負債保有分類(二人以上世帯)では、概ね、年齢50歳未満では、負債が資産を上回る。40代までは、多くが住宅ローンやカーローンや奨学金の返済に追われ、資産が溜まらない状態が続く。50代以上になってようやく、ローン返済を終え、純資産がプラスに転じ、60代になって、純資産が大きくプラスに転じる。純資産(金融資産-金融負債)1億円超の富裕層(2023年公表の野村総研調査によれば、当該世帯は約1

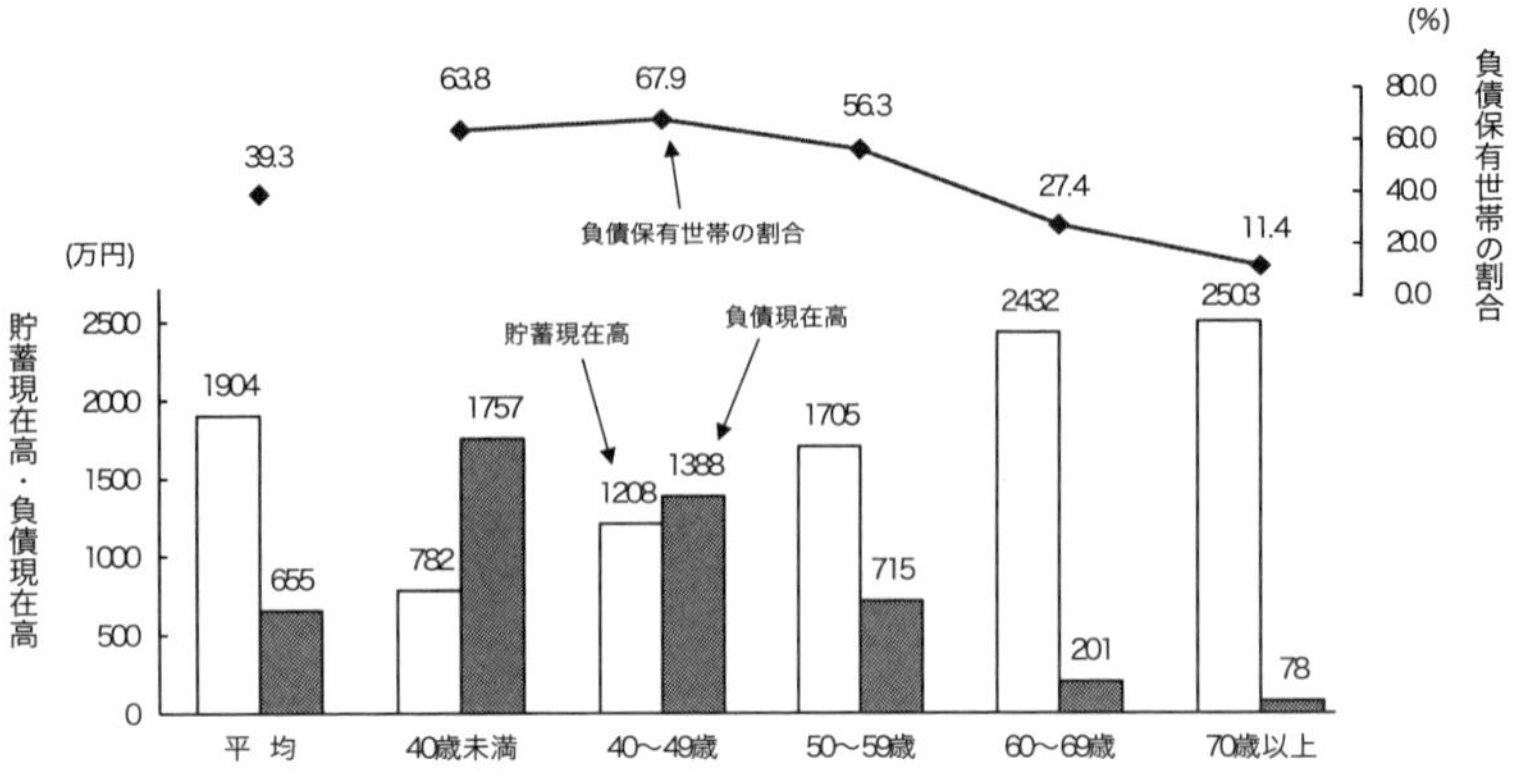


世帯主の年齢階級別貯蓄・負債現在高、負債保有世帯の割合（2人以上の世帯、2023年）
出所：総務省「家計調査報告（貯蓄・負債編）—2023年（令和5年）平均結果—」

４９万世帯で、全体の２・75％）増大が喧伝されがちだが、普通の庶民の生活は住宅ローンを主とした負債返済に追われ、なかなか純資産がプラスに転じる余裕はない。

一方、勤労者の生活事情を所得で見ると、一方には賃金上昇の掛け声ばかりが聞こえるが、名目賃金を物価指数で除した実質賃金の変化は、２０２２年は１％減、２０２３年は２・５％減で、１９９０年以降で最低水準である（『日本経済新聞』２０２４年2月6日付）。たしかに、名目賃金は伸びているものの、物価上昇がそれを上回る伸びを示し、実質賃金は下落に転じた。可処分所得の中央値の50％未満の世帯数が全人口に占める比率（＝相対的貧困率）は、２０２１年時点で、15・４％である。可処分所得中央値とは２５４万円、その二分の一とは１２７万円（古市将人「生活不安と社会保障の論点」『世界』２０２４年3月号）。これは、アメリカの15・１％（２０２１年）、英国の11・２％（２０２０年）を上回る（『日本経済新聞』２０２３年11月19

日付）。

しかも、経済的不安のために70歳を過ぎても働き続けたいという日本人は39％もいるという。これは日本経済新聞社が郵送で行った18歳以上日本人へのアンケート調査結果で、その7割が「経済面での将来不安」を挙げている（同紙、２０２４年2月19日付）。

こうしたデータから言えるのは、日本における所得水準の伸び悩み、相対的貧困化が明らかに進んでいることである。もはや、「一億総中流」という実感は消えた。格差社会という点で特徴的だったアメリカよりも日本の方が格差は大きい。しかも、多くの人々が経済的な将来不安を抱えている。一握りの富裕層を別にして、圧倒的大多数はとても中流とは言えないほどの暮らしを、つまり貧困を強いられている。

にもかかわらず、深刻な問題は、先に言ったように、こうした問題を「格差拡大」「貧困化」として語ったところで、一方には、「あなたは資本主義が嫌いなのか？」と絶叫する不遜な教授が、あるいは「資本主義とはそういうものだ」「自己責任だ」と訳知り顔で説教するインテリや大人が少なからずいること。自らは、「一億総中流」の恩恵を受けてきた世代であるにもかかわらず、だ。

ウォルフレンが言うように、日本には権力から独立した知識人がいない。もちろん、例外はある。作家の島田雅彦は、現下の日本をこう評した。「露骨な対米従属政策を取った政権は長持ちした。……過剰なまでに防衛協力し、米国からしっかりと権力基盤を支えてもらうわけです。日本人から搾取した税金を米国に貢ぐ、言わば『悪魔の売国』という政策をとらざるを得ない」

（『毎日新聞』2024年2月19日付夕刊）。口に出すか否かを問わず、多くの識者もキャリア官僚も大手メディアも、こうした「ニチベイ」構造に気づかないはずはない。唯我独尊に見えた「ナベツネ」ですら、この点には、口を閉ざしたまま逝ってしまった。「独裁者」と評された渡邉の限界だった。

## 8 「史観」の攻防

歴史を振り返って、改めて気づくことは、繰り返し指摘した400年以上も前の1603年以来という封建制の階層意識だけは健在だということ。マーフィーの言う呪縛に気づく。巷を見渡せば、「〇〇ランキング」といった企業や大学に序列をつけて嬉々とする空疎な情報が氾濫する。マーフィーの視点（1603年始点の日本「近代」像）が興味深いのは、近代日本の相貌を一変させ、日本で生活を営む圧倒的多数の庶民にとっては、はるかに重要だからだ。換言すれば、江戸と明治との連続性有無に着目して日本の自画像を語れば、時代像も変わるだろう。

たとえば、1867年末の大政奉還や王政復古という口上だけでは江戸は終わらなかった。実際は、その後1年以上にわたって、鳥羽・伏見の戦を始めとする戊辰《ぼしん》戦争という内戦が繰り広げられた結果だったことを忘れてはならない。しかも、その中心には、時代を塞ぐ幕府の過酷な徴税や執拗な監視に苦しむ民衆蜂起のエネルギーがあった。主役の龍馬や西郷や勝海舟の動きを追う「司馬史観」では、人口的には圧倒する農民、商人、町人といった民衆のダイナミズムは視界に入らなかった。それは、司馬の空想的で非現実的な江戸幕府認識と無縁ではない。だからこそ、「司馬史観」はフィクションなのだ。その対極にあるのが、「たたかう歴史学」を標榜する、さしずめ「羽仁・井上史観」とも言いうる歴史家羽仁五郎や井上清の、民衆に視点を当てた歴史観である。

幕末から明治初期の幕府方と朝廷派のせめぎ合いは興味深い。歴史家の井上清は、そもそも大政奉還や王政復古は、幕府方（その中心は慶喜）が仕掛けた駆け引きだったと言う。なぜならば、それでもって、政権を朝廷に返還すれば、「幕府を討つ口実はなくなる」からだ。そこで、協議のうえ、実権は将軍慶喜が掌握するというシナリオである。そのときは、明治天皇はまだ15歳という神輿にすぎず、慶喜を頭とする新政権が出来ていたかもしれないという読みだ。

しかし、そうした協議だけでは権力移譲は成功せず、武力による幕府打倒こそが不可欠だという見解は、西郷や大久保や木戸孝允らが共有していた。その結果が、1868年正月早々の鳥羽・伏見の戦なのである。しかも、同時に、隠れキリシタンの公然たる信仰表明、民衆の「うちこわし」「ええじゃないか」乱舞、各地での内乱激突を、民衆や農民（たとえば、幕府軍を襲った函館市民パルチザン）が新政府軍に味方して、声を上げた。こうした民衆抵抗のパワーに明治維新のダイナミズムを求めたのが、井上によって「たたかう歴史学」（羽仁『明治維新史研究』岩波文庫、477頁）と評される羽仁、それを継ぐ井上だった（羽仁『明治維新』岩波新書、1956年、『日本人民の歴史』岩波新書、1950年、井上『日本の歴史（中）』岩波新書、1965年参照）。

それだけではない。同時に重要なことは、この戊辰戦争を始めとする官軍の軍事行動を支えた資金について、「官軍の軍事行動に必要な御用金は大部分三井家が提供したもの」(ノーマン『日本における近代国家の成立』岩波文庫、90頁)だという三井家の公式記録を、ノーマンは引く。元々は江戸幕府の御用商人だった三井家が、官軍が権力を掌握すると見るや、一転して、今度は「勝ち馬」官軍の資金繰りを担ったのである。

しかし、この三井家の官軍との強い結びつきは、封建制度打倒を狙ったからではない。ノーマンが言うように、「封建時代の豪商の一人であり、徳川家の御用達、またのちには皇室のそれであった三井は、新政府成立の当初から、その財政的支柱の一つとなった」(同右、同頁)。江戸時代も明治も一貫して、大商人の取引相手は髷の有無が変わっただけのサムライ階級であり、いまだ自給自足的な生活に近い生活をしていた農民階級はあまりにも窮乏だった。要するに、貨幣経済や市場経済による国内市場の拡大という西欧的な資本主義発展の経緯は見られなかった。見事なまでの近世と近代の連続だ。ここに、ノーマンは、階級闘争の主役として王権や教会と戦った英仏ブルジョアジーと日本の大商人との相違を、明治維新に発見するのである。

武力で倒すのは得意だった西郷は、新たに創るのは不得手であり、何よりも近代という青写真を何も携えてはいなかった。逆に、あまりにも官僚として走り過ぎた大久保は、西郷に私淑する元サムライたちの反感を買い、西郷自害の翌1878年、紀尾井坂で殺害された。司馬は、西南戦争で消え去った西郷を始めとするサムライたちを、「江戸時代がのこした最大の遺産」(『明治」という国家』294頁)だと評した。西郷や龍馬や高杉や勝を高く評する司馬は、「武士における質素」こそが、「プロテスタンティズムの遺産というべき精神」に匹敵すると言い（同右、２９１頁）、「その精神の名残が、明治という国家をささえた」（同右、２９４頁）と認識した。

そもそも司馬には、「徳川幕府は、戒厳令に似た体制を敷く武家政権だった」（ウォルフレン前掲書（上）、３７２頁）というウォルフレンの説くような重苦しい江戸幕府観はない。司馬は、気風のいい颯爽とした個々のサムライに焦点を当てるものの、「戒厳令に似た」と評されるほどの監視社会という幕府観はそもそもなかった。徳川時代には、「農村に住む庶民の生活には楽しみらしきものがほとんどなかった」（同右、３７２頁）というウォルフレンと、「徳川時代に百姓に生れたほうが、われわれよかったですね。お侍にペコペコしていたら、あとは自由ですから」（清張相手の対談での発言。清張『歴史をうがつ眼』１３８頁）という司馬の認識は、まったく異なる。

たしかに、司馬が描いた諸々の主人公は著名な英雄ばかり。龍馬や勝だけでなく、『坂の上の雲』で描かれた日本海海戦でのロシア・バルチック艦隊を撃破した海軍少佐の秋山真之《あきやまさねゆき》にせよ、対馬海峡に敵艦を発見し、見事な戦術が多くの人々の喝采を浴びたことは事実である。それで以って、日本の植民地化が避けられたのもその通り。しかし、時代を生きた人物も形作られた世相も、もっと多様だったはず。司馬好みの英雄に焦点を当てることで、時代も庶民も描かなかった。

かつて歴史家の羽仁五郎が評したように、「軍人ばっかり出て」、「日露戦争なり何なりに反対した平民社なり、あるいは日本の国民の中の反戦闘争というものは全く出てこない」という司馬の同書が犯した重大な瑕疵を見逃すわけにはいかない（羽仁五郎・井上清『歴史に何を学ぶか』現代評論社、１９７３年、１５２頁）。だからこそ、井上は「司馬史観」を評して、「官許維新史観」

あるいは「マスコミ御推薦史観」と呼ぶのである（同右、163頁）。

たとえば、異なる史観では、時代像は大きく変わる。「司馬史観」だと、大政奉還や王政復古こそが明治維新の画期を成す。しかし、羽仁や井上によれば、その直後に始まった鳥羽・伏見から函館に至る1年あまりの内乱・内戦にこそ転回点を見出す。この相違は何かと言えば、当初は、「天皇を名目的な頭とし、徳川慶喜を最高の実権者として、その下に薩長その他の大大名が政権に加わるという、幕藩体制の修正版ができかけていた。それを一挙に打ち破ったのが鳥羽・伏見の一発の砲撃」（同右、165頁）だったからだと井上は読む。

つまり、「司馬史観」は内乱亡き明治維新論であり、1868年に始まった内乱よりも、むしろ1867年末の大政奉還や王政復古、さらには勝、西郷の江戸城無血開城に重点が置かれる。あるいは、龍馬による薩長同盟に重心が置かれ、とはいうものの、その背後で龍馬を動かしていたパックス・ブリタニカの論理は見えない。

こうした甘い江戸時代観の延長線に、司馬の幕末論や「坂の上の雲」史観が続く。井上によって「たたかう歴史学」と評された歴史家羽仁五郎の階級論は読み手の胸を打つ。そこには、耐え忍ぶだけの民衆と、傲岸不遜な役人という階級社会があった。

「かの五人組・村役人・代官・奉行・領主より将軍にいたる全封建制度の下に、『農は納』なり、『町人は百姓より下座』として、さらにその下にかの賤民制があり、上から下へのみまったく一方的に、あらゆる命令が降り及ぶ封建的体系の内に、いわゆる『東照宮上意』の『死なぬ様に、生きぬ様に』の生活を強いられたありさま」であって、大隈重信の言葉を引きながら、「彼等人民は誠に凡てに於て『愚蒙なれ、愚蒙なれ』てふ命令の下に立ち」と言い、民衆を、「『五人組帳前書』や『切支丹禁制制札』に見られたような密告奨励政策のもとに相互猜疑においた」（羽仁『明治維新史研究』岩波文庫、２９９〜３００頁）。

この当時江戸期の人口の９割強を占めた平民としての農民や町人は、１割弱のサムライ等の封建的貴族層に対して、「貢納・隷属・服従」を強いられ、司馬の言う「気楽で自由」という庶民像はない。人口比で圧倒する農民・町人の忍従や犠牲のうえに、封建制という江戸時代が成立していた。まさに、大隈の言う「愚蒙史観」こそが、明治に入っても、為政者の支配的大衆観だった。そこに、住民同士の相互監視が強まる密告性が支配し、自由も気楽さもまずはなかっただろう。明治維新後１８６８年3月に政府によって国民に頒布された知らせが圧巻である。「マズ御一新ト云ウト、何デモ新シクナルコトニチガイハナイガ、ココガ下々ノ者ノ心得チガイノ出来ソウナ所ヂャカラ、ヨクヨクハナシテ聞カス。トックリと聞クガヨイ。サテ、一新ト云ウト、一寸考エルト。手ノ裏ヲカエスカ、マタハ、暗ノ夜ガニワカニ白日ニナルヨウニ思ウデアロウガ、ナカナカソノリクツニハイカヌゾ」（前掲『羽仁五郎戦後著作集Ⅰ』34頁）。

この明治維新政府のどこにも、民意に対する敬意も、為政者としての理念もなく、ただただ「勘違いをするな、分かったか！」という高圧的姿勢で民を一喝するだけ。この下級武士からなる新政府は、９割以上を占める下々のことなど、鼻から考えていなかった。近代を担う理念や気合は、欠片もない。下級のサムライが政権を奪取したために、成り上がり者特有の思い上がり、驕り、そして無能という三拍子揃った為政者だった。

羽仁の江戸時代像を要約すれば、「世襲的封建身分制のもっとも重要な差別が、『士』等の封建貴族に対する『農工商』乃至町人百姓等の平民の従属的差別にあった」。この絶対服従を強いた象徴が、「切捨御免」の特権をもつ士族と、「苗字」さえ許されず人格を否定された「町人百姓の平民」への「封建的身分制」だった（前掲『明治維新史研究』302〜303頁）。

この羽仁史観の要点を分かりやすく説いた井上によれば、大政奉還や王政復古だけでは、「単に権力が徳川という封建領主から、天皇を頭にする薩長同盟という封建領主に移ったにすぎない」（前掲『歴史に何を学ぶか』165頁）。なぜならば、1867年末の大騒動とは、たんなる「宮廷クウデター」にすぎず、「じつは天皇を名目的な頭とし、徳川慶喜を最高の実権者として、その下に薩長その他の大大名が政権に加わるという、幕藩体制の修正版ができかけていた」（同右、同頁）と読むからだ。

つまり、これだけでは、慶喜を追放し、実質的な薩長政権を築くのに成功することはできなかったと言うのだ。この慶喜を主犯とする「宮廷クウデター」を打ち破ったのが、年を明けた鳥羽・伏見の戦での一撃だった。そして、それを支えた民衆の反幕府エネルギーの大きさだった。清張流に言えば大衆のルサンチマンにほかならない。

もちろん、こうした動きは不十分で、明治維新によって実現された政治体制は、慶喜の復権こそ阻んだものの、共和制とは無縁の王政復古であり、新たな封建体制だったことに限界があった。しかし、人民という民衆が史上初めて日本の歴史において、主役を務めた時代があったという事実こそ、庶民は記憶する必要がある。幕末志士を主役として描いた「司馬史観」はそういう認識を否定する（民衆は無視）からこそ、井上は「官許維新史観」「マスコミ御推薦史観」と評したのである（同右、163頁）。

類似のことが、たとえば、薩長勢によって圧殺された徳川勢の東京に遺る抵抗跡をフォローした吉見俊哉の興味深い労作『敗者としての東京』（筑摩選書、2023年）にも言える。吉見は、勝者対敗者として、いずれも東京に遺るサムライ同士の戦の爪痕（たとえば上野での彰義隊の怨念）を活写する。だが、そこには、羽仁や井上の言う、徳川に対する民衆の怨念は視野から外れる。幕府方の抱くルサンチマンは、せいぜい学問や言論レベル（慶応大も同志社大も旧幕府方人物による創設）に限られる。しかも、いずれも元サムライである。明治維新が幕府の過酷な収奪に対する民衆の反幕府ルサンチマンの爆発だったという視点はない。あくまで、吉見の捉える東京の現場とは、幕府方と薩長勢のサムライ同士の戦場であり、それを敗者の幕府方から見たのである。人口比で9割以上を占めた農民や町人の動きは視界に入ってこない。

## 9 「庶民」というアイデンティティ

ここでは「庶民」というアイデンティティの重要性について、考えたい。目立たずとも社会の片隅で、日々の生活を営む市井の人々の日々の労働こそが、一国の経済力GDPを創る。しかも、大手メディアの流布する膨大な情報の虚偽を見抜くだけの賢明さ、つまりメディア・リテラシーが要る。なぜならば、サイードの言うように、「記憶は、アイデンティティを維持するための強力な集団的装置」であり、「それ（記憶——引用者）は歴史による抹消の浸蝕を食い止める防波堤のひとつです。それは抵抗の手段」だからだ（前掲『文化と抵抗』２５４頁）。

ニューヨーク在住のアカデミズムにあって、パレスチナ人であり、かつキリスト教徒として生きたという稀な経歴のサイードの説くアイデンティティ論には説得力がある。ニューヨーク在住でコロンビア大学教授に就きながらも、安易にアメリカ人にもならず、少数派のイスラム教徒を弁明し、キリスト教徒として生きたという稀有な経歴や業績から学ぶアイデンティティ論は滋味に溢れている。

歴史といえば、戦国時代なら信長・秀吉・家康が、明治維新といえば、龍馬や西郷がいずれも定番。明治の終焉が日露戦争だろうか。いずれも、時代を率いた為政者の話ばかり。そうした情報の積み重ねから、そこで生きる圧倒的大多数の庶民を主役にした情報が語られることはなかった。かつてＮＨＫドラマで海外でも人気のあった『おしん』の話にも、みごとに政治性が抜き取られていたと指摘したのは、ブルマだった。日本の情報空間を性格づける「幼児性」と「脱政治性」は健在である。

清張や辺見やウォルフレンやマーフィーといった論客の史論等が、日本のアカデミズムではなかなか真正面から取り上げられず、無視されるか、さもなければ、まるでエンターテインメントやミステリー談議や娯楽として扱われ、消費されて、「ハイ、終わり」。

ところが、一方では、韓国の軍事独裁を追放した民主勢力の歴史的台頭にはまったく関心が払われず、したがって理解も共感もされず、「貧しいアジア」という旧聞の認識はあまり変わらない。韓国は、東アジアで先進諸国メンバーを意味するOECDの一員であり、2008年のリーマンショック後は、G20メンバーの一角に座る。

日本は、その韓国を植民地にし、宗主国として日本語や神社を強制し、そのアイデンティティを奪った過去の植民政策がある。それを記憶するのが大人の道義というもの。そんな主張をすると、「反日！」「非国民！」「売国奴！」といった幼稚な声が飛んできそうである。

チャルマーズ・ジョンソンやマーフィーが明かした日本の為政者を操る米CIA情報も、陰謀論扱いされて倦厭されがち。『CIA秘録（上）（下）』というティム・ワイナー（ニューヨーク・タイムズ紙記者）の驚愕すべきノンフィクションは高く評価するも、日本の岸政権との関係を記した日本人にとって最重要であるはずの部分についてはスルー。

そうかと思えば、ハーバードのサミュエル・ハンチントンに「日本文明」という分類をされただけで有頂天になる単純な読解力も目立つ。先に言ったように、ハンチントンの意図は、孤立しているが故に、したがって他の文明には影響を及ぼさず、単独での「日本文明」という括りだった。「日本文明」と区分けすることでアジアとの同一文明意識を遮断したいというアメリカの国際政治戦略に沿ったシナリオも大きく作用する。

しかも、世界で孤立する日本という同様のイメージは、ハンチントンだけでなく、キッシンジャーにも共通する。ハンチントンはそれを「日本文明」と名付けただけ。堆積する膨大な情報のなかから、どこを抽出し、何を狙って、どのように加工するかは、料理人の腕次第。情報の背景にある作為について、まったく無関心で、ただただ「日本文明」という分類を嬉々とする姿勢は、とても識者とは呼べない。しかも、キッシンジャーがどんなに中国への敬意を表しても、それを「媚中」と批判することはしない。情報に対する評価のカラクリが分かる。

そこには、大人の教養も、品位も、礼節もない。あるのは、権力に沿って並ぶ階層序列への神経質な恭順だけ。ヒットラーの真意も知らず、にもかかわらずヒットラーを礼讃した１９３０年代の日本の為政者とそっくり。いつも「勝った！　勝った！」と狂喜して提灯行列で皇軍を祝した庶民しかり。そして、従順な庶民を誘導するのは、権力の意向を忖度する大手メディアの「大本営発表」もいつも同じ。

つくづく思うのは、日本の司令塔というトップに座る面々は、政界、官界、財界、そして大手メディアや大学研究者の別を問わず、海外で何が起きているかだけでなく、海外が日本に注ぐ視点も知らず、まるで、権力が仕掛けた「大本営発表」に、権力者自身が引き摺られた戦時に似る。いったい、欧米でアウシュビッツを知らない大人がいるだろうか。アウシュビッツを知らない政治家が宰相の地位に就くということは考えられない。

本書は、これまでの、そして現在の支配的世界観、歴史観を批判の俎上に載せながら、筆者の世界観や歴史観を綴った。権力によって歪められ、作為された膨大な情報の虚像という「罠」から真相を抉り出す営為を続けることに人生を賭けたサイードの説く知識人観ほど、落ち込みそうだった気持ちを励ましてくれた魅力的言葉はない。「知識人とは亡命者にして周辺的存在であり、またアマチュアであり、さらには権力に対して真実を語ろうとする言葉の使い手である」（サイード『知識人とは何か』平凡社、1995年、12頁）と。

サルトルが日本講演（1966年9月）で語った「知識人論」も印象深い（以下は、評論家の加藤周一による要約）。「『作家＝知識人』を、サルトルは『自己に責任を負う』（アンガジェ）作家とよび、そうでない作家を、すべて、娯楽作家か、逃避的作家とする。『世界の全体』とは、もちろんたんに政治的な世界ではない。しかし決して政治と無関係な世界ではない。ことに、政治的状況が世界の全体の破滅をも導きかねない今日では、なおさらそうである」（『加藤周一セレクション1』平凡社ライブラリー、1999年、368頁）。

このサルトルの緊急性を帯びたメッセージに比べ、同じ世代を生きた、たとえ有名だったとはいえ、東大全共闘と「義侠心」で情緒的に意気投合した1969年の三島由紀夫の発言は、残念だが、知識人として世界に語る普遍的メッセージをもちえなかった。

これまで、日本的風土に宿る「勝ち馬」狙いのメンタリティを指摘したが、一介の会社員であれ、役所の職員であれ、あるいは、普通の専業主婦であれ、まるで自らが支配層の一員であるかのような「上から目線」が少なくない。全人口のおよそ9割以上は、まったくの労働者であり、庶民だが、そうした階級意識を錯覚した人々ばかり。庶民を小馬鹿に見下し、自らを上層だと錯覚する庶民とは何なのだろうか。

天皇・マッカーサー会談を分析した豊下の胆力、731部隊の残党を追い続けた加藤や常石の気迫、ロッキード事件を推理する春名の大胆な推理にも目を見張った。先駆者たちの熱のこもった行間を読み解きながら、多くを学んだ。筆者は、人生経験を重ねるとともに、サイードの言う

「つかのまの客人」、あるいは「異邦人」に共感する。

たとえば、先に挙げたが、ユダヤ系アメリカ人の広島市立大大学院生が広島市に対して、イスラエルのガザ虐殺へ「なぜ抗議しないのか？」という質問書を提出したように、「広島市＝平和」の象徴としてのブランドはすでに瓦解した（『毎日新聞』２０２４年2月14日付参照）。ユダヤ系といったら、イスラエル。その大学院生がイスラエルを非難し、抗議の声を上げない広島市に質問する。同じユダヤ系ながらユダヤ人の過失をも見逃さなかったアレントを思い出す。アレントは、一方的にユダヤ人＝被害者だとは観なかった。残念ながら、広島市に、日本政府にできないことができるわけはない。２０２３年5月のＧ７では、「広島ビジョン」というまさに屈辱的な核抑止論肯定の提言でもって、「広島＝平和」ブランドは地に堕ちてしまった。

核兵器に抗議の声ひとつ上げることができない平和都市とは、もはや、平和都市の自殺行為だろう。しかも、核兵器攻撃の可能性を口にするロシアを非難しても、同様の恫喝を口にしてガザ攻撃を続けるイスラエルには何も言えない。この情けないダブル・スタンダードは、まさに、歴史家ハルトゥーニアンの言う「わかっちゃいるけどやめられない」という台詞が当てはまる。広島出身でトロント在住の反核運動家・サーロー節子の嘆きに頷く。

まさに、これこそ、戦後日本の葬送に相応しい。それが、広島出身だったはずの岸田首相によって主導されたことも、戦後日本の葬送を象徴する。しかもそうした時々刻々と迫る軍靴の足音に対して、政治家も野党も、そして識者や大手メディアも、声を上げない。

長崎には、被爆者として、舌鋒鋭い権力批判や核兵器批判を投げ続けた実に豪胆な歌手美輪明宏（作詞作曲も美輪の「ヨイトマケの唄」が象徴）がいて、天皇の戦争責任に勇気ある発言をしたために銃撃され重傷を負った五島出身のクリスチャン本島等長崎市長もいた。広島に比べれば、核兵器反対の声を上げ、平和を語り継ぐ資格があるだろう。

本島や美輪は、存在感のある、しかも組織的後ろ盾のない、戦後日本が生んだ稀有な自立した個人だった。それは、「前例」「横並び」「上意下達」しか知らない家父長制という「野蛮としてのイエ社会」（関曠野）を引き摺る日本的風土に、断固として「NO！」を言い続けた実にタフな人間だった。

2024年8月6日の広島原爆の日に開かれる平和祈念式典に、松井一実市長はウクライナを侵略したロシアを招待せず、パレスチナを侵略し続けるイスラエルを招待するという二重基準の決定を早々と表明した。だが、鈴木史朗長崎市長は、8月9日に開かれた長崎原爆の日の平和祈念式典に、イスラエルを招待しなかった。このトップの見識を分かつのは、地元選出の岸田首相への忖度以外は考えられない。

ちなみに、美輪とは対照的に、同じ被爆経験を広島でもちながらも、戦後民主主義の旗手で東大教授だった丸山眞男は、膨大な著作や座談の語り手だったにもかかわらず、自らの被爆経験をほとんど語らなかった。あれだけ影響力のあった戦後知識人の丸山でさえ、被爆については多くを語らなかった。まるで、戦場体験をもつ映画監督の小津安二郎が無言で寡黙という日常の日本人像を演出し続けたように、ひとつの丸山の仮面だったのではないか、という疑問がいまだ拭えない。

小津や丸山にも、司馬や清張と同様の、戦時の嫌悪すべき原体験が作風に影響しなかったはずはない。そこには、戦後はけっして東條を何も語らなかった岸信介がいて、あるいは対照的に、晩年に一挙に満洲引揚の地獄図を語ったなかにし礼がいるように、皆、戦時体験の言いえぬ思いを抱えて戦後を生きたのである。

美輪は、権威や権力に微塵も怯まなかった稀有な日本人だった。美輪の発言を読みながら、人間には、生きている限り、アイデンティティは必要なのだと思い知らされた。換言すれば、人間としての生存権や抵抗権だ。

被爆をほとんど語らないまま戦後民主主義という「虚妄」に賭けた丸山と、被爆を自己のアイデンティティとして生きた美輪という対照的な人生に、人間のそれぞれの異なった人生観を観る。ちょうど、自身が生きて辛酸を舐めた軍事ファシズムを嫌悪しながらも、幕末の志士たちに日本の希望を見出した司馬と、2・26というファシズムの徹底的研究に歴史家人生の総力をかけた清張の相違に似る。

サルトルの「金持ちが戦争を起こし、貧乏人が死ぬ」に通じる美輪の思想は、長崎での被爆体験こそが原点だった。すべてが灰燼《かいじん》に帰してしまった被爆後の光景には、ただ放射能に汚染された空間が広がり、多くの死体が横たわる地獄図だった。その地獄図の前には、権威も権力も消えた。

ル・モンド東京支局長のフィリップ・ポンスが『裏社会の日本史』(ちくま学芸文庫、2018年)で言うように、日本には、島国根性とか等質的社会といった欺瞞的パラダイムにはけっして収斂されず、まさに「周縁性」に育まれた風土が存在した。その歴史的潮流として、ポンスは、アマテラスの弟で「放浪者の典型」スサノヲの神話に始まり、江戸時代の農本主義者安藤昌益、戦後の「無頼《ぶらい》派」の作家に至るまで、「野生の個人主義」を見出し、「強靭な異議申し立ての血統」を成す「日本の歴史の地下水脈」を発見した。

なお、アマテラス対スサノヲという対立構造は、古代世界の神話だと思いきや、じつは、明治以降の廃仏毀釈のなかで、伊勢対出雲という神道内部の主導権争いがあり、その対立関係は、1930年代ファシズムのなかで、昭和天皇と秩父宮という宮家内部の兄弟係争として再現されたという史観もある。

このことを創作ノートに遺した清張史論を受け継ぐ形で発展させたのが、天皇論に詳しい原武史、前掲『松本清張の「遺言」』。清張が気づいたのは、「貞明皇后と昭和天皇の確執」「貞明皇后の秩父宮に対する溺愛」「昭和天皇と秩父宮との確執」。この宮中の人間関係が2・26事件の背景に存在する、と。

アマテラスとスサノヲの角逐は、古代世界のなかに留まるどころか、昭和前期を揺さぶった軍事クーデターの中枢に鎮座していた。しかも、埼玉大宮の氷川神社を中心に、「出雲系」という、帝都を守護するもう一つの神道神話があったことを教えてくれる〈原武史『〈出雲〉という思想』講談社学術文庫、2001年〉。アマテラスとスサノヲという古代神話は、たんなる史的叙事詩ではなく、明治以降に引き継がれた現代の政治経済力学なのである。今現在も、皇室論議といえば、天皇を男系に限るべきか、それとも女系も認めるべきかについて、長い論争が水面下で行われているようだ。
美輪の「ヨイトマケの唄」に凝縮された、民衆の声が聞こえる。この楽曲は、２０１２年12月31日の『第63回ＮＨＫ紅白歌合戦』で、初出場だった美輪が歌った。この唄は、民衆や庶民という名のたしかな存在が日本にもあったことを教えてくれる。しかも、この唄は、原爆投下後における長崎の民衆の声なのだ。日々の生活を営む大多数の民衆こそが、その土地の主役であり、その経済活動こそがＧＤＰを形成し、そしてその政治的意思が政治を作るという当たり前のことが、あまりにもなおざりにされている。

父ちゃんのためなら　エンヤコラ　母ちゃんのためなら　エンヤコラ
もひとつおまけに　エンヤコラ　今も聞こえる　ヨイトマケの唄
今も聞こえる　あの子守唄　工事現場の　ひるやすみ
たばこふかして　目を閉じりゃ　聞こえてくるよ　あの唄が
働く土方の　あの唄が　貧しい土方の　あの唄が

この草の根の被爆者の声こそが、ノーベル委員会の正義感を動かし、そして２０２４年12月の日本被団協のノーベル平和賞授賞式につながった。世界が認めた、日本の数少ない存在感を放ったのは、政治家でも政界人でもなく、ましてやキャリア官僚や大手メディアでもなく、核廃絶を叫び続けた草の根の庶民だった。

美輪は、その被団協のノーベル平和賞受賞を喜びながらも、こう言う。「核廃絶は被爆者からすれば当然の願いです。世界が認める必要があるんです。でもこれだけ時間がかかったということは、彼らの活動を喜ばない連中もいたっていうことですよ」「原爆を投下したアメリカ、軍人、爆弾や兵器を開発する科学者、軍事物資を製造し販売する企業やその関係者の家族たち——。そんな人たちがよってたかって原爆を作ったんです。彼らを養うためには、常に戦争を起こしていないといけない。政治家と軍人たちだけが戦争を起こすと思っていたら大間違いですよ」（「毎日新聞」２０２４年12月３日付）。89歳になる美輪は健在だった。

さらに美輪は、石破首相の唱える核共有という主張に対して、「加害者になろうというんでしょうか。とんでもない」（同右紙）と強い憤りを表す。平和を脅かす危うい政治力学に、憤りをこめて最も強い批判を投げたのは、識者や大手メディアではなく、「地獄図」を経験した美輪だった。

漢と「倭」「奴」の関係、「葵の御紋」と「錦の御旗」、「東京裁判」という茶番劇、あるいはイラク戦争の裏側、鳩山民主党政権の瓦解等々、いずれにも、一般に流布する周知の解説には、サイードがオリエンタリズムという語彙に潜む偏見を喝破したごとく、マーフィーが日本の歴史を遡って解説したように、驚くべきカラクリがあった。その歪みを解き明かす作業こそが、本当の知識人の役割ではないのか。本書で取り上げた清張や辺見を始め、自立した個性的な面々も、ポンスの言う「権威に異議申し立てする」。そこには、等質でも閉鎖的でもなく、「横並び」でも「島国根性」でもなく、支配的「権威」に怯まず、独自の道を歩んだ人々の潮流があり、そして、その後ろにはポンスが称した、「物言わぬ、孤独な貧窮の民」という「最後の偉大な拒絶のヒーロー」がいた。

共同責任という言い方がすっかり周知になってしまった日本では、かつてフランスの統治者になったナポレオンが言った、「フランスが行ったすべてのことに責任を負う」（アレント、前掲『責任と判断』278頁）と喝破した共同体代表は不在。しかも、「わたしたちのすべてに罪があるのだとしたら、誰にも罪はないということになってしまう」（同右、275頁）というまさにその通りのことが、敗戦直後のみならず、21世紀の現在ですら続く。共通するのは、司令塔に座るのはただの軽い「神輿」。その歴史的カラクリを解いて見せたのが清張史観だった。

しかもこの問題は現在進行形である。かつて日本を「神の国」だと称した森喜朗も、2024年初頭に大騒ぎになった政治資金のキックバック裏金問題で、安倍なき安倍派のまとめ役だった。「森の国」だと皮肉が投げられても、それ以上の責任問題には発展しなかった。検察登場で仰々しく始まったが、結局、トカゲの尻尾切りで終わった。

情報を知るはずの大手メディアに至っても、当該問題に、いかに外圧が関係しているかについては、一切報じなかった。まるで、ロッキード事件をセンセーショナルに取り上げながらも、角栄切りという「虎の尾」については「主犯」から外した真山仁『ロッキード』（文春文庫、2023年）を思い出す。

2024年初頭に旧安倍派を解体に追い込んだ一連のシナリオを描いたのは、アメリカの外圧だったにちがいないという鋭い読みを示した日本人は、元外交官の天木直人と、フリージャーナリストの加治康男くらい。もちろん、政治家は与党も野党も、そして大手メディアの報じ方も、「カネと政治」をめぐる国内問題に尽きる。

無策の外交はまだ続く。２０２４年４月の岸田訪米とは、２０１５年の安倍訪米以来の国賓待遇で、しかも、日米の武器共同生産の合意だと『読売新聞』がスクープ。「日本がウクライナ支援を下支えすることで日米同盟の結束を示し、抑止力維持にもつなげる狙い」（２０２４年３月10日付）だった、と。

すでに、憲法の平和主義は吹き飛び、ウクライナへの武器援助が覚束ないアメリカを支援し、日本の経済力がアメリカ経由でウクライナを支援する体制強化が狙い。アジアへの政策姿勢は何も見えない。これに対する疑問どころか、ただただ「ニチベイ」同盟への喝采しか聞こえない。この報道を伝える『読売』も、「米国の雇用に影響しかねないとの警戒感」を懸念する。そもそも日本の憲法の平和主義に抵触する懸念には言及しない。

巷は、中国嫌いの声一色、ＡＳＥＡＮとも東アジアで共存するという姿勢もなく、グローバルサウスの勢いも他人事。ただただ「ニチベイ」のみ。アジアとの共存共栄という理念は吹き飛んでしまった。平和も外交も建前。かつて、アジア解放を謳いながらアジア支配に向かい、破綻した「アジア主義」のように。

それは外交だけではない。北陸電力の志賀原発も、能登半島地震で、運転停止中だったために福島過酷事故３・11の二の舞こそ免れたが、耐震基準を見直す姿勢すら見せず、「大丈夫」「安全」という空念仏を繰り返す。御利益を祈る精神主義だけなのは、戦時の東條も、２０２４年初頭に見る岸田政権や北陸電力も似る。

「自分で考えることを放棄」した結果が、その由々しき代償を招いたと言うアレントの訴えは、ちょうど、生気を失ったような今の日本社会に当てはまる。上意の指示に従うだけで、皆が思考停止。ジャーナリスト（元『週刊現代』編集長）の元木昌彦は、２０２４年春の世相を評して、こう言った。

「ウクライナ戦争では、米軍を一兵も出さず兵器を貸し出すだけだった。だが、長期化したため国のなかから支援に反対する声が澎湃と湧いてきた。イスラエルがガザに無差別攻撃を行い、多数の民間人を殺戮しているのに、バイデンはネタニヤフも抑えることができなかった。もし、トランプが勝つようなことになれば、弱みを握られているプーチンには何もいえず、孤立主義をさらに強めていくはずだ。そうなれば、アメリカの植民地であるこの国は、中国、ロシア、北朝鮮に囲まれ孤立することは明らかである。防衛費など何倍にしたところでどうにもなるはずはない」。「もはや平和ボケなどというレベルではなく、現状認識さえできなくなってしまったこの国の民は、これから10年か20年のうちに滅びるのではないか。私はそんな危機感さえ抱く」。「明日にでも起こるかもしれない戦争や大災害に、この国ほど無関心な国民はいない」（NetIB-News、２０２４年3月4日）。

繰り返すが、「過去は死なない」（前掲『責任と判断』）と言ったアレント、「未来に過去がやってくる」（前掲『1★9★3★7』）と警鐘を鳴らした辺見、そして軍歴がありながらも痛烈な米帝国批判を投じたチャルマーズ・ジョンソンの遺言「blowback」。いずれも「奢る平家久しからず」だ。孤立しながらもペンでもって戦ったアレントは、終生、ユダヤ人虐殺に、そして惨劇をもたらした全体主義に向き合った。

ところが日本では、「南京大虐殺があったかどうか?」を真剣に訝る人々が跡を絶たない。若者だけではない。政治家も識者も、そして大手メディアも、まさに「横並び」。権力の監視に怯え、その意向を忖度する「下からのファシズム」「草の根ファシズム」ではないか。

「思考は受け身な形で何かを享受することではなく、一つの活動」(アレント、前掲『責任と判断』160頁)というアレントの言葉は重い。本書は、日本の主流派からは遠い市井の片隅(周縁、周辺)にあって、けっして理不尽な権威や権力を忖度せず、「周縁性」に拘泥し、筆者の思考経過を綴った。支配的論調へのレジスタンスとしての「周縁性」に共鳴し、だからこそ、ウォルフレンやサイードやマーフィーやブルマやアレントやチャルマーズ・ジョンソン、日本人では清張や辺見や加治の論説、あるいは羽仁五郎や井上清の歴史観を、「周縁」を生きる庶民への応援歌だと受け止めた。

ここで清張史観を重視した理由は、血縁主義や官僚制に担がれた「神輿」という権力観、そして支配される側でありながら、「下からのファシズム」の担い手にも逆転するという逆説的民衆観は、清張ならではの推理だからである。それは、ヘレン・ケラーの人道的博愛に拍手を送った日本人と、南京大虐殺の加害者たる日本人を重ねて、その二重人格ぶり(ジキルとハイド)を問い続けた辺見の姿勢に重なる。

原爆が投下された後の長崎の被爆風景のなかで、黙々と労働に勤しんだ「ヨイトマケの唄」に込められた美輪の魂の叫びは、江戸時代の人口の9割以上を占めた農民・町人の視点から変革のダイナミズムをつづった羽仁五郎の歴史観に通じる、まさに日本的風土に挑んだ庶民の意気込み。この美輪の唄は沈黙の掟「オメルタ」に逆らって、「抑圧の移譲」を拒否し、声を上げた庶民の叫びそのものである。

アレントの先の言葉を借りれば、作品をつづることは「受け身」ではなく、「活動」であり、現実を直視しようとする試み。これほどまでの、「世界を知らず、己も知らない」にもかかわらず、傲慢な無知に徹し、逼迫する危機を想像すらできない日本社会を作ってしまった責任の一端は、「高等教育」に携わった筆者も免れない。

江戸時代における庶民に対する為政者の基本的姿勢を「官尊民卑」「秘密主義」だと喝破したノーマンの記述は、いまの日本社会批判としても通じる。「『官尊民卑』の思想は徳川時代の官僚が得意とした『民は倚らしむべし、知らしむべからず』という中国の格言にいいつくされています」(「封建制下の人民」『ハーバート・ノーマン全集 第一巻』岩波書店、353頁)。「秘密主義こそは封建官僚のお守り札であって、人民を国事から切り離し暗黒のうちに押しとどめておくことがそれ自体一つの目的となった」(同右、356頁)。

とはいえ、因果はめぐると評すべきか、チャルマーズ・ジョンソンの言ったまさに「blowback」が襲って来た。ノーマンは言った。「人民の無知と精神的怠惰と排外感情とを奨励した支配者自身が精神的魯鈍《ろどん》と懶惰《らんだ》」に陥り、「藩の政治を充分に処理することができなくなり、ひいては藩政の実権が下級武士の手に移って行きました」。だからこそ、「下級武士が明治維新の指導者となった」(同右、358頁)と。なぜ明治維新の担い手が上級武士ではなく、下級武士だったのか、ノーマンの説明は興味深い。

このノーマンの江戸時代評のように、情報化時代と称される現在にあっても、この国のキャリア官僚を始めとするエリートの脳裏を占める価値観は変わっていない。情報が閉鎖された江戸時代とは対照的に、一見、現代は情報の洪水のごとき様相に見えるが、庶民に対する為政者側の認識は変わらない。

典型は、都合の悪い内容が記された公文書は、多くが黒塗りされて公開されるという事実。2024年夏の東京都知事選では、知事の記者会見で、知事に対する都合の悪い質問を遮ったテレビ朝日記者も、選挙後は候補者だった蓮舫に下品な悪罵を投げつけた朝日新聞政治部記者(新聞社のなかでも政治部はエリートらしい)もいて、どこもかしこも権力を忖度し、批判者を茶化す。権力の横暴を監視する役割を、ジャーナリズムそのものが放棄した。むしろ、自らも「権力の一員」として、高給と厚遇を享受する「勝ち馬」だった。

たとえば、2022年7月の元安倍首相暗殺事件では、死亡翌日、大手紙五紙に、すべて、「安倍元首相撃たれ死亡」という一字一句同じ表現の一面トップ記事が並んだ。「暗殺」と表現したのは英BBCを始め海外メディアだけ。この大手メディアの見事な「横並び」は、もちろん、偶然の一致ではなく、行政か警察かが指示して書かせた官製情報を転載しただけだろう。

「民主主義は暗闇の中で死ぬ」(Democracy Dies in Darkness)というスローガンはまるで今日の日本の政治事情や情報空間を評したようである。このような文句をジャーナリズムの原点として紙面に掲げる米ワシントンポストの気概を示すような、大手メディアや識者は日本にはほぼいない。

日本の大手メディアには、ジャーナリズムの本来の役割である権力監視の役割がそもそもない。日本の大手メディアは、権力を一緒に担ぐ相棒だと言える。ただ江戸時代との相違は、鎖国ではないために、民主主義や人権を尊ぶ風土が残る海外からの情報が不断に入ること。時代は、民主主義とファシズムとのグローバルな戦いが繰り広げられている。イスラエルのパレスチナ・ガザ攻撃を「ジェノサイド（集団虐殺）」として批判する声は海外では少なくないが、日本ではウクライナ侵攻した連日のロシア批判はあっても、イスラエル批判はほとんど聞こえない。

これは、イラク戦争で、対米批判が封じられた事情と同じ。しかも、イラク戦争に参戦した英国でさえ、「なぜ英国は誤ったのか?」という検証に基づく自己批判に転じたが、アメリカのイラク攻撃を真っ先に支持した日本の小泉政権を批判する論調は聞こえない。

日本の外交を仕切るはずの外務省のキャリア官僚でも、それに抗《あらが》う報告書は出さない。たとえ個々人が試験成績の優秀なキャリア官僚は、イラク戦争への海外諸国の批判的総括を知っているはずだが、政権や外務省の意向を忖度するあまり、無言を決め込む。かれらは、神輿を担ぐ役者にすぎない。

若者の大好きな言葉である「オワコン（終わったコンテンツ）」という性癖は、表現こそ異なるが、いつの時代にあっても、無類の「新しいモノ」好きな日本的風土に染み込む空気。要するに、幕末も戦後も、「勝ち馬に乗る」「勝てば官軍」という思考様式が、「勝ち馬」に乗れなかった敗者や弱者を切り捨てるという意味合いである。庶民にも骨の髄まで染み込む言葉だと認識されなければならない。

2024年7月に行われた東京都知事選で見せた熱狂は、もはや、大手メディアやネットが奏でるイメージ旋風が舞い、政策論争とは無縁だった。まさに、ウォルフレンやブルマが評した日本人の「幼児性」そのもの。辺見やアレントが警鐘を鳴らした「過去は死んではいない」。この生気を失ったような民意を尻目に、岸田首相は、ワシントンで開催されるNATO首脳会議に向かった。それに疑問を呈す大手メディアはなかった。

政策を議論するはずの国会では、この重大な岸田外交について、何の審議すらされず、政治が熱く語られた50年前、60年前の光景は、否、脱冷戦下における東アジアとの連携が論議された30年前の気分すら消えてしまった。

「ニチベイ」重視の認識だけは相変わらず、大手を振ってまかり通る。「植民地でいい」という庶民の声すら聞こえる。政治家も大手メディアも、さらには巷の庶民も、首都圏上空を支配する横田空域にも、日米軍事協力にも、何の反応もない。1945年の占領は、21世紀の今日も続く。自立も自主も忘れ、政治には無関心な空気が覆う。アジア人というアイデンティティすら抱かない日本人も多い。

そう言えば、自主独立のために、憲法9条改正をという主張が聞こえるが、かつて清張が『史観宰相論』で、憲法は「押しつけ」だったという批判があるが、憲法だけでなく、農地改革も六三制義務教育も「主権在民」も社会福祉制度も、「基本的人権の保障を実現する制度としての新しい警察制度と刑事裁判手続」も、ことごとく、アメリカの「押しつけ」でないものはない（同右、253頁）と喝破した。つまりは、自ら勝ち取った権利は一つもないということだ。

ところが、マッカーサーは、解任後に帰国（1951年4月）した後は、日本国憲法の戦争放棄規定を後悔したことを清張は指摘する。日本の再軍備要請へという方向は、米ソ冷戦や朝鮮戦争といった国際情勢を鑑みたアメリカ側の戦略転換だった。したがって、清張は、「アメリカが憲法を押しつけたのは怪《け》しからぬと非難する改憲論者は、そのアメリカの希望へ歩み寄って、アメリカと戦争協力する（共同作戦）という向うの思う壺《つぼ》にはまる方向になって、論理が奇妙なものになってしまう」（前掲『史観宰相論』261頁）と。

つまり、「押しつけ憲法を改正せよ」という主張そのものが、アメリカの利害に沿った「押しつけ」。21世紀の今日も、自主憲法制定がまるで日本の自立化を目指すシンボルであるかのような主張が席巻するが、その歴史的文脈を考えれば、これほど自主性を欠く滑稽な主張もない。

だれであれ、生きる権利はあるという生存権がこれほどまでに蔑《ないがし》ろにされ、ユートピアならぬ、まさにディストピアの様相を強いられる巷の庶民も、主権者意識からは遠く、いつも「お上」に従順。「由らしむべし知らしむべからず」という封建的風土は健在。テレビやネットにほぼ毎日のように登場する評論家は、ほとんどが権力の太鼓持ち。清張のように、抵抗の爪痕を遺したような知識人はほとんどいなくなってしまった。

自立とはどういうことか、基本的人権や民主主義、平和主義や法治主義といった諸々の戦後日本の価値観が、たとえそれらがGHQによって持ち込まれたものにせよ、まるで古い草履のごとく捨て去られようとしている時代の風潮に、唖然とする。自主憲法制定を叫ぶ保守派とはいえ、所詮、アメリカの狙いや戦略に沿うだけ。

戦争の危機迫る今日、反戦や非戦の声はあまり聞こえない。日本中が、中国相手なら「戦争も辞さない」空気すら漂う。かつて1970年代の日中国交回復に沸いた友好ムードは吹き飛び、脱冷戦下のアジア志向が熱心に語られた1990年代の空気も消え、庶民も、嫌中一色。「ニチベイ」と言えば皆が思考停止だ。

## 10 大学の凋落(高等教育の空洞化)

一般的に、大学とは高校と就職のあいだにある通過機関として見なされ、しかも毎年、大学偏差値ランキングや大学別就職先ランキングといった軽薄な情報が溢れるにもかかわらず、大学内の実情は意外に知られてはいない。

誰でも、一定の思想や思惑を抱くには、何らかの実体験がある。筆者も大学における39年間に及ぶ経験が自らの思想信条を作った。かつて拙著にも記したが、学生が卒論発表会で「日本の格差」について報告したら、それを聞いていた教授が、よりによって、「あなたは資本主義が嫌いなのか?」と食ってかかった。

まるで、戦前の特高のごとき恫喝だった。教授という名の教育者たるべき職責の人物が学生相手に、特高よろしく詰問する光景は、70年の人生で初めてだった。戦後は、内務省も特高もGHQの命令でなくなったが、戦後、制度は消えても、そのメンタリティは生き続けていた。しかも、高等教育の現場を担う大学教授が学生に向かって、まるで、思想を検閲するような光景だった。唖然として言葉を失った。

事後に、この事実を各界各層に話したが、「ひどい教授だね」という憤りを表明したのは、非大学人だけ。大学関係者の反応は、薄笑いを浮かべるだけ。かれらは、それが人権侵害に値する、あるいは学生に対するパワハラだという感覚が欠片もない。これが、大学という高等教育を施す現場なのである。2023年に問題が発覚して大騒動に発展した日本大学アメリカンフットボール部寮の大麻問題だけでなく、本音で言えば、高等教育がまるで行われていない大学は沢山ある。

現に、右記の大学院では、大学院教育とは名ばかりだった。履修する大学院生には学部の授業に出席させ、大学院単位に代えるといった措置が横行し、教員からすれば、学部授業だけで大学院履修手当も自動的に手に入れる。この詐欺のごときテクニックさえ横行していた。

大学院とはまさにただの飾り。どんなに履修学生が少なくとも、大学院生相手に大学院講義を行っているのはごく一部。大阪時代、大学院専任教員だった筆者は、大学院教育の惨憺たる現場に遭い、残念だった。スタッフが学部教育とは異なる大学院教育そのものを知らない。これでは、欧米の大学や大学院へ、箔をつけるために留学する人々が増えるはず。換言すれば、日本における高等教育の空洞化。日本的教育とは、専ら暗記を訓練する域を出ず、高等教育の面白さである思考を鍛えることのない、ただの膨大な暗記物の堆積。本書で論じた「官尊民卑」という思想的残骸なのだ。

たしかに、日本の教育姿勢は、寺子屋的な初等教育は得意だった。しかし、ガリレオのような「それでも地球は回る」という主張のような、「大勢順応」に真っ向から挑戦する歴史観を生み出すことはできなかった。そもそも、「資本主義が嫌いなのか?」と食って掛かる教授には、高等教育の片鱗もない。それは、戦時の特高の再版。しかし、こうした思考停止は、たとえば、本書で論じた、清張作品を文学とも秀作ともけっして認めなかった、文壇主流派の頑固な「権威」を盾にした「官尊民卑」と同じ。

しかも、その成否を判断するのは、情報に通じていない官僚制がトップに立つ家父長制。その指導要綱に従順な「権威」が公式に認められ、世界史的大転換期における歴史のダイナミズムを論じる思想や史観が生まれるはずはない。

当該大学の問題をノンフィクションで語ろう。ここでは、秘匿性の高い個人情報（教職員の不倫写真）を、教授会で放映するという痴態まで演じて、当該教職員を「秩序を乱した」として退職に追い込んだ「事件」があった。2010年代半ばの話だ。しかも、この原画像は当該職員のパソコンからだれかがこっそり抜き出すという、まるでスパイ映画顔負けの展開を見せた。この「事件」は、当該写真数枚だけが貼り付けられた紙一枚が学長宛てに郵送され、しかも、学部長が教授会で「怪文書が来ました」と発言したことで発覚するという奇妙な展開を辿った。

さらに、この持ち出された画像は、教授会席上で、全員が視聴するなか放映されるオチまでついた。筆者はそのとき、入院中で欠席していたが、退院後に聞いて一番驚いたのは、その放映を誰も止めなかったこと。このことを教授会で追及、批判する向きはまったくなし。とはいえ、その後は、真相を探ろうとする多くの教員が興味津々のヒソヒソ話で持ち切りだった。責任を問われたくないある執行部の教授は、「ずっと下を向いていたので知らなかった」と弁明する始末。つまり、教授会で放映された画像は下を向いたまま見なかった、と。

大学というごく小さな共同体における権力闘争をめぐって、これだけの痴態醜態が演じられたということ。このどこが権力闘争かと訝られるかもしれないが、ふしだらな写真を放映された本人は選挙で選出された次期学部長内定者であり、教授会で放映した人物はそのライバルだった。この痴態暴露でもって新学部長着任は阻止され、一転して退職に追い込まれたのである。

筆者は「怪文書」と言うものだから、てっきり「脅迫状みたいなもの」が届いたものだと思い、「警察に被害届を出せばいい」と教授会で発言したのだが、実際は、男性教員と女性職員との現場の写真だけが学長宛てに郵送されたという始末だった（多くの者が、後々まで、実は怪文書の中味が写真だけだったことを知らなかった）。この事実は、「怪文書」を受け取った学長本人から聞いたもの。当該写真だけでは、脅迫されたわけでもなく、被害届どころか、笑われて終わりだろう。

「怪文書」とはうまい情報操作だったように思う。多くが「脅迫状もどき」を想像したからだ。

いずれも、最高学府であるはずの大学の現場で繰り広げられたノンフィクションなのである。何としても、ライバルの学部長就任は阻止するという嫉妬と怨念だけが渦巻く「事件」だった。後日、教授会での映像放映という痴態を演じた当該教員に電話で聞いたが、「あなたが一人でやったと聞いているがそうか」という問いに、当該教員は、「学長の指示でやっただけ」と答えた。

たとえそうだったにせよ、自身に拒否する権利はあったはず。拒否しなかったことが問題なのだ。ただの卑怯な「責任逃れ」にしか聞こえなかった。

この「事件」の真相でいまだ不可解なのは、当該告発状とも言うべき不倫現場の写真を学長宛てに郵送された封筒の消印が当該女性職員の地元になっていたことである。多くが、この消印の意味することは、大学を告発するために当該女性職員の身内がやった証拠だと思っていたが、誰もがすぐに思いつくようなそういったことを肉親の人たちがするだろうか。

筆者は、そう見せかけるために、当該画像を秘かに当該女性職員のパソコンから取り出した「犯人」がわざわざ当該職員の地元に出向いて投函したのではないかと思う。つまり、当該職員の身内を「犯人」に仕立て上げるための周到な芝居だった、と。

しかし、それにしても、当該教員を追い落とそうとした「犯人」は、この写真を教授会で放映した教員一人だけと思っているようだが、当該女性職員の地元とは、東京からは北陸新幹線で行く地方だった。これだけの大業な「事件」をひとりでやったとはとても思えない。パソコンからデータ画像をこっそり取り出し、新幹線に乗って（あるいは車を運転して）女性職員の地元で手紙を投函し、という芸当がたった一人でやれるとはとても思えない。きっと話し合って作戦を練る「共犯者」がいたはず。

それは、この女性職員を最も忌み嫌っていた職員という存在。男性教員にもライバル教員の嫉妬・怨嗟こそが動機だっただろうと言ったが、職員側にも同様の立場の職員がいたのである。だが、だれもこの女性職員のことは表沙汰にしなかった。時間がたってみると、かれらが共闘を組んだであろう心理がまざまざと想像できるようになった。かれらは憎悪を共有していたことで、共闘を組む合理的理由があったからだ。

もう一つの謎は、この「怪文書」を、なぜ学部長宛てではなく、学長宛てに郵送したのかだ。そもそも、学部長の性格は実に優柔不断で、おそらく、次期学部長選挙も終わったし、「そこまで追い詰めなくてもいいじゃないか」といった煮え切らない態度だったように聞こえてきた。

そうすれば、新学期になれば新たな学部長が着任してしまう時間切れを懸念した「犯人」が学部長を飛び越えて、学長に郵送したのではないか。だからこそ、筆者が電話した教授会で放映会を演じた教員は、「学長の指示に従っただけ」と言い逃れた。「学部長の指示」ではなく、「学長の指示」だったと言ったのが、要点だった。

ただ、筆者は、退職に追い詰められた教職員が正義であり、被害者だったとはかならずしも思わない。なぜならば、驚くべきことに、この大学職員募集に応じる以前から、当該教員はこの女性職員とは懇意だったと知ったからである。

この大学に応募する以前からの知り合いだったという重大な「秘密」は、おそらくそのときの当事者のだれも気づかなかったし、今も、だれも知らないだろう。「事件」が表面化して以降に相談に乗ったときに、「元々知合いだったの?」という質問に、かれが「はい」と答えたのが記憶に残る。自分の不倫相手を応募させておいて、自分は採用する側の席に座り、決裁の断を下す意見を述べたとすれば、一連の「事件」の発端は、女性職員の入職後ではなく、採用前から二人で練って計画していた可能性が浮かび上がる。そして、そのシナリオ通りにことは進み、成就した。

筆者がノンフィクションという体験談として話せるのはここまで。退職に追い込まれた教員は東京から遠い地方の大学教授職ポストに転職した。ただし、当初は懲戒解雇と言っていたが、「ただし、今年度中に自主退職すれば普通退職とする」という条件が付き、本人も、経歴に傷がつくことなく退職した。また、追い詰めた側の女史は定年退職。残っているのは、教授会で破廉恥ビデオを放映した厚顔な教員だけ。大学も、何事もなかったかのように、世間向けの体裁を守ることができた。いずれにも、いまの生活があり、これ以上の筆致は不要だろう。

この「事件」で学んだことは、人間の怨嗟や嫉妬という動機が、いかに恐ろしいものかということ。罠に嵌めてでも叩き潰したいとする痴態も、そうした動機に依る。もっと驚いたことは、パソコンから勝手に個人的画像を抜き取った行為を、相手が誰であれ、教授会で筆者以外の教員の誰も非難しなかったことである。「これは許されない」との筆者の教授会での発言に対し、「お前もパソコンに何か隠しているのだろう」という笑い声が聞こえた。

結局、この「事件」を収拾した真相究明委員会の主要メンバーは、その後、学長始め大学執行部に出世し、論功行賞に与った。見事に二人の「首謀者」は追放された。筆者は、教授という肩書に、何の誇りも失い、退職後、名誉教授を辞退。大学という虚像に対するせめてもの抵抗を示し、大学を去った。

筆者が所属意識もなく、郷愁すら覚えないのは、こうした共同体における数々の怨嗟や嫉妬や憎悪といった、魑魅魍魎《ちみもうりょう》な人間感情を、イデオロギーの左右を問わず、経験してきたことによる。

何の業績もないにもかかわらず、定年後は自動的に名誉教授になるシステムには、元々業績は不要（もちろん、建前は別）。実は、弁護士と相談しながら、この事件を告発する用意もあったが、結局は、告発は断念した。退職した教職員のプライバシーに配慮し、第三者だった筆者は、空回りの義憤を感じ、それ以上の発言を控えた。

後日、学長宛てに、「あなたはことの顚末を、つまり、誰があの怪文書という名の写真を投函したのか、そもそも当初から知っていたのではないか」という手紙を提出したが、結局は、何の返事もなかった。二名の当該教職員を退職させるシナリオが既定方針として決まっていて、そのための体裁を繕うための真相究明委員会だったのではないか。

その証拠に、「真相究明委員会とはいっても、何も議論されなかった」とは委員の一人が漏らした言葉だった。しかも、同委員会といっても、他学部（とくに多数の法律家を擁する法学部）からの委員はゼロ。「他学部からの応援申し出はすべて委員会が断った」と聞いた。だとすれば、学長とは担がれたただの神輿であり、本当の決裁権を有する権力者の意向を伝えるだけ。しかし、それが誰だったのかは、伝聞でこそ耳にしたが、正確な情報はない。以上が筆者の経験談である。本人のプライバシーも配慮し、すべてを氏名抜きで記したが、大学内部で起こった「事件」の概要は伝わったかと思う。

こうした「事件」の背後にある要因として、大学教員の質的変化も影響する。かつての大学教員には社会にモノ申すために、会社員にはなりたくないといった人物が結構いたのだが、今や、サラリーマンの立身出世競争に精を出す感覚で、大学内での出世を目指すタイプが少なくない。

否、より正確には、会社での出世よりも教授職が魅力的だといった感覚である。そうすると、社会にモノ申すという意識は消え、もっと出世して、社外取締役や政府審議会委員に出向くエリートを目指す。正義や人権や民主主義といった理念が後景に退くのは当然だろう。教授職という「見栄えのいい」地位は好都合なのだ。

筆者は、大学にこそ長く籍を置いたが、どの学会や派閥にも属さず、国際金融ビジネスの現場を内外ともに個人で取材・調査して、その評論を執筆することを生業とした。「右」「左」や「親日」「反日」、あるいは「親米」「反米」といった幼稚でステレオタイプな物差しでは、世界史的な激動のなかの国際政治経済力学は理解できない。

日本ほど、幼児性に満ちた「大人のいない」国はない。マッカーサーが言った「日本人は12歳」という評価は、当たった。徹底した「官尊民卑」観は、21世紀のいまも健在。庶民は社会に異議申し立てをする言葉も術も知らず、匿名ならば、差別意識剝き出しの情報空間が蔓延する。ネット空間とは嫉妬と差別の入り混じったもの。しかも、叩く相手は、権力に不服を言う言論。その旋律は、「下からのファシズム」「草の根ファシズム」と言える。

こうした大学の変貌には、大学雇用の大きな変化がある。かつてとは異なり、今や、有期雇用の准教授や教授がいっぱい。3年や5年といった期限で区切られた雇用だと、それが切れれば、職を失う。定年退職まで雇用される常勤教員は多数派だが、一部になった。大学院で博士学位はとったが、研究室付きの研究員として低賃金で雇用される有期雇用高学歴者もいっぱい。有期雇用を繰り返す大学研究員も多い。

もっと数の多い雇用形態として、授業のうち過半数は非常勤講師が受け持っているが、その多くが各大学の非常勤講師を掛け持ちである。非常勤なしでは、大学の授業はもたない。とくに大学数の多い東京ではそうだ。不安定な就労形態が支配的になれば、そこで働く教授や准教授といえども、地位は安泰ではなくなる。なぜならば、全体を総括するのは、理事会であって、そのトップに理事長が座り、その多くが財界からの転職組だからだ。

それだけではない。一方では、公的助成金を国費で給付され、文科省の監視も厳しい。他方では、社会的評価となる世界大学ランキングもあって、そして何よりも18歳人口の急減が時々刻々と進み、どの大学も生き残りに必死。本来ならば、世界史的激動のなかで日本存亡のかかった危機的状況に直面する今日、アカデミズムやジャーナリズムの面々こそが、舌鋒鋭く、歴史的な危機の所在を明かし、打開策を論じるべき識者としての役割が期待される。そうした発想や思考が大学から生まれる可能性は、残念ながら期待できない。

しかも、先に述べたように、その経営者である理事会には財界人が増え、企業経営と同様の論理（収益性）でもって大学経営がなされる。そこからは、収益向上には関係のない「反戦」や「非戦」の声は聞こえない。もはや、大学も「新たな戦前」なのだ。さらに、教授とはいっても、特任教授や客員教授といった契約条件の個々に異なる教員も増え、いったい、誰がどのような契約で雇用されているのか、内部にいても分からない。なかには、何の報酬も不要で、ただ肩書が欲しいだけの特任教授もいて、構成員全体を把握しているのは、経営者の理事長と理事会、それに学長くらいだろう。階層序列ばかりを神経質に値踏みする、江戸以降の朱子学的風土だと言い切ったマーフィーの主張が当たる。階層序列を競い合う偏差値ランキングと就職ランキングは花盛りである。

新たな思想や思考が生まれる活気ある産婆役として、かつて社会の牽引役を期待された大学は、いまや死んだ。大学自治という言葉ももはや死語。しかも、そのメカニズムは、外的攻撃と言うよりも、むしろ自壊と言える。見た目には集客のための小奇麗な建物が建ち並び、カラフルな装いの若い学生たちが行き交うキャンパスだが、そこにはまるで敗戦直後の焼け跡のような寂寥感が漂う。まさに、高等教育の空洞化。そこで、「反戦」「非戦」を叫べば、「非国民！」と罵倒されそうな空気が覆う。

まさに「高等教育の空洞化」。「村社会」には、高等教育の需要がない。社会が欲するのは、大学というランキングの格付けだけ。期待されるのは、公的助成金に頼らない高収益を狙う経営理念だとすれば、もはや、企業と変わらない。史観も思想も消え、特高もどきの教授が堂々と闊歩する大学キャンパスに、寒々とした風が吹く。

かつての中世ルネサンス期の自治権を有していたヨーロッパの自由都市（ヴェネチアやフィレンツェ等々）と比較しながら説明した羽仁五郎のような大学自治論（『都市の論理（第一部）』講談社文庫、1982年）は、いまや、どこからも聞こえない。否、自治どころか、どこもかしこも、文科省からランキング上位に認められ補助金獲得に熱心なあまり、大学構成員に自治や自立といった精神は欠片もない。自治や自立への関心が社会から消えたのと同様、大学からも消えたのである。

20数年前に日本の没落を荒廃した「高等教育」の経験談から予言したロンドン大学の森嶋通夫の提言（『なぜ日本は没落するか』岩波現代文庫、２０１０年）は当たったと言える。「日本社会には社会科学者が放置している不良資産が山とある」（同右、２０６頁）という森嶋の遺言が唸る。

結　章
# 絶望に抗《あらが》う

## 1　ブラウンとカズンズ

筆者の主張に相応《ふさわ》しい結論として、まずは、カリフォルニア大学バークレーの政治哲学者ウェンディ・ブラウンの、悲観的ながらも情熱的な論説（『いかにして民主主義は失われていくのか――新自由主義の見えざる攻撃』みすず書房、２０１７年）、次いで、難病から治癒の体験談を記したノーマン・カズンズ『笑いと治癒力』（岩波現代文庫、２００１年。初出は、講談社刊『死の淵からの生還――現代医療の見失っているもの』１９８１年）を評したい。一見、政治経済とは無縁に見えるカズンズ著だが、そこで開陳されるノンフィクション情報は、わたしたちが直面する課題の盲点を突く。

会社を「イエ社会」「共同体的資本主義」の基礎単位と観る日本的認識の変貌を促したのは、ここ数十年におよぶグローバルな潮流を席巻した市場主義的認識。換言すれば、新自由主義的市場観である。この市場観は、すべての社会領域に市場モデルやビジネス・モデルを適用し、労働力を人的資本へ変容させ、ホモ・エコノミクスという経済合理性最優先の思潮だったと説くブラウンは、ホモ・エコノミクスによるホモ・ポリティクスの簒奪によって民主主義が切り壊され、公共財が民営化され、そして社会的連帯が破壊された、と言う。

それによって社会はどのように変容したのか。資本移動の規制緩和、福祉への国家支出や弱者保護の縮小、公共財の民営化と外注化、累進課税の逆進性（所得が上がれば上がるほど税率が下がること）への置き換え、富の再分配の終焉、不平等の蔓延（いわゆる格差社会）によって、民主主義がいかに浸食されたかを論証する。

それ以前の支配的経済思潮といえば、ケインズだった。ケインズは、市場の矛盾といった諸々の弊害（失業、企業倒産、貧困等々）は、市場外からの公的介入によって対応すべきだとした。つまりは政府が公共事業によって需要創出すれば、その波及効果は乗数倍に膨らみ、過剰生産（供給過剰）を吸収する需要が生み出される、とした。また、貧困や失業に対しては、福祉政策や市場規制、あるいは公共サービスの充実によって、矛盾解消策が練られた。結果、「大きな政府」が肯定的に論じられた。

ところが、自由市場を強調する論者は、そうした政府介入は市場機能を毀損させ、市場の蘇生能力を殺ぐものだという主張に逆転した。公的なるものは否定され、公共施設は民営化して市場で売却する、低家賃での公共住宅の意義は否定され、累進課税による所得再分配も勤労意欲を殺ぐものだと否定され、公的な補助金や助成金も否定され、果ては、水道水供給という公的サービスさえ否定的に認識されるありさまである。結果、「小さな政府」が肯定的に論じられた。

以上は、経済思想についての常識的な説明だが、ブラウンはこうした時代の大転換を促した思潮こそが、自由主義的市場観だったと語る。その結果はというと、「絶望の蔓延」と「デモス（ギリシャ語で民衆や市民――引用者）の解体」だったと主張し、ファシズムと新自由主義の「相似性」を観る。

こうした論争こそが、世界の哲学の潮流であり、日本は、明治維新も戦後改革といったいつの時代もそうだったが、世界的ダイナミズムを動力源としながら受動的に動く亜流にすぎない。そうした視点（世界の支配的なダイナミズムを与件として動く支流）でもって、東アジアの東端に佇む日本を眺めていく必要がある。世界の支配的エンジンこそが、日本を動かす活力源だった。

戦後も、日本の政治経済の方向を決定したのは、ニクソンショックもオイルショックも、あるいは民営化旋風も非正規労働力増大も、そしてファンド資本主義や株主資本主義の勢い（「モノ言う株主」の増大）も、すべてアメリカ発の思考潮流だった。日本とは何かを説いて一世を風靡した「ジャパン・アズ・ナンバーワン」も、ハンチントン流の「日本文明」という「文明衝突」史観も、海外での論調が逆輸入されて、ブームを形成したのである。

以前はほとんど流布していなかった、公共と民営化との比較、累進課税と逆進性の対比、福祉政策は勤労意欲を殺ぐものかどうか、市場規制は市場機能を殺ぐのかどうか等々、かつて行われた常識的見解を否定的に眺める論調が登場し、総じて言えば、「市場の失敗」よりも「市場メカニズム重視」が声高に唱えられるようになった。会社もいくつもの会社に分社化され、業務は外注で外部に委託、労働力は派遣や契約といった非正規に頼って、正社員は削減、いずれも経費削減に躍起になる姿勢が目立つようになった。

しかし、こうした企業努力による収益拡大は、社会の主役であるはずの労働所得（賃金）を引き下げ、株価は上がって、株主配当こそ増えるものの、株主ではない労働者は所得が減り、GDPの最大シェアを占める消費能力が削がれ、結局は、GDPが伸び悩むという皮肉な結果になった。

しかし、ブラウンの理論的分析を見れば、多様な諸政策を貫く基調となるダイナミズムがよく分かる。いまだに右翼か左翼かといった冷戦時代のレッテル貼り的な単純なイデオロギー論争の次元を出ない日本の感情的な論調に比べ、時代の思潮を眺めながら、そこから「文明の絶望に抗わねばならない」と知識人の任務を主張するブラウンの心意気は、アメリカにおけるアカデミズムの健在ぶりを教えてくれる。

システムを内部から浸食、解体させる新自由主義の、民主主義や人権やヒューマニズムといった本来備わっていたデモスの重要不可欠な構成要因を解体に追い遣る「ステルス（見えざる）革命」の危険性に、けっして降伏はしないと闘争宣言する。一方では蔓延する過度な市場化や民営化が、換言すれば「市場万能論」が、人間が歴史的に培ってきた民主主義や人権や公共といった誇るべきデモスの要素を破壊する時代の様相に、「文明の絶望」を感じながらも、けっして、怯まず、抗い抜くという宣言は、胸を打つ。

換言すれば、「市場は何でも知っている」という俗説を拒否し、そうした歪んだ市場万能論的偏見が、社会福祉や公共の意義を解体させ、ヒューマニズムや人権や民主主義といった人類が歴史的に培ってきた貴重な価値を貶め、社会を分断させたと言う。市場機能どころか、正義や人権を抹殺する市場の暴力と破壊力に、警鐘を鳴らしつつ、絶望しながらも、抗う闘争宣言を発した。

こうしたブラウンの姿勢は、まったく異なる対象ながら、不屈の疾病闘病記をつづったカズンズに相通じる文脈がある。共感するのは「絶望への抗い」。カズンズ『笑いと治癒力』は、重症の膠原病による疼痛や麻痺から一時は寝たきりで、医師から治癒不能だと見放されたが、「奇跡」の回復記録をつづったノンフィクションである。カズンズは、重症の膠原病を患った自身の症状をこう評した。

「わたしの身体はいわばばらばらになりかけていたのだ。わたしは手足を動かすのも不自由で、ベッドの中で寝返りを打つことさえかなりむつかしかった。全身の皮下に砂利のような小結節が現われたが、それはこの病気が全身性のものであることを示していた。病状が特に悪化した時には、わたしは口を開くことさえおぼつかなかった」(同右、5頁)。

しかし、カズンズは、「病院は重症患者の居るべき場所ではない」と言う。なぜならば、「患者の治療上の必要よりもむしろ病院の職員側の看護の都合」でもって、病院は運営され、「衛生尊重の観念が呆れるほど欠如」し、「病院の日課のほうが患者の休養の必要よりも優先」され、さらには、熟睡が妨害され、栄養摂取が疎外されること等々に、「現代の病院の重大な欠陥」を見出すからだ(同右、3頁)。

「この病気の経験全体からわたしが引き出した結論は何かと言えば、第一に、生への意欲というものはたんに理論的抽象ではなくて、治療的な特徴を持つ生理学的実在だということだ。第二に、わたしの主治医はたまたま、医師の最大の任務とは患者の生への意欲を最大限まではげまし力づけ、病気に対する心身両面の自然の抵抗力を総動員させることだという認識を持つ人であったが、それは本当に信じられないほどの幸運だった」（同右、23～24頁）。

カズンズが自身の症状から到達した結論はこうだ。

「病気は常に両者（精神と肉体――引用者）の間の相互作用であって、精神から始まって、肉体に影響することもあれば、肉体から始まって、精神に影響することもあり、その両方の場合とも同じ血流の作用を受けている」（同右、40頁）と。

このカズンズ著で一番驚いたのは、入院患者自身に入退院の実質的選択権があり、担当医もそれを尊重して、従ったという事実。日本ではとても考えられない。一旦入院した患者が、病院での入院生活を拒否し、患者の意思でホテルに移り、しかもその患者の意向を、医師も支持したと。患者にそんな選択権が可能であることに、まったく驚く。

カズンズは言う。「たとえ前途がまったく絶望的と思われる時でも、人間の身心の再生能力を決して過小評価してはならぬ」（同右、29頁）という主張は、「麻痺が進行するだろうと暗い診断を下した専門医」（同右、169頁）に対する反論だった。しかも、入院から10年経ったある日、偶然に、ニューヨークの路上で二人は出くわした。そのかつての担当医は、驚きながら回復の理由を尋ねたという。カズンズの答えは、「それはすべて、ある専門家たちの知識が、ある人間に向かって死の宣告をくだすほどに完全ではないと、わたしが判断した時に始まった」（同右、同頁）だった。

医師の不治宣告を覆し、実践した不屈の実践記録に、多数の医師から絶賛の声がとどいた。「笑い」とは、身体を動かせない人間にとっては、「内臓のジョギング」だというカズンズの胆力にこそ、その漲る生命力を見る思いがする。カズンズの胆力と勇気にも、驚いたが、病院や医師を信用せず、病院を出て膠原病という難病相手に自己治癒力を信じながら闘う選択肢を選び、打ち勝ったカズンズに、絶賛の拍手を送るような医師が、日本にいるだろうか。

さらに、カズンズは、「ビタミンCが人体それ自身の治癒機構を活発にし、強化する力を持っているということのデータ」（同右、127頁）を信用した。そもそも、多くの医師が信用しないだろうと思われるビタミンC有益論に賛成して、パンフレットで情報を提供してくれた医師もいたと言う。

階層序列を重んじる日本に、そういう素人判断を聞き入れる医師はほぼいない。病院からホテルへ、そして自宅に移る患者の選択肢を医師が支持するというのも、日本では想像できない。そうした選択肢を考える患者もいなければ、それを支持する医師もいない。素人の患者が何を言っても、それを医師が前向きに受け止める可能性はほぼない。「患者の分際で」と言われるのは目に見えている。

麻痺が進行し、不治だという非情な宣告をした病院を出て、ユーモアに満ちた「闘病生活」を過ごし、自力で治すという大胆な戦略を断行したカズンズの、前向きに疾病と闘った心構えに驚くばかりである。カズンズは、薬剤や手術は一切信ぜず、専ら、自然治癒力を信用した。身体の蘇生には、脳と神経を蘇生させるための刺激剤として、「笑いとビタミンC」が有効だという論説を信じ、担当医師も、そうしたカズンズを応援した。

結局、カズンズは治癒への道程を、自然治癒力、あるいは自己治癒力に懸けた。その手段が「笑いとビタミンC」であり、その回復機能を実践する場として、病院を拒否した。病院での入院生活を拒否した理由は、「職員が次々に替わり、看護はこまぎれになり、患者の驚きには無頓着という状態」（同右、162頁）だったからだと言う。

その後、治癒を勝ち取ったカズンズは、ロサンゼルスのカリフォルニア大学医学部大脳研究所教授に迎えられた。難病から生還したカズンズの患者としての体験談が、有為なジャーナリストとして、社会的に認められたからにほかならない。優れた業績を成し遂げた専門外の人材の抜擢は、人脈や出自重視の日本的風土では、とても考えられない。

日本だったら、「プラシーボ（偽薬効果）」だと言って笑われるだろうが、プラシーボが患者の精神と身体に与える有意な影響を自身の体験によって論証して見せたカズンズの不屈の精神こそ、称賛に値する。そうした体験を、医師も支持し、社会が評価するというシステムが機能することこそ、社会の蘇生力、健全性だろう。前例と横並びしか評価基準がない社会が劣化し、衰退するのは当然だろう。

こうしたブラウンとカズンズという二つの評論が示すものは、自身の直面する絶望的状態に対して、自身の全精力を傾けて闘うという絶望に抗う精神こそが、困難を打開する方途だと知る。それは、社会科学も医療も同じだ。社会や身体の蘇生力がいかに引き出されうるか。その機能する現場をみごとに語って見せた評論として、二人は共通する。

しかし誤解してはならないのは、けっして二人とも根拠なき精神主義ではない。ブラウンは政治経済的な状況をいかに認識し、眼前で進む人類の誇るべき歴史的遺産であるデモスが解体されつつあるなかで、それにいかに抵抗するかを論じ、カズンズは疾病に陥った身体と精神は、血流によって結び合う関係にあって、ストレスなき精神（笑いが象徴）が血流機能を蘇生させ、肉体の治癒をもたらすという展望を示した。いずれも、ただの自殺行為にすぎない情報なき精神主義とは、根本的に異なる。

それにしても、情報というものは、「不治の病」に陥った社会や患者にとって、一転して蘇生に向かわせることができる可能性を秘めている。要するに、現下の惨状や困難をいかに認識し、蘇生に向けたエネルギーをいかに引き出すか、そのカギは情報にある。そして、こうした支配的潮流に属さない異端の論客の主張を受け入れる懐の深さが、まだまだアメリカ社会に残っているのかどうか。

少なくとも、このような思潮は、権力者目線での同調圧力が強く、「大本営発表」以外の情報があまりにも流通しない日本では、なかなか難しい。要するに、ブラウンの意気軒高な自由市場批判を筆者流に解釈すれば、民営化（privatization）や規制撤廃（deregulation）と言えば、何となくファッショナブルに聞こえるが、それらは、これまで人類が知恵を積み重ねて作り上げた歴史的所産であるデモスという成果を根こそぎ崩壊させ、公共の成果物を「私物化」によって奪い取る営為にすぎない。そういった情報解釈の読み替え（メディア・リテラシー）をできる知識人がいるかどうか。つまり、「民営化」を「私物化」だと読み解くことができるかどうか、解雇規制撤廃を安易な首切りだと理解できるかどうか、要するに、規制撤廃を権力による労働者に対する簒奪だと読み替えることができるかどうかがカギなのである。

## 2　変わらない自画像

2024年4月の米議会演説で岸田首相が見せたアメリカへの満面の笑み（媚《こ》び？）は、現下の日米関係を象徴するような表情だった。それは、その2年近く前の2022年5月、バイデン米大統領の来日で会食会場（東京都港区白金台の八芳園）を取り囲んだ大勢の人々が上げた喝采（バイデン・フィーバー）と重なる。

あの光景に思い浮かべたのは、大勢の日本人が占領直後にあって、マッカーサー宛てに書いた手紙。卑下や媚びやへつらいに満ちた膨大な数の手紙を自主的にマッカーサー宛てに綴った日本人に、幕末から明治への急展開で途端に徳川幕府から朝廷支持に乗り換えた庶民の変わり身の速さを思い出す。マッカーサーを日本の新帝王として拝む庶民の気持ちが殺到した。マッカーサーは「東洋人は勝者にへつらい敗者をさげすむ習性がある」と常に語っていたという（袖井《そでい》林二郎《りんじろう》『拝啓マッカーサー元帥様』岩波現代文庫、2002年、21頁）。

保守派の評論家・西尾幹二ですら、この手紙を、「日本大衆のこの破廉恥な自己卑下」『日本と西欧の五〇〇年史』（筑摩選書、２０２４年、４０６頁）と評した。西尾は、世界の５００年史を、欧米の略奪資本主義（＝帝国主義）によって非欧米世界が収奪された歴史だと叙述した。したがって、その狂暴性に敗けたとはいえ、日本人はけっして卑下する必要はないというのが、西尾の最期の遺言だった。「ニチベイ」で思考停止の日本の支配層こそ、この西尾の遺書を読むべきだろう。

マッカーサーは、フィリピン戦線で敗走・撤退した苦い思い出にちなみ、悪名高い「バターン死の行進」に由来する「バターン号」で厚木飛行場に降り立った。先に見たように、安倍首相（当時）は搭乗した飛行機に記された「７３１」の意味合いを知らなかったようだが、「バターン号」という名前には、フィリピン戦線で敗退に追い込まれたマッカーサーの並々ならぬ恨みがこもっていた。情報に長けていなければ、相手の気持ちは読めない。

当時の占領する側のアメリカの気分を作家のジョン・ガンサーが記す。日本にはまだ２５０万人の無傷の軍隊が残っていて、その連中がレジスタンスに転じて、何年もゲリラ戦が続き、アメリカの統治者は、身辺の安全が保障されないのではないかという不安があった、と言う。皇軍と言えば、怖さ知らずの「カミカゼ特攻隊」で有名で、そうした長期戦が始まるという不安があったと（『マッカーサーの謎』時事通信社、１９５１年、11～12頁）。

岸田首相の米議会報告（2024年4月、内閣広報室HPより）

ところが、実際には、こうした事態にはまったくならず、戦後史を描いた清張が読むように、松川事件や下山事件等々のアメリカによる謀略めいた事件は続いたものの、日本側が、とりわけ旧軍属の仕掛けた謀略は、拍子抜けするほどに、パルチザン（非正規軍）やレジスタンスはまったく見えず、「カミカゼ特攻隊」は消えた。「大本営発表」広報担当だった大手メディアも皇軍兵士も、もちろん庶民も、数日前の一億玉砕は忘却し、たちまちにして、デモクラシーという新たな「勝ち馬」に乗り替えた。

ちなみに、「バターン号」という飛行機名も知らなければ、それがフィリピンにある地名だとも知らない日本人も、今や圧倒的だろう。かつて大学生にこの話をしたとき、「先生は反日？」と聞かれたことを思い出す。首都圏上空を覆う横田空域の話をし、沖縄の過剰な米軍基地を話題にすれば、学生に、「先生は反米？」と聞かれた。こうした幼児性いっぱいの若者の反応も、大学の空洞化を象徴する。

日本の歴史について、なぜか、悪名高き玄洋社や黒龍会（Black Dragon）は知っていたと言われるマッカーサーの日本人観に、これらの膨大な私信（いわば庶民の自主的密告集）が影響を与えないはずはない。先のガンサーが記したような憂慮が、日本占領を眺めるアメリカ社会の概要だったとすれば、マッカーサー自身がまったく無縁であったはずはなく、結果は一種の予想外の「成功」だった。情報というものが、戦略や戦術を練るうえで、いかに重要であるかを幾重にも教えてくれる。バターン号という名前は、かつてフィリピンで皇軍の攻勢に敗走を強いられたマッカーサーの並々ならぬ blowback だった。

一方の迎える側の日本といえば、かつて、幕府の「葵の御紋」から官軍という「錦の御旗」という新たな「勝ち馬」に乗り換えたように、「鬼畜米英」から新たな帝王ＧＨＱに即座に乗り換えた。上から下まで、良心や正義や人権に拘泥する民主主義のメンタリティは欠片もないが、皆、デモクラシーという新たな「勝ち馬」に乗ったのである。

日米核合意が進む２０２４年の重大な外交・安保問題の急進展を前にして、何の審議もしないまま、相変わらず、政局に明け暮れる日本の政治家を見れば、絶望的になる。要するに、「勝ち馬」ならば、何でもいい。狙いはそのおこぼれに与《あずか》ること。日本を主権国家だと呼ぶのは、悪い冗談だろう。

そのような風土に染みつく植民地根性は今も続く。２０２４年に大騒動になったＭＶ（music video）があった。人気のグループ歌手がコロンブスやベートーヴェンに扮し、先住民らしき恰好の猿人に、芸や曲を教えるという映像だった。もしも、人気グループが、同じ有色人種として、先住民役を演じて差別撤廃を呼びかける内容だったら、どうなったか。そういう可能性は考えられない。だからこそ、あのＭＶは、日本人の「名誉白人」としての先住民差別意識が露骨に噴き出したものだと解釈できる。従属と差別が表裏一体だという心理は、丸山眞男の言う、まさに「抑圧の移譲」だと評するのが相応しい。

では、近衛文麿とは何者だったのか。歴史家のノーマンは、「宮廷、軍、財閥、官僚のすべてを融合させた」と喝破し、近衛の重大責任をこう言う。「アジア本土に対する日本の侵略のテンポを速めたこと、中国に対する戦争を継続したこと、日本を枢軸（日独伊三国同盟――引用者）に加盟させたこと、日本国内で警察の弾圧を強化したのをはじめ、ファシスト支配の過程を促進したことである。このような重大な非難に対して、かれは何と申し開きするか」(『ハーバート・ノーマン全集 第二巻』岩波書店、1977年、343~344頁)と。

しかもその性格についても、「かれは、弱く、動揺する、結局のところ卑劣な性格」で、「病床に逃げこんで不愉快な決定や相談などを避けるために使う子供じみた手法」を繰り返すと断じ、「世間からやんやの喝采を浴びることをむやみに欲しがる近衛は、病的に自己中心で虚栄心が強い」と手厳しい(同右、344~345頁)。これが識者ならではの評だろう。

満洲についても、住民を守るどころか、いの一番に遁走した関東軍の卑怯さも、ハルビンで鬼畜のごとき人体実験を繰り返した731部隊についても、今日にいたるまで、公式には問題視されることはなかった。家父長制下の上意下達という重苦しくも幼児性に満ちた情報空間に身を隠し、かつての日本帝国の恥部が、例外はあれ、明かされることはなかった。しかも、その戦後の残党の人脈図や経歴についても、それほど周知ではない。

どんなに大きな苦境に追い込まれようとも、「絶望に抗う」という気概こそは、人間に残された最後の砦である。ここで評したブラウンやカズンズの真摯な主張に、苦境に陥ったどれほど多くの人々が、癒され励まされただろうか。否、こうした主張を冷笑する空気こそが、日本の風土ではないか。要するに、「何だ、陰謀論か」「患者の分際で」といった決めつけ、モノ知り顔の「上から目線」で冷笑して終わりだろう。

日本では、中国に少しでも好意的コメントをすれば「媚中!」と罵倒されそうだが、それが中国との交渉を辛抱強く続けた中国通のアメリカ人政治家（たとえばキッシンジャーやヘンリー・ポールソン）相手となると、けっして「媚中！」とは言えない。憂うるべきは、ここで紹介したブラウンやカズンズに匹敵するような、時代の絶望と抗う論説を吐く言論人が払底し、ウォルフレンの言う知識人は不在。言論を発する人々は、家父長制的権力という名の神輿を担ぐ。そこに、日本の病みや闇があり、「大本営発表」の情報が独占する日本の風土がある。

２０２２年7月、安倍暗殺事件を報じた大手メディアも、暗殺とは言わず、安倍銃撃でみごとに横並び。しかも、一国の元首相が白昼公衆の面前で殺害されたが、国会では真相究明の声も上がらず、野党も不気味に沈黙した。いったい第三者はこの国をどのように眺めているのか。オーストラリアの政治学者ガバン・マコーマックの、日本を「属国」と観る認識を引用しよう。

「一九四五年以降、裕仁《ひろひと》天皇（在位一九二六〜八九年）から、直近の内閣総理大臣、安倍晋三、菅義偉《すがよしひで》、岸田文雄という二一世紀の日本の指導者に至るまで、国家主権をなおざりにし、アメリカ従属を国策として選択してきた。………安倍首相の平和憲法改正の表明は彼のナショナリズムの表現と見なされていたが、実際にはアメリカという主人が要求した日本隷属政策だった」（マコーマック「永遠の属国体制か？」『世界』２０２４年8月号）。

このマコーマックの見解は、かつて、憲法改正がまるで自主独立化への不可欠な行為ででもあるかのような国内保守派の主張に対して、そうした「押しつけ憲法改正」という主張そのものが、実は戦後早々からの冷戦下における日本の再軍備を必要とするアメリカの要求だったと喝破した清張の認識（平和を強調しすぎた憲法というマッカーサーの後悔）と一致する。そして、日本のアメリカへの属国体制は、戦後80年近く、敗戦直後から21世紀の今日に至るまで、まったく変わらなかった。

しかも、安倍の死後、ネットやYouTubeでは、ロシアのプーチンがウクライナ侵略で大犯罪人のごとく言われるが、それはNATOの東方拡大へのロシアの反発があったこと、さらに、侵攻の引き金になったのは、一旦合意したウクライナ東方のロシア系民族が多数を占める地域の帰趨をめぐって、ウクライナ側が見解を変えたからだと言う安倍元首相の主張が報じられている。しかも、そうした安倍発言に対して、知米派キャリア官僚が猛烈に怒っていた、と。こうした重大な推論を、元外務省キャリアの孫崎亭（元外務省国際情報局長）が明かす。おそらく、20数回にわたって首脳会談を重ねた安倍のプーチンから得た情報の一端がつい、口から出たのではないか。しかし、大手メディアが真相を漏らすことはなかった。

ジャーナリストの加治康男は、安倍暗殺の意味するものは、「大日本帝国の残滓を払拭し、与野党を問わず、帝国アメリカに無条件に追従する者だけが生き残れると米権力中枢は日本の支配層に黙示している」（加治ブログ、2024年8月2日）と読む。たしかに、安倍の弟子ともいうべき高市早苗も、安倍暗殺の真相究明の声すら上げないし、逮捕された山上徹也容疑者の裁判公判すら開かれない。時間は、事件勃発の2022年7月で止まったままである。

権力から独立した知識人の不在も、家父長制的空気も、そして官尊民卑というメンタリティも、この国で脈々と続いた風土であり、21世紀の今もって健在である。なぜ、清張は、古代と近現代に焦点を当てた大胆な歴史ノンフィクションに挑んだのだろうか。そこにある2000年以上の歳月を超えて風土に潜む共通点に気づき、流布する支配的見解たる歴史観に風穴を開けた業績には、改めて唸らざるをえない。

絶望に暮れる力なき市井の庶民にとって、有為な歴史家であり、稀有な思想家であった清張を発見する。日本的風土に染みこむ自画像とは何か（シャーマニズムという名の精神主義、あるいはアニミズム、そして家父長制に呪縛される「下からのファシズム」「草の根ファシズム」に覗く民衆のルサンチマン）を追った清張は、没後30年以上の歳月を数える21世紀の今も、この国が抱える問題を解く手がかりを教えてくれる。清張の推理小説の舞台（『点と線』の福岡市香椎《かしい》駅や『砂の器』の島根県亀嵩《かめだけ》駅等々）は、今も多くの清張ファンが訪ねてくる「聖地」である。未だ、清張の存在感は消えない。

## 3　情報のメッセージを読む

最近の事例より、考えてみよう。たとえば2022年8月、当時のナンシー・ペロシ米議会下院議長（米大統領の継承順位は副大統領に次ぐ）が訪台した。台湾寄りの政治家の多い日本では、岸田首相と会談することへの異議申し立ては、大手メディアからも、ほとんど聞こえなかった。しかも、米バイデン政権ですらペロシ訪台に激怒し、尹錫悦《ユンソンニョル》韓国大統領は訪韓したペロシに直接には面会しなかった。怒ったのは中国だけではなかった。

なぜ、アメリカを含め、日本以外の諸国は手厚い歓迎どころか、批判的な、あるいは迷惑と言わんばかりの対応だったのか。それは、「台湾は中国の一部」というこれまでの公式原則を崩すことになりかねないからだ。そうした世界の反応をまったく無視し、ペロシを首相自ら大歓迎したのが日本。だが、大手メディアの報道にそうした論調は微塵もなかった。情報操作に長けた「大本営発表」がいまや日常的に行われている。

ＮＨＫは、「なぜ中国はここまで強硬に反発するのか？」と問いかけ、台湾周辺での中国軍の実弾射撃なども伴う「重要軍事演習」が行き過ぎだという論調に終始した（２０２２年８月４日）。「台湾は中国の一部」だという多くの諸国の合意への評価はなかった。

ところが、「日本が中国の軍事演習の報道に熱を入れる一方、２日間で１７０カ国以上の国が何らかの形で中国の『一つの中国』への支持を打ち出していた」と言う中国事情に詳しい富坂聰《とみさかさとし》は、「韓国の指導者はペロシをこき下ろし、インドは一言も発せず、ＡＳＥＡＮは『一つの中国』を慌てて再確認した」というブルームバーグ記事を伝えながら、「日本はむしろ、そうした国々の先頭に立ち、彼らの利益の代弁者となる選択肢はないのだろうか」と訝った（富坂「ペロシ訪台があぶりだした日本外交とアジア各国との埋めがたい距離」（*Yahoo Japan News*、２０２２年８月11日））。

ちなみに、ペロシ訪台への米政権の態度は、「バイデン政権当局者は激怒」という情報を、ブルームバーグ（２０２２年８月４日）は報じた。こうして世界の論調はペロシ訪台への否定的態度が圧倒するなかで、日本の好意的、好戦的姿勢が際立った。

もう一つは、20世紀における最大の情報無視が生んだ悲劇として、敗戦を前にした国際情報戦も忘れるべきではない。日本の庶民が敗戦を知ったのは1945年8月15日だが、その半年前から連合諸国の敗戦処理をめぐる協議は始まっていた。しかし、その勘所を押さえることができず、情報無視に基づく玉砕しか、日本側は打つ手を知らなかった。

強調しておきたいのは、その激動の降伏受諾をめぐって、日本側は、国体護持の有無ばかりに拘《こだわ》り、交渉相手の戦略や手の内をまったく読めず、そのために、東京等々の大空襲、沖縄戦、そして広島・長崎への原爆投下、果ては満洲引揚という非戦闘員の地獄図を生んだことを忘れてはならない。にもかかわらず、そうした総括は行われなかった。

同年2月、クリミア半島のヤルタで、連合諸国米英ソ三首脳（ルーズベルト、チャーチル、スターリン）が戦後処理をめぐるヤルタ会談を行った。最も重要なことは、ドイツの戦後処理、そしてアメリカがソ連に対日参戦を促したこと。次いで、同年4月にヒットラーが自殺、同5月にドイツは降伏し、ヨーロッパでの戦線が終了し、日本の孤立だけが際立つようになった。同年4月にルーズベルトが急死、トルーマンに代わった。

そこで、今度は同年7月、米英ソ三首脳は会談をベルリン郊外のポツダムに席を移した（ポツダム会談）。その結果、対日戦不参加だったソ連を除き、今度は米英中三カ国で日本に無条件降伏を突き付けるポツダム宣言を発した。ヤルタ会談との相違は、連合国の戦う相手（敵国）が、日本だけになったこと、ポツダム会談直前に原子爆弾実験に成功したことで、米ソ対立が顕著になりつつあった。多くの日本人は千島列島を急襲してきたソ連の非人道性を訴えるが、ソ連参戦を要求したのはアメリカだったこと、しかも、アメリカは数十万の非戦闘員を原爆や空爆で殺害した元凶だったことは、口にしない。

それにしても、ポツダム宣言以降も日本側は、降伏受諾による国体護持ばかりに拘り、ソ連を仲介にした和平工作に最後の望みをかけたほどの情報不在だった。一方国内では、治安維持法による「横浜事件」等々での弾圧を強化し、「一億総玉砕」を吹聴し、カミカゼ特攻隊の敢行に向かい、ポツダム宣言そのものは「黙殺」した。ところが戦後は、「一億総懺悔」という便利な言葉でもって、過去の権力の罪過を水に流した。

アメリカ側も、国体護持については、それによって本土上陸では避けられない米軍兵士の犠牲を抑えることができ、統治コストを抑制できると判断して、合意した。この日米合意こそが、東京裁判の茶番を生み、そして戦後日本を生んだ。経済大国や債権大国というメッキが剝げてみれば、人権も民主主義もなかった戦時の地金が現れてきた。

いったい、２０００年以上も続く日本人を呪縛し続けた精神風土とは何だったのか。カネと政治をめぐる政界スキャンダルが吹き荒れ、パワハラやセクハラ満載の日本社会の「絶望という名の日常」を一瞬でも忘れたいかのように、換言すれば、「沈みゆく泥船」からの哀しい絶叫が上がる。日本人のメジャー活躍を喜ぶ「オオタニ！」「オオタニ！」との声援、オリンピック競技を眺める人々の「ニッポン！」「ニッポン！」の歓呼が鳴る。

一方、もしも東アジアで実戦が起これば、どうなるか。保守派はすぐに、「憲法順守」や「軍拡反対」と言うと、「お花畑」と揶揄するが、敵基地攻撃にせよ、日本有事にせよ、どんなに日本が初動に成功したとしても、相手からの猛烈な反撃でもって、この国がたちまち居住不能になってしまう可能性が高い。攻撃を受けた側が黙って見過ごすことはありえないからだ。東アジア諸国で戦端を開けば、日本が生き残る可能性はどれほどだろうか。日本が生き残るには、外交しかない。

しかも、中国だけでなく、ロシアも北朝鮮も核保有国。しかも、核ミサイルではなくとも、ミサイルが原発に当たっただけでも、日本列島は居住不能になるだろう。そうした可能性がすぐに想像されるにもかかわらず、政治家もキャリア官僚も、さらには大手メディアや大学の言論人も、口を閉ざす。この想像を絶するような惨劇の可能性に言及しないエリート官僚や識者や大手メディアとは何なのか。それこそ、「お花畑」の思考停止ではないか。ゲームの「戦争ごっこ」では、地獄図はけっして可視化できない。

ところが、海外では、権力への忖度に満ちた情報空間とは無縁の鮮烈なメッセージを発する風土が覗く。2024年7月のパリ・オリンピック開会式がそれ。ただの陳腐で汚濁に塗れた「スポーツの祭典」に終わった2020東京大会には何のメッセージもなかった。百年ぶりにパリで開催されたオリンピック開会式は世界中の度肝を抜き、同時に強烈な記憶を刻み付け、フランスの意気込みと存在感を世界にアピールした。

フランス革命での王妃マリー・アントワネット（ルイ16世の王妃）が生首を抱え、投獄されていたコンシェルジュリーのいくつもの窓から血しぶきを上げて登場するというド派手な演出が度肝を抜いた。開会式の演出担当者は記者会見で、「フランスには創造や芸術の自由がある。我々

2024パリ・オリンピック開会式での驚愕のパフォーマンス（窓に首を手にした「アントワネット人形」が並ぶ中、赤い煙があがる）

には多くの権利があるのだと伝えたかった」と述べた（『毎日新聞』２０２４年8月3日付）。権利や自由や革命という伝統こそがフランスであり、その舞台が首都パリなのだと意気込む演出に、近代を語るうえで欠かせない自由や革命はフランスの存在そのものだというメッセージが伝わる。この演出には、世界中から賛否両論が殺到したが、日本人の声としては「政治をスポーツに持ち込むな」「残酷」といった「違和感」が多かった。

視点を変えて、そもそもアメリカの独立精神を象徴するようなニューヨークの「自由の女神」像は、アメリカの独立百周年を記念して、フランスがアメリカに贈った。自由と自立という精神は、米仏をつなぐ絆を有する。きっと、アメリカの識者なら、このフランスの派手な演出の狙いを、十分に理解したはず。

まるで、政治的メッセージに言及することはタブーででもあるかのように、日本人がフランス革命で処刑されたマリー・アントワネットに抱く最大のイメージといえば、「悲劇のヒロイン」「可哀そうな王妃」だろう。そうした認識からは、こうした演出は「残酷」「無謀」以外の何物でもない。だが、この演出者にそうした史観はなかった。

その証拠に、15世紀の英仏百年戦争を率いたフランスの軍人でヒロインである農民出身のジャンヌ・ダルク扮したメタルシルバーの馬に跨る騎士も登場、歴史を通底するフランス人の誇りが覗く。

「戦争が、記録されている過去のうちでもっとも古い現象に属するのにたいして、革命は、正確にいうと近代以前には存在しなかった」（『革命について』ちくま学芸文庫、1995年、12頁）とアレントは喝破した。なるほど、日本の歴史を振り返っても、太古の昔から戦争や紛争は頻発したが、革命は未体験。いまだに前近代という旧弊を脱することができない。

2020東京オリンピック（開催は2021年）は、贈収賄等々の汚濁に塗れ、人権侵害や著作権侵害のオンパレードで出演辞退が続いた。コロナ禍で1年延期された同オリンピックでは、日本の人権後進国ぶりや女性差別という負のイメージを世界中に拡散した。「スポーツの祭典」という以外は、何のメッセージもなかった。ある意味、2013年のブエノスアイレスでの次期オリンピック招聘演説で、安倍首相の「福島原発はアンダーコントロール」と言い切った嘘八百発言に相応しく、負のイメージに終始した。

しかも、フランス革命を思い出すメッセージが現代的な所以は、それが2024年という世界大戦が迫る危機の最中に発せられたことである。コロナ禍の蔓延、ウクライナ戦争、イスラエルによるガザ虐殺、そしてレバノン空爆、さらに台湾有事の消えない可能性等々、激動する世界的緊張が続くなかで、いま、人類が思い出すべきメッセージは人権や民主主義を成就しえた近代の号砲だというパフォーマンスだった。

戦争の準備ではなく、平和戦略を語る識者があまりに払底してしまった。しかも、いまや核戦争すら迫る、人類的危機。日本列島が放射能汚染で居住不能になる可能性すらある核戦争を「戦う覚悟」など、あまりにも無謀である。市井の庶民こそが、歴史を作り、そして切り開くべきデモスの主役だという原点に返り、目の前にある幼児性極まる情報空間に惑わされることなく、人間とは、歴史の真相とは何かという有意な情報を読み解かなければならない。「名誉白人」に入れてもらって喜ぶ植民地根性では、世界史的ダイナミズムの奔流にけっして気づくことはない。

まだまだ、世界には、こうした自由や民主主義、さらには革命にさえ積極的なメッセージを託す企画・演出ができる人材がいて、没落の止まらない日本的風土にはない意気込みが見える。経済的後退と文化的腐敗、さらに政治的無気力は、どれもこれもつながっている。消費も投資も振るわないなら、ＧＤＰが成長するはずがない。近い未来、インドやインドネシアにも追い抜かれ、加速する人口減がますます日本の存在感を下げると予想される。いつまでもＧ７の一国だと言いながら、Ｇ７自体の地位低下に気づかない。

## ４　存亡の危機迫る時代を突破できるか？

結論は、現下の日本社会はもはや「ほぼファシズム」だということである。１９３０年代に見た軍事ファシズムとは異なり、徴兵制こそなく、文化人や庶民を監視した内務省も特高もいない。

だが、報道の「大本営発表」化は日常化し、国家の存亡を占う安保や外交は国会審議の対象外。密室の審議でどんどん決められる。２０２４年7月、日米の安保政策についての重大な政治的協議で、核合意という重大な政治的踏み込みがあったにもかかわらず、何の反論も批判も聞こえてこなかった。ＮＨＫは、「日米両国の外務・防衛の閣僚協議、いわゆる『２プラス２』が東京で行われました。自衛隊とアメリカ軍の部隊連携を円滑にするための指揮・統制の向上に向けて、アメリカ側が在日アメリカ軍を『統合軍司令部』として再構成する考えを示し、両国で作業部会を設置し協議していくことになりました」（ＮＨＫ、２０２４年7月29日）と報じた。

その他報道の内容も、日米安保閣僚会議という日米同盟が強化されたというトーンが続くだけ。しかし、日米同盟は虚構（軍事同盟のＮＡＴＯとの相違）であり、実質は支配・従属の関係。「日本はアメリカの保護国に近い」とは、多くのアメリカ人識者が吐く。だが、日本人はそれを語らない。

たとえば、肝心の『統合軍司令部』の指揮権は誰がもつのか、戦時の戦作権（戦時作戦統制権）そのものがどうなっているのかについて、まったく分からない。有事を指揮する権限である戦作権は、韓国では、米軍か韓国軍かをめぐって長年にわたる協議や論争が続く。しかし、日本ではそうした光景はまったくないし、国会議員も大手メディアも文化人も庶民も関心すらない。つまりは、すべては米軍任せ。そして、米軍の指揮下に自衛隊が置かれることを当然視し、誰も異議を申し立てしない。

安保協議については核合意まで含むが、それについても一切明かされない。なぜ韓国では長年にわたる戦作権交渉が続いているかについて、日本では関心すらない。上から下まで、皆が「あなた任せ」で、自主・独立を言おうものなら、「あなたは反米?」と詰問されそう。このような重要なことを問題視しない保守派とは一体何なのか。

「軍の民営化」を象徴する傭兵なら、その給与は雇用者が支払う。つまり米軍の傭兵ならば米国防総省(ペンタゴン)が支払うべき。自衛隊は戦時にあって米軍指揮下で戦場に赴くだろうが、その経費は日本の税金。日米安保がまったくの不平等条約であることは一目瞭然だが、報道される情報からは、何も分からず、すべてが密約である。日本側の防衛トップも外務省も、そして大手メディアも、「日米同盟」の進展に嬉々とするだけ。「核抑止」が大きく報じられるものの、「核恐怖」という「地獄図」には言及しない。

本書で引用した美輪明宏のような被爆後の地獄図への慟哭(ヨイトマケの唄)も聞こえてこない。原爆の惨状を前に、チェ・ゲバラは怒っても、日本人は怒りを押し殺した。抗議も怒りも忘れてしまった過失の結果、いまがある。広島の原爆慰霊碑の碑文「過ちは繰返しませぬから」には主語がない。

原爆の未体験者だったとしても、2011年3・11の福島原発事故後の放射能飛散の恐怖は覚えているだろう。東京でも、都心部は電車や地下鉄が止まり、夜中にも徒歩で自宅に急ぐ人々が絶えず、コンビニやスーパーから食料品が消え、西へ向かう新幹線は荷物を抱えた乗客でいっぱいだった。人々が不安に陥って東京を脱出した理由は、地震よりも放射能だった。

最重要事項は誰も協議せず、「ニチベイ万歳!」という声だけが上がるが、「あなた任せ」の多くの庶民は、生活に追われ、関心すら失う。元気のある若者も、音楽やスポーツやファッションやグルメや芸能情報にこそ熱心だが、政治には無関心である。

こうした日本的光景を評するには、戦時のヨーロッパでナチズムを支えた普通の膨大な人々に対するアレントの言説が当たる。「気分に完全に身をまかせてしまった人間にとって、どんな人間性が残されているというのだろう」（前掲『責任と判断』454頁）。あるいはこうも言う。「屑のような人間をエリートに仕立てあげた」（同、455頁）と。

こうした論評は、装飾され操作されたイメージだけが流通し、事実や出来事の真相はほとんど知らないが、勝手な想像でもって、傍観者的かつ「上から目線」で論評し、あるいは罵詈雑言を投げつけ、悦に入った気分になっている普通の人々への痛烈な批判だ。「下からのファシズム」「草の根ファシズム」が醸成されるカギは、人々の無知だと痛感する。

しかも、こうした真相が明かされないのは、外交・安保のみならず、肝心の国民生活一般でも生じている。反対が圧倒的だったマイナ保険証にしても、強行突破で着々と進みそうだし、健康保険証も運転免許証も廃止されてマイナ保険証に一本化され、そのうち、銀行預金口座情報も紐づけられれば、国民生活のすべてが国家に掌握され、自由もプライバシーも消え去るだろう。やはり、「ほぼファシズム」なのだ。

そうした不安に怯える国民生活を無視し、強圧の政策を採り続ける政府というものは、いったい何なのだろうか。アメリカへは交渉もできず忖度のみ（外交とは交渉であることさえ知らない）、国民生活に対しては圧政のみ。まるで庶民を見張る江戸幕府並みではないか。

この国や民族に染みこむ歴史的風土について、「勝ち馬」からは遠い「庶民」の立場で思考停止せずに考え続ける必要性をしみじみ感じる。たとえば、2024パリ・オリンピック開会式で見せたド派手な演出（「これがフランスだ！」というメッセージ）に相当する、存在感と多様性溢れる個性的主張を日本で聞くことはない。どこもかしこも、「上」の決定には忖度ばかり、「下」の生活苦には無頓着なのである。

ここで、大変な親日家だったターガート・マーフィーの近未来予想を噛み締めてみよう。かつて日米開戦に踏み切った決断には、世界の、とりわけ日米中や欧州戦線情報について重大な読み違いがあったという史実が証明済みだが、今日直面する事態の行方を占ううえで、マーフィーの危惧は検討に値する。

「中国はアメリカがアジアから撤退することを望んでおり、その気持ちはアメリカがアジアに残りたい気持ちよりはるかに強い。中国はそれを実現するために、長期的な視点で大きな賭けに出たのである。そこには日本にとっても大きな利害がからんでいるが、アメリカ人の大半はその気持ちを共有していない。だが、それが明確になった時、日米『同盟』は崩壊を免れないだろう。そうなれば友人に去られた日本は、アジアで孤立することになる」（マーフィー前掲書（下）、357頁）。

マーフィーもアメリカのアジア固執は、状況次第で変わることを見抜いている。日本の運命が米中の政治力学次第で決まるという主張だ。こうした日本を従米国家だと見なす見解は、アメリカでは周知だろう。国際政治力学にも詳しい映画監督オリバー・ストーンも、日本の独立性について、「日本はかつてのような独立国家ではなく、アメリカの衛星国だ」と明言した(comments on Japan's sovereignty in 2016)。

フランスから警鐘を鳴らすトッドは、ウクライナ戦争後に露わになったのは、ロシアの没落ではなく、「西洋の敗北」だったと断言する。その意味合いは多様だが、「プーチンがスターリンではない」ことを理解できず、ロシア軍の最新兵器機能を理解できず、しかもロシア経済は行き詰まっておらず、世界の金融事情は「脱米ドル化」を進めたことだ。したがって、「西洋の敗北は今や確実なものになっている。……しかし、一つの疑問が残る。日本は『敗北する西洋』の一部なのだろうか」(『西洋の敗北』文藝春秋、2024年、3頁)という重たい問いを投げる。日本は、「世界にあって世界に属さず」(前掲『日本/権力構造の謎(下)』320頁)と言ったウォルフレンの認識に似る。

ほとんどのニチベイ礼讃論者は、キャリア官僚であろうと大手メディアであろうと、アカデミズムの学者であろうと、礼讃だけで終わり。その歴史的ダイナミズムの変動如何については、このマーフィーの読むような離反の可能性は一顧だにしない。日本に駐留する米軍自体に対して、日本の命令権も指揮権もない以上、その去就は、専らアメリカが決裁する。にもかかわらず、かつてナチスの勢いを当時の不動の「勝ち馬」だと誤解したように、「日米同盟」の破綻可能性を、誰も想像できない。

それを言ったら、「非国民!」だと罵倒されそうな空気こそが、日本を呪縛し、身動きとれない状態に追い込む。情報にこめられたメッセージを読むことのできない無知ゆえの傲慢こそが、しかも、朽ちた司令塔が指揮命令を下す光景が、民族や国家の存亡がかかった時代の致命傷になる可能性が拭えない。それこそ、かつての悪夢「一億玉砕」の再来が迫る。これだけ「ニチベイ」信仰が強まれば、その破綻可能性を読むトッドやマーフィーのような推理は、憚られるのが日本の支配的空気だろう。

アメリカからは、若手のホープとされる民主党左派のアレクサンドリア・オカシオコルテス連邦下院議員が「For the many not for the money（多数派のため、お金のためではなく……邦訳は引用者）」と書かれたプラカードを掲げて演説する姿が大きく報道され、しかも、トランプがその民主党若手ホープを「才気がある」として絶賛する（『毎日新聞』2024年8月6日付）。ちなみに、同議員は、性暴力を受けたサバイバー（生還者）としても知られ、重たい証言を発し、性暴力等々のトラウマを抱える被害者への共感を広げる。

「この事件に遭遇した人に『前に進め。大したことじゃない。起こったことは忘れてしまえ』という人たちがいます。なかには謝罪すべきだという人まで。これは言葉の暴力であり、性暴力の加害者とまったく同じ卑劣なやり方です」（VOGUE Japan, 2021年2月4日）。「責任の所在を明らかにしないと前に進めないいし、いやされることもない」（BBC, *News Japan*, 2021年2月3日）。

どこもかしこも、激しく変貌する世界に対応すべく、躍動する新たなダイナミズムが見える。パリ・オリンピック開会式の奇抜な演出も、ニューヨークでの逞しい米民主党下院議員演説も、その一コマ。そこに込められた政治的主張とは異なり、被害者や弱者に寄り添うどころか、匿名での差別感情に満ちた日本の幼稚な情報空間は、驚くほど異質だ。

アメリカで若者の圧倒的支持を得つつあるオカシオコルテス下院議員の掲げる政策は、富裕層優遇を廃止する「格差の是正」であり、民主社会主義と評されるプログレッシブな声である。まるで、日本で言えば、社民党のような、あるいは街角で辻説法を続ける「れいわ新選組」代表の山本太郎のような政策主張に似る。「格差論」が流行しながらも、それが政治的主張には結びつかず、政治的無関心の日本社会の空気とは、明らかに異なる。

日本では第二のジャンヌ・ダルクも第二のゾラも、あるいはノーベル賞を返上するような第二のサルトルのような識者も生み出さなかった。そこには、満洲が関東軍の侵略によって略奪され、そのために国際的孤立を強いられ、敗戦後は、一転して居留民を置き去りにして我先に逃げ出した関東軍の卑劣な蛮行のために、戦後引揚や残留孤児という惨憺たる悲劇が生まれたという認識は、上から下まで育まれなかった。

満洲引揚の体験者自身から聞いた話だが、その高齢者は、ロシア人を「ロスケ」と呼び、シベリア抑留者に課された強制労働が「ノルマ」というロシア語だと知っていた。同じ体験をどのように総括するかは、情報をいかに嚙み砕いて血肉化できるかどうかによる。

「原爆の父」と呼ばれるオッペンハイマーを主題にした2023年に公開された映画『オッペンハイマー』が、原爆被災地をまったく映像化しなかったのは、情報操作という用意周到な作為があったはず。原爆被災地の映像の有無で、オッペンハイマーのイメージは俄然違ったはずだからである。「原爆の父」は途端に、「大虐殺者」になってしまう。そのことに言及しない映画評論家はプロとして失格だろう。

先に述べた、戦後に広島を訪問したチェ・ゲバラが被爆の光景を眺めて言った、「日本人は腹が立たないのか？」と訝った問いを思い出す。だからこそ、ここでは、被爆地から庶民の憤りを爆発させ、その義憤を終生抱き続けて日本人の矜持を示した美輪明宏の熱唱『ヨイトマケの唄』（２０１２年12月の『第63回ＮＨＫ紅白歌合戦』）を挙げた。たとえ同じ境遇を強いられても、「しかたがない」といった諦めは真相究明を断念させる。

直近の事例でも「情報のカラクリ」を考えさせる事例はある。２０２４年に経済界で話題になった日本製鉄によるＵＳスティール買収報道である。いったい、対米投資の大型案件だった１９８０年代の三菱地所によるニューヨークのロックフェラーセンタービル買収失敗、21世紀も、東芝による米原発メーカーのウェスティングハウス買収失敗がもたらした東芝本体の経営危機等々、日本製鉄は多くの先行する対米投資の失敗事例を学んだのだろうか。

市場とは、経営者と株主だけでなく、労組も消費者も、そして国家（一議員から大統領まで）も、だれもかれもが「モノを言う」現場である。しかし、この大型案件への賛否両論のコメントは、専らアメリカ側から聞こえてくるばかりだった。

アメリカでの賛否両論が過熱するなか、ブルームバーグ（２０２４年10月３日）は、日鉄のＵＳスティール買収成立ならば、デービッド・ブリットＣＥＯ（最高経営者）に７２００万ドル（約１０５億円）が報酬として支払われる契約だと伝えた。この点について、２名の有力米上院議員が、「このような支払いはＵＳスティール幹部が同社の労働者を犠牲にして私腹を肥やし得るという、忌まわしい利益相反を示している」と主張した。米議会が労働者の利害を代弁して、経営者側の

「不当な報酬」を槍玉に上げるという光景は、労働者の声を政治に反映させるシステムが機能していることを窺わせる。次期米大統領のトランプも、「全面的に反対」声明をＳＮＳに投稿した。

日本では、「モノ言う株主」「モノ言う経営者」はいても、「モノ言う労働者」は消えた。情報を斟酌して対応できるかどうかが存亡を決するのは、国家も企業も、そして個人も同じだ。大手日本企業が海外投資に躍起になる一方、肝心の国内投資が振るわなければ、日本の経済力ＧＤＰは増えない。しかも、国内投資の主役が外資となれば、株主配当や経営者報酬は増えても、労働分配率は伸び悩む。実質賃金下落というカラクリはここにあることを、政治家も官僚もメディアも、そして識者も気づかない。

かつて、筆者は、東海岸に来たついでに、ニューヨークからワシントンに向かう途中に、フィラデルフィアで降りて、フィラデルフィア連銀を訪ねた。相手をしてくれた同連銀スタッフは、市場の真ん中で多忙を極めるニューヨーク連銀スタッフとも、あるいは「市場主義」信奉者が多かった中西部のシカゴ連銀調査スタッフとも異なり、すごく牧歌的な印象を抱いたことを思いだす。

アメリカとはいっても、東部や中西部、あるいは太平洋岸、そして南部等々、地域の独自性を尊ぶアメリカの相貌は多様だ。大学だって、ハーバードやコロンビアといった東部の私学が著名だとはいっても、圧倒的多数派は州立や市立といった公立である。United Statesが、合衆国ではなく正確には合州国だと訳され、連邦国家と称される所以はここにある。

戦後にＧＨＱの命令で移植され、制度化された民主主義も基本的人権も法治主義も、この国には根付かなかったのではないだろうか。だからこそ、共同体的不調和や不正を糺《ただ》すには、いつの世も外圧頼み。その最たるものが、1945年9月の天皇マッカーサー会談の光景を新聞に掲載しようとした新聞を止めようとした特高が、逆に、GHQによって解体された事実にほかならない。共同体の一構成員がトップの意向に逆らうと、凄まじい軋轢を生む。しかし、特高がいくら強権を発揮しようと、GHQの権力の前には、ひとたまりもなかった。

しかし、システムがなくなったとはいっても、それが民意によって執行されなかった以上、その遺伝子が確実に受け継がれていることも一方の事実。世界的な歴史的激動を前向きに受け止める思考様式がまるでなく、したがって旧態依然とした思考停止が続く限り、日本的風土は変わらない。「植民地でもいい」と呟く青年に、自立心をいくら説いても、返ってくる答えは、「反米?」で終わりだろう。

こうした若者は、日本全土に広がる在日米軍が日本を防衛のために所在しているのではなく、アジア各地に向けたアメリカの覇権を掌握するための拠点として、とくに中ロ北の三カ国に向けた地政学的戦略拠点として有益だということを想像すらできない。キャリア官僚も大手メディアも、こうした米軍の戦略については、多くのアメリカの識者が論じているから、薄々は知っているはず。アメリカの認識は、日本の軍国主義暴発の歯止めとして、「日本封じ込め」のために駐留する、「瓶の蓋」論は日本では話題にすらならない。

案外、日露戦争(1904〜05年)時の風刺画における、英米二大国が日本に向ける眼差しは、変わっていないのかもしれない。相手の心理も戦略もまったく読めず、ひたすら「ニチベイ」だけ。アジアを見下し、専らG7という地位に喜ぶ。さしずめ、この風刺画の再版を描けば、ロシアに替わるのが中国ということかもしれない。残念ながら、日本には、相手の手の内を読める人材は払底してしまった。

ちょうど、当時の漫画家ジョルジュ・ビゴーの日英米露を描いた風刺画のイメージは、いまも変わらないのかもしれない。ビゴーは、フランス人だから、より客観的な眼差しだっただろう。つまり、日露戦の真相は、司馬が描いた日本海海戦という日本海軍の雄姿ではなく、国際政治力学という情報戦のなかで考えなければ理解できないのである。

日露戦と言えば、日本海海戦でロシア・バルチック艦隊を打ち破った東郷平八郎率いる日本海軍の雄姿ばかりが今もって語られるが、そもそも、なぜ日露戦の直前に日英同盟が結ばれ、英ポンド建て日本国債を大量にロンドンで発行できたのか、しかも、日露戦の講和は、なぜアメリカの仲介でもって、ニューハンプシャー州ポーツマスで行われたのか。明治維新も、幕末の志士だけでなく、当時の世界を動かした覇者パックス・ブリタニカの論理との関係で眺める史観は周知にならなかった。まるで、欧米の資金と武器でもって、ロシアとの戦争を続ける現在のウクライナと似る。

日露戦を巡るビゴーの風刺画は英米露3カ国の立ち位置を描

日露戦争の風刺画はウクライナ問題を考えるうえでの教訓ではないか（ジョルジュ・ビゴー画）

写するが、第二次大戦におけるアメリカの対日観はどうだったか。映画監督オリバー・ストーンが、戦時におけるアメリカの支配的日本観を教えてくれる（以下、『オリバー・ストーンが語るもうひとつのアメリカ史 1』ハヤカワ・ノンフィクション文庫、2015年）。

オリバー・ストーンは、「わが国の歴史上、日本人ほど忌み嫌われた敵はいないだろう」という歴史家アラン・ネヴィンスの言葉を引きながら、当時の対日感情を評して、敵対国だったドイツには、ナチスと「善良なドイツ人」を区別したが、日本人観といったら、サル、イエローモンキー、ゴキブリ、ネズミといったイメージを抱いていた、と。ともあれ、「日本人は人間以下」との印象だったと言う。

なぜそれほどの憎悪や差別に凝り固まったのか。中国での南京大虐殺のような蛮行、フィリピン・バターンでの「死の行進」等々、口にするのも憚られる残虐な拷問、去勢、斬首、生体解剖、木に縛った捕虜への銃剣稽古といった、皇軍の行った数々の逸話がメディアに溢れていたからだという。情報こそが、アメリカ人の対日憎悪を醸成したのである。

「未来に過去がやってくる」と言った辺見の不気味な予言は至言。その先には、日本という国家の崩壊や民族の難民化すらあながち大袈裟ではない。実際、海外では、要職にある人々から、すでに第三次世界大戦が始まっていると考えるべきだという警鐘が聞こえる。たとえば、JPモルガンのジェームズ・ダイモンCEO（最高経営責任者）はこう言う。

「ウクライナと中東で今起きている紛争は、第3次世界大戦の序盤戦と位置付けられる」としたうえで、……「問題は、事態が悪化した場合に人類が直面するリスクだ。私たちが予測するシナリオは、みなさんを驚愕させるだろう。口にするのがはばかられるような展開だ」（「ニューズウィーク日本版」２０２４年10月31日）。

そうした権力の意向を見抜く識者が、この国には払底してしまった。たとえば金利政策ひとつとってみても、米ＦＲＢはインフレや雇用や消費動向を注視しながら金利の上げ下げを決めるが、日本では、金利を上げれば、日本国債の利払いが嵩み、あるいは、日米金利差縮小によって対米投資が減り、円相場が円高になれば、輸出に悪影響がでるといった思惑が優先する。つまり、日本には、まずは国民生活動向如何によって金融政策が動くという発想そのものが薄い。それは、減税政策が思い浮かばない財政政策と似る。

皆、アメリカやその威光を盾にする権力・権威には媚び、民衆という大部分の人々の苦しみには無頓着。そうした情報空間が席巻すれば、戦争下の指揮権は米軍が掌握し、自衛隊はまるで傭兵のごとく使われても、頷く人々ばかりだろう。しかし、政治家やキャリア官僚も公式にはそうは言えない。だからこそ、密約ばかりなのである。大多数の国民は無関心を決め込む。

胸のすくような例外もあった。２０２４年10月、日本被団協（日本原水爆被害者団体協議会）がノーベル平和賞を受賞したことである。ノルウェー・ノーベル委員会の39歳という史上最年少のフリドネス委員長の授賞理由は被団協という日本の草の根反核運動のおかげで、「核タブーが守られた」と表明した。核兵器使用も辞さないような脅しが飛び交うなか、戦争ではなくて平和の重要性に心を止める感動的な快挙だった。正義を語る公人が世界にはまだいることを教えられた。「被爆者は、語りようがないものを私たちが語ることを、助けてくれる。考えようがないものを考えることも。そして核兵器がもたらす、理解を超えた苦痛と苦悩を理解することも、助けてくれる」と、同委員長は強調した。原爆の被害者に言及する際には、「ヒバクシャ」と日本語を使った（訳文は、BBC, *News Japan*, 2024年10月11日）。

同平和賞受賞への祝意を表する声を一つだけ記したい。1995年にノーベル平和賞を受賞したパグウォッシュ会議（核兵器廃絶を訴える科学者会議）のフセイン・シャハリスタニ会長は、日本被団協の活動の意義を「原爆の大量殺りくの恐ろしさを教えてくれた。広島と長崎に被害をもたらした人類の過ちは、二度と繰り返してはならない」と話した。「『人間性を忘れない』が会議のモットー」と語る同会長は、イラク出身の核科学者で、旧フセイン政権下で核開発への協力を拒否し、1979年から11年間、アブグレイブ刑務所に収監され、脱獄した経験を持つ。日本被団協に「共に歩みたい」とエールを投げた（『毎日新聞』2024年12月7日付夕刊）。世界には、正義を求めて、権力に怯まない勇敢な科学者がいることに感動する。

ノーベル平和賞といえば、1974年の佐藤栄作首相の場合は、非核三原則だったが、それは嘘八百だった。今回のノーベル平和賞はまさに快挙だった。その2日前だった袴田事件の被告人だった袴田巖さんの無罪確定とともに、社会が正義の声を発することもあることを教えられた。被団協で運動に参加された皆様、そして殺人犯の汚名を着せられながら不屈の精神で耐えた袴田巖さんに、心からの敬意を表したい。

さて、情報戦としての史観の重要性を語った本書も、そろそろ筆を擱くときが近づいてきた。一言加えるとすれば、日本の最重要政策は、ほとんどが国会審議もなく、閣議決定でことが進み、国家予算ですら、国会審議は一般会計だけ。その何倍もある特別会計については、官僚の利権が絡むため、一切、審議すらされない。外交も安全保障も、与野党ともに何の政策もなく、「ニチベイ」で合意。先に、高等教育は空洞化していると言ったが、国会ほど見事に空洞化しているものはない。自立とは建前、もしくは冗談だった。

そもそも、1990年代のアジア志向論議（とくにAMF設立構想）の挫折も、21世紀に入った小泉政権のピョンヤン日朝宣言の撤回も郵政民営化も、そして鳩山民主党政権瓦解のいずれにも共通するのはアメリカの横槍だった。そうした政治的圧力にどう対処しようとするのか、2024年9月の自民党総裁選でも、翌10月の衆議院選挙でも外交も消費税もほとんど議論されなかった。1972年の日中国交回復を実現した田中角栄を師と仰ぐと言う石破首相の外交戦略も外交ビジョンも、そして経済政策も何も見えなかった。残念だが、外務省と財務省が両脇を抑え、かれらキャリア官僚は「ニチベイ」で思考停止。その向こうに、ワシントンが控える。石破も所詮担がれた「神輿」という点では変わらない。

2024年11月、かつてロッキード事件で田中逮捕に東京地検検事として執念を燃やした堀田力が他界した。「満洲は俺の作品」だと豪語した戦後の岸は満洲を語らず、小泉は日朝宣言撤回に触れず、そして、安倍に至っては、なぜ文鮮明を神と仰ぐ旧統一教会に熱心だったのか、説明もないまま他界した。時代の真相を解く作業は、関わった当事者ではなく、史観を武器に挑む識者という第三者の仕事なのである。

先に紹介した本島等長崎市長の放った天皇の戦争責任についての発言は、「大本営発表」へ放った命がけの一矢だった。事実、一命はとりとめたものの、右翼の銃弾に襲われた。本島の市議会での答弁は、「天皇の戦争責任はある、と私は思います」だった。公職にある身が放った一矢は全国に鳴り響いた。鎌田慧はこの意味合いを評して言う。

「日本の西の果てにある自治体の首長のたった一行の発言が、それまでの数万行におよぶ天皇報道と、深夜もたれ流しになっていた二重橋の静止画像の放映などと十分に拮抗し、その膨大な一方通行の情報に覆われ尽くせなかった民衆の声をひきだした。……ノーヒット・ノーランで惨敗しそうだったのが、ようやく右中間を抜いて一矢報いた、とでもいえようか。思いがけなくもひとり塁にたった本島選手への共感をこめた拍手は、このままシャットアウトされたくないという、戦後民主主義の率直な表現だった。わたしもまたそのひとりである。歴史はだから面白い」(『ひとり起つ』岩波現代文庫、2014年、98～99頁)。

径《こみち》書房編『増補版　長崎市長への七三〇〇通の手紙』(径書房、1989年)には、「大本営発表」の広報と化した大手メディアではけっして報じられない生の声がたくさんあった。1988年12月8日から89年3月6日までに市長宛てに届いた7323通のうち、支持・激励は6942通、批判・抗議は381通だったという(同右、3頁)。手紙の9割以上が支持・激励だったという反響には驚く。

鎌田は、本島発言とは、「大本営発表」の大音響を跳ね返す一矢だったと評する。これこそ識者のあるべきコメントなのだ。情報の内実を知るはずの大手メディアや大学教授のだれが、こうしたコメントを発しただろうか。たしかに、ブルマが強調するように、日本の文化人から聞こえてきた当時の圧倒的な声は、皇室という日本の伝統が蘇り、代替わりの喪中への敬意一色、自粛一色だった。だが、一般人の手紙は、そうではなかった。本島本人は、自民党員で、思想信条からの発言ではなかった。敗戦後故郷に戻ったときの、変わり果てた村落状況を語った本島の弁こそが戦争とは何かを淡々と教えてくれる。

「四十年前の戦争で、最も被害を受けたのは、私より四、五歳年上の男たちだろう。当時三十軒の小さな集落で、……戦争から帰ってみると、女の静子が結婚し、子供を一人産んで、主人は戦死していた。ほかの者は病死や戦死で、だれもいなくなっていた。結局、静子と私が生き残ったことになった」（『日本経済新聞』1986年3月27日付「交遊抄」を前掲鎌田『ひとり起つ』から引用、同111頁）。

本島が語った戦争から戻ったときの村では、出征前の集落のほとんどの人々が亡くなっていた。この本島の回想を読みながら、日本を代表する民俗学者だった柳田國男編『日本人』（ちくま学芸文庫、2024年、初版は1954年）が旧態依然の村の相貌を面々と綴った筆致と比較すれば、その差は明らかである。柳田は、村の負った傷口に気づかなかった。一方、九州を代表するような知識人だった具島兼三郎も本島市長に激励の手紙を送った。具島を取り調べた憲兵の言葉は、ファシズムを謳歌した憲兵の生々しい精神状況を伝える。少なくとも、こうした権力に監視され逮捕に怯えたファシズムの日常が消えたことは戦後民主主義の賜物だった。

「貴様は社会科学の法則が日本にも適用できるなどと思っているのか？　社会科学の法則はなァ、欧米諸国には適用されても、日本には適用されることはないのだぞ。日本が神国ということを知らんのか？　天皇陛下が支持して、勅語まで出されている独伊との同盟に反対するなんて、太い野郎だ」（『憲兵につかまった私』前掲、径書房編、70〜71頁）。

さて、現在に戻ろう。アメリカの「保護国」「属国」は周知だとはいえ、すべてがその思惑通りではない。先に言ったように、２０２４年のノーベル平和賞は日本の原水爆禁止の草の根運動だった日本被団協への称賛だった。あるいは、すべてが検察のシナリオ通りだったはずの裁判判決も、袴田再審の無罪判決が「検察による証拠捏造」だったことを静岡地方裁判所が認めるという前代未聞の変化もあった。時代には、たしかに人権重視の光が差す。

だが多数派が思考停止では、社会も経済も一新できない。たとえば、年金の危機があたかも高齢者の責任だと嘯く論説があるが、とんでもない。最大の問題は、かつて現役時代に納めた年金基金を、公的な施設に投資して、散々失敗した挙句、何の責任もとらなかった官僚や、それに巣食った業者だろう。かつて第三セクターと称された官民共同経営は不良債権と化し、安値で外資系を中心としたファンドに売却された。かくて、若いころに掛けた年金が消え、自身が退職後に受け取る頃には、「老齢化のために足りない」と言われたら、たまったものではない。年金の受け取りは、行政による施しではなく、行政の義務であり、現役のころに年金掛け金を出し続けた高齢者の権利なのである。

いまや、日本取引所の上場株式所有者の内訳では、１９９０年頃にはわずか5％程度にすぎなかった海外投資家は２０１０年代以降、30％内外を占める。民営化ブームやＩＰＯ（新規株式公開）の「勝ち組」の中心が外資系だった（そのエッセンスは、拙著『日本が外資に喰われる』ちくま新書、2019年)。

民営化やIPOが時代の「勝ち組」に躍り出る一方、公的なるものや福祉が、経費削減のための、まるで時代遅れの「負け組」に追い落とされた。いまや、公共事業にも民間資本活力を援用するPFI(private finance initiative)がポピュラーになり、生活困窮者の保護や居住提供にも民間活用の様々な「貧困ビジネス」が闊歩する。けっして、ホームレスの減少を貧困化の改善だと安易に解釈してはならない。思考停止だからこそ、そんなイロハも分からず、世代間対立のロジックでもって年金問題を報じる「大本営発表」が闊歩する。しかも、一番の犠牲を強いられるはずの庶民も、そうした思考に嵌る。

日本人は、権力や権威の変化(「勝ち馬」交替)に敏感である。先に述べたように、江戸時代の権威・権力の象徴だった「葵の御紋」は1868年1月の鳥羽・伏見の戦で、徳川慶喜が大坂から江戸に逃げ帰って、瞬く間に権威を失った。とはいえ、新たな権威「錦の御旗」は、岩倉具視や大久保利通のでっち上げだった。つまり、自身の権力に装飾を施し、正当化するための作為だったのである。

薩長の下級藩士が神輿に担いだミカドと称された明治天皇はまだ15歳。担がれた神輿(=傀儡)の陰に本当の権力が潜むという古代以来の日本的伝統は生きていた。邪馬台国の卑弥呼から聖徳太子へ、そして明治の薩長藩閥政治も、満洲も、戦後の自民党も、権力の二重構造を抜きには語れないだろう。古代から近現代史までを俯瞰しながら清張史観が描いた日本的自画像からは、マーフィーの江戸明治連続説、ウォルフレンの独立識者不在論、ポンスの言う権威にモノ申す裏社会論、そして日本の人民に「はげましと希望をあたえた」（井上の解題、前掲『明治維新史研究』502頁）羽仁や井上の「たたかう歴史学」と相似た通奏低音が聞こえる。それは、「大本営発表」が流す建前の情報とは明らかに異なる。

結局、21世紀のいまも、日本というシステムの相貌を一言で評せば、ウォルフレンの言う、「世界にあって世界に属さず」（前掲『日本／権力構造の謎（下）』320頁）なのか。かつて流行った「アジアにあってアジアにあらず」という姿勢も、今やただの孤立。本書で論じたように、日本は、ハンチントンの「日本文明」という褒め殺しの罠に嵌ったようだ。関が喝破した「野蛮としての『イエ社会』」の腐臭も消えない。ネット上のいわゆる「ネトウヨ」（ネット右翼）のヘイトスピーチが闊歩する情報空間に、ナチズムを支えた大衆の喝采が、松岡洋右の国際連盟脱退演説（1933年2月）を迎えた大衆の熱狂が浮かぶ。アレントの書籍が版を重ねるのは、近づくファシズムへの不安と無縁ではあるまい。要は、上から下まで、感情的気分に身を任せる、アレントが警鐘を鳴らした思考停止ではないのか。

2024年1月に能登半島を襲った大地震（震度7）の爪痕は、1年後も復興ならず、上水道や下水道すら回復していない地震直後の惨状そのままの家屋が並ぶ。自宅に帰宅できない避難民は2万人を超える（共同通信、2024年12月31日）。復興を支える主役が、義援金とボランティアでは、国はいったい何のためにあるのか、憤りを抑えられない。この国は、つくづく自国の弱者には徹底的に冷たい。徴税には執拗なのに、それを日本人という庶民にはケチって使わない。主権者とは名ばかり。まるで、江戸時代の年貢である。これが、2024年12月、被災1年後の能登半島の景色なのだ。首相になる前は被災者を守ると豪語していた石破も、首相になるや否や前言を翻し、逃げの一手だった。補正予算もつけず冬の被災者を放置した。国会で石破を追い込んだれいわ新選組代表の山本太郎の弁舌が光る。

本書は、どの派閥にも属さない「異邦人」「余所者」として、この国の「周縁」を研究者として歩いた筆者の旅路だった。羽仁や清張や辺見等々、先達の遺した史観を考え続けた荷の重い作業だったが、時間を忘れるほどに楽しくもあった。情報不在は史観を葬るが、逆に、史観を手にすれば膨大な情報の取捨選択を重ねながら時代の真相を発見することができる。本書に込めたメッセージ「情報のカラクリ」が社会や人間を見る上で有力な武器になりうることを願ってやまない。

だが、憂鬱な世相に落ち込みがちになるなか、スカンジナビア航空機内の心温まる写真を見つけた。ノーベル平和賞授賞式からの帰路、スカンジナビア航空の日本人客室乗務員が同社ＣＥＯ（最高経営責任者）と交渉して、日本被団協の面々をエコノミー席からビジネスクラスに席を替えたという報道だった。その笑顔がなんとも救いだった。

感情の機微に応じる人間が経営トップに座る会社は素晴らしい。かつて流行った「抑圧の移譲」や、会社への忠義（日本の儒教には良心への忠という語彙はない）しか知らない「野蛮なイエ社会」で、人権や民主主義も画餅にすぎなかった日本では、とても想像できない。その日本で、長い間にわたって差別や困難と日々闘いながら、「草の根」から核タブーの声を叫び続けた活動はどんなに苦しかったことだろうか。

本書で述べてきたこととの関係で、このエピソードを位置づければ、ＣＥＯにメールを送った

スカンジナビア航空機内での日本被団協代表委員と機内スタッフの微笑み（スカンジナビア航空提供）

客室乗務員の判断にせよ、それを受け取って即断したCEOにせよ、組織のなかでのただの歯車ではない、個人の役割を思い出す。それは、ヒットラーに命じられるまま、ユダヤ人殺害を執行したアイヒマン裁判における責任の所在を問うた周知の問題に似る。アレントはこう言った。「あなたは、そのような状況において、なぜ歯車になったのですか、なぜ歯車でありつづけたのですか」（前掲『責任と判断』53頁）と。いかなる上位者の指示や命令であれ、それを受けた側に独自の判断の余地（拒否する権利）があったはずだというのが、アレントの見識だった。

　このスカンジナビア航空のCEOも客室乗務員も、システムの慣例を破った個人としての判断が、この写真の笑顔につながった。独裁下で命令に背く判断ができるものかという反論には、本書で述べたアレントのソニング賞受賞の講演で言及した戦時のデンマークのとったヒットラーへの抵抗を思い出してもらいたい。

　いよいよ饒舌な筆致も紙幅が尽きたようだ。けっして大袈裟ではなく、人類存亡のかかった戦後80年という正念場を目前に、筆を擱きたい。「お元気で！」

# あとがき――なき妻へ

２０２２年12月、44年連れ添った妻の中尾澄子が逝きました。末期癌ながら抗癌剤治療を拒否し、在宅医療を受けつつ、穏やかな看取りでした。狼狽するわたしとは対照的に、とても潔い安らかな最期でした。妻は、敬虔なクリスチャンとして、聖書を基準に、自らの良心にとても忠実な生き方を貫きました。お別れのときに、化粧を施してくれた看護師さんが「綺麗！」と囁いた小声が部屋中に響くなか、娘と二人で、妻を見送りました。

ＢＳ放送で世界の生活風景を見るのが大好きだった妻は、最期に近い日々にあっても、かつて過ごした世界の諸都市を見入りながら、「あそこ、行ったね」「ここは、面白かったね」「ここで暮らしたね」と、涙が止まりませんでした。どの派閥や集団（学閥的、政治的、そして郷土的）にも属さなかったわたしが「一匹狼」としてなんとか生きてこられたのは、相棒であり参謀だった妻のおかげです。

入院ではなく在宅医療を選択したのは、相談に乗ってくれた、抗癌剤治療の効果を疑問視する医師として有名な近藤誠先生のおかげです。近藤先生の長年にわたる熱心な愛読者だった妻は、相談から帰宅後、「近藤先生に会えた！」と安堵した顔を見せました。そして、わたしたち夫婦は、ともに過ごした人生を振り返ったのです。最期にくり返し口にした聖書創世記3章19節「あなたは塵であり、塵に還る」を、喜怒哀楽をともにした妻に感謝を添えて捧げます。

「長い間ごくろうさまでした。そして、いっぱい、いっぱい、ありがとう。あなたの素敵な笑顔は永遠に忘れません。ゆっくりと眠ってください。約束は守ったよ」

拙くも饒舌な「史論」を、定評ある筑摩選書シリーズとして公刊する決断をされた松田健同編集長には感謝にたえません。松田氏への仲介の労をとってくれたのは、長い付き合いの元同編集者の湯原法史氏でした。わざわざ遠路訪ねてくださったお二人と時代を論じた時間は、実に楽しいひとときでした。娘家族がときどき見舞いにやってきたことも、気持ちを慰めてくれました。

最後に、これまで個人的交誼をもち、拙論に耳を傾け、個性的な知見を御教示下さった方々(元外交官の天木直人氏、フリージャーナリストの高野孟氏、福岡財界の御意見番的存在だった出光豊氏、元大蔵省証券局長の坂野常和氏、ロンドン大学の森嶋通夫先生、「法人資本主義」論の奥村宏先生、元日本経済新聞論説委員の和佐隆弘氏、かつての古巣であり今は亡き大阪市立大学経済研究所を世に知らしめた林直道先生、東京を出てから知り合ったフリージャーナリストの加治康男氏)に、心から感謝申し上げます。なお、本論では敬称を略し、肩書はその時点のものだとご了解下さい。

人生とは思い出という名の経験の総和です。なき妻とともども、ありがとうございました。

２０２４年12月31日、妻の他界後２年、戦後80年を目前にして

中尾茂夫

**中尾茂夫** なかお・しげお

一九五四年生まれ。長年にわたって、大阪と東京で大学教員を務める。経済学博士。海外での客員教授や研究員歴が多く、著書は『ジャパンマネーの内幕』（岩波書店、第三一回エコノミスト賞）、『金融グローバリズム』（編著、東京大学出版会）、『日本が外資に喰われる』『世界マネーの内幕』（ともにちくま新書）ほか多数。現在は東京を離れ、作家。

筑摩選書 0301

情報敗戦《じょうほうはいせん》
日本近現代史《にほんきんげんだいし》を問《と》いなおす

二〇二五年四月一五日　初版第一刷発行

著　者　中尾《なかお》茂夫《しげお》

発行者　増田健史

発行所　株式会社筑摩書房
東京都台東区蔵前二-五-三　郵便番号 一一一-八七五五
電話番号　〇三-五六八七-二六〇一（代表）

装幀者　神田昇和

印刷 製本　中央精版印刷株式会社


ISBN978-4-480-01819-9 C0321

筑摩選書
0245

# 平和憲法をつくった男 鈴木義男

仁昌寺正一

日本国憲法第9条に平和の文言を加え、25条の生存権を追加することで憲法に生命を吹き込んだ法律家・政治家「ギダンさん」。その生涯をたどるはじめての本格評伝。

筑摩選書
0248

# 敗者としての東京
巨大都市の「隠れた地層」を読む

吉見俊哉

江戸＝東京は1590年の家康、1869年の薩長軍、1945年の米軍にそれぞれ占領された。「敗者」としての視点から、巨大都市・東京を捉え直した渾身作！

筑摩選書
0250

# 丸山眞男と加藤周一
知識人の自己形成

山辺春彦　鷲巣力／東京女子大学丸山眞男記念比較思想研究センター　東京女子大学丸山眞男記念比較思想研究センター　監修

戦後日本を代表する知識人はいかにして生まれたのか？出生から敗戦まで、豊富な資料とともに二人の自己形成過程を比較対照し、その思想の起源と本質に迫る。

筑摩選書
0254

# 日本政教関係史
宗教と政治の一五〇年

小川原正道

統一教会問題でも注目を集めている政治と宗教の関係の変遷を、近現代の様々な事例をもとに検証。信教の自由と政教分離の間で揺れ動く政教問題の本質に迫る。

筑摩選書
0257

# 実証研究　東京裁判
被告の責任はいかに問われたか

戸谷由麻
デイヴィッド・コーエン

東京裁判の事実認定がいかになされ、各被告人の責任がどう問われたのかを実証的に解明。東京裁判の国際刑事裁判史上の功績を問いなおし、その問題点を検証する。

筑摩選書
0262

# 関東大震災と民衆犯罪
立件された二四件の記録から

佐藤冬樹

関東大地震直後、自警団による朝鮮人らに対する襲撃事件が続発する。のちに立件された事件記録・資料をもとに、自警団の知られざる実態が百年を経て明らかになる。

筑摩選書
0269
台湾の半世紀
民主化と台湾化の現場
若林正丈

日中国交正常化で日本が台湾と断交したのと同じ年に研究の道へ進んだ第一人者が、政府要人、台湾人研究者とのエピソードを交えながら激動の台湾史を問い直す。

筑摩選書
0274
金正恩の革命思想
北朝鮮における指導理念の変遷
平井久志

北朝鮮が掲げる金正恩の革命思想とは何か。二〇一一年以来の金正恩時代における、指導理念の変遷を通史的に考察。北朝鮮ウォッチャーの第一人者による最新研究。

筑摩選書
0275
日本と西欧の五〇〇年史
西尾幹二

西欧世界とアメリカの世界進出は、いかに進んだのか。戦争五〇〇年史を遡及し、近代史の見取り図から見逃されてきたアジア、分けても日本の歴史を詳らかにする。

筑摩選書
0278
岩波書店の時代から
近代思想の終着点で
大塚信一
堀切和雅

近代からポストモダンへの思想的転換点にあった二十世紀後半の岩波書店は何を発信したか。様々な文化人の出版活動とその思想的背景を当時の編集者が語りつくす。

筑摩選書
0283
アメリカ大統領と大統領図書館
豊田恭子

アメリカ大統領の在任中の記録や資料を収蔵する大統領図書館。現存13館すべてを訪ね、大統領たちの素顔を詳らかにするとともに、アメリカ現代史を俯瞰する。

筑摩選書
0284
人種差別撤廃提案とパリ講和会議
廣部泉

第一次大戦後のパリ講和会議で日本が提出した人種差別撤廃提案の背景や交渉の経緯を様々な史料から徹底解明し、その歴史的な意義を客観的かつ正当に評価する。

筑摩選書 0285

# 戦場のカント
加害の自覚と永遠平和

石川 求

加害の自覚とは何か――。撫順戦犯管理所やアウシュヴィッツ収容所が人々に刻んだ体験は、人が人を赦すことの意味を峻烈に問う。人間の根底に迫った哲学的考察。

筑摩選書 0291

# 基軸通貨
ドルと円のゆくえを問いなおす

土田陽介

なぜドルは基軸通貨になったのか。基軸通貨の基本的な性質を解説し、近年の新興国のドル離れにもかかわらず強いドルの現状を明快に分析。円の未来も展望する。

筑摩選書 0294

# 比較文明学の50人

小倉紀蔵 編著

法然・日蓮・宣長から現代の学者・作家・実務家まで、鋭敏な比較文明学的感覚を持っていた日本の重要人物五〇人を選出。その学際的な叡智を縦横無尽に論じる。

筑摩選書 0298

# 国連入門
理念と現場からみる平和と安全

山本栄二
中山雅司

国連はなぜ戦争を止められず機能不全に陥ったのか。国連日本代表部に勤務した元外交官の経験と、研究者の体系的分析によって国連の実像に迫る、画期的入門書。

筑摩選書 0299

# 虚構の日米安保
憲法九条を棚にあげた共犯関係

古関彰一

平和憲法を骨抜きにした日米共犯の安全保障史をひもとき、強引な安保関連法制定の舞台裏を読む。米国の一貫した戦略、日本と米国の信頼が揺らぐ理由とは。

筑摩選書 0300

# ドキュメント　北海道路線バス
地域交通　最後の砦

椎橋俊之

危機に瀕する北海道の路線バスの現状を現地徹底取材。経営者、運行管理者、運転手の生の声を記録し、地方交通問題を総合的に考察。問題解消への方策を提言する。